Probleme der Zivilgesellschaft
im Vorderen Orient

Studien zu Politik und Gesellschaft des Vorderen Orients

Herausgegeben von der Arbeitsstelle
Politik des Vorderen Orients
Freie Universität Berlin

Band 1

Ferhad Ibrahim/Heidi Wedel (Hrsg.)

Probleme der Zivilgesellschaft im Vorderen Orient

Springer Fachmedien Wiesbaden GmbH

ISBN 978-3-322-95774-0 ISBN 978-3-322-95773-3 (eBook)
DOI 10.1007/978-3-322-95773-3

© 1995 by Springer Fachmedien Wiesbaden
Ursprünglich erschienen bei Leske + Budrich, Opladen 1995

Das Werk einschließlich aller seiner Teile ist urheberrechtlich geschützt. Jede Verwertung außerhalb der engen Grenzen des Urheberrechtsgesetzes ist ohne Zustimmung des Verlages unzulässig und strafbar. Das gilt insbesondere für Vervielfältigungen, Übersetzungen, Mikroverfilmungen und die Einspeicherung und Verarbeitung in elektronischen Systemen.

Inhaltsverzeichnis

Friedemann Büttner
Vorwort 7

Ferhad Ibrahim und Heidi Wedel
Einleitung 9

Ferhad Ibrahim
Die arabische Debatte über Zivilgesellschaft 23

Cilja Harders, Carsten Jürgensen, Tanja Tabbara
Berufsverbände als Träger der Zivilgesellschaft in Ägypten 49

Hans Günter Lobmeyer
Syrien: Das Reich des Leviathan 75

Gülistan Gürbey
Politische und rechtliche Hindernisse auf dem Wege der
Herausbildung einer Zivilgesellschaft in der Türkei 95

Heidi Wedel
Ansätze einer Zivilgesellschaft in der Türkischen Republik -
Träger der Demokratisierung oder neue Eliteorganisation? 113

Asghar Schirazi
Gegenkultur als Ausdruck der Zivilgesellschaft
in der Islamischen Republik Iran 135

Amal Jamal
Zivilgesellschaft ohne Staat? Das Beispiel Palästina 165

Verzeichnis der Autorinnen und Autoren 180

Vorwort

Die Veränderungen in Osteuropa in den achziger Jahren weckten auch in den autoritären Staaten des Vorderen Orients Hoffnungen auf einen demokratischen Wandel. Über die Lockerung der Pressezensur, die Zulassung von Oppositionsparteien und halbwegs freie Wahlen in einigen wenigen Staaten der Region ging die Liberalisierung jedoch zunächst nicht hinaus. Andererseits begannen sich in vielfältigen Formen zivilgesellschaftliche Organisationen zu regen, was von nicht minder vielfältigen Debatten unter den Intellektuellen über Bedingungen und Möglichkeiten von Zivilgesellschaft reflektiert wird.

In den letzten Jahren hat eine Forschergruppe an der Arbeitsstelle Politik des Vorderen Orients am Fachbereich Politische Wissenschaft der Freien Universität Berlin die Diskussionen über Zivilgesellschaft verfolgt und entsprechende soziokulturelle und politische Prozesse in ausgewählten Ländern untersucht. Mit dem vorliegenden Band legen Mitglieder der Arbeitsstelle einige Ergebnisse ihrer Forschungen vor: Sie analysieren die Erscheinungsformen zivilgesellschaftlicher Organisation, fragen nach der Rolle der Zivilgesellschaft im Demokratisierungsprozeß, untersuchen aber auch, welche Faktoren die Herausbildung einer Zivilgesellschaft behindern. Da die Autorinnen und Autoren des Bandes überzeugt sind, daß Demokratisierung langfristig nur gelingen kann, wenn eine Zivilgesellschaft als Gegengewicht zum Staat entsteht, lenken sie unsere Aufmerksamkeit auf Entwicklungen, die nicht nur für die Region selbst, sondern auch für unser Verständnis der gegenwärtigen Transformationsprozesse weit wichtiger werden könnten als die von unseren Medien vorrangig wahrgenommenen Äußerungen des "Islamismus" oder "Fundamentalismus".

Mit diesem Band beginnt die Arbeitsstelle Politik des Vorderen Orients zugleich eine neue Schriftenreihe, in der in Sammelbänden und kleineren Monographien Ergebnisse aus laufenden Forschungsprojekten, Tagungsergebnisse und andere "Studien zu Politik und Gesellschaft des Vorderen Orients" vorgelegt werden sollen.

Friedemann Büttner

Wir bedanken uns herzlich für die mühevolle und sorgfältige Arbeit von Andrea Berg und Laila Abdallah bei der Erstellung des Manuskripts.

Ferhad Ibrahim und Heidi Wedel

Ferhad Ibrahim und Heidi Wedel

Einleitung

Es gibt wohl kaum einen sozialwissenschaftlichen Diskurs, der sich in der jüngsten Zeit so rasant globalisiert und die Gemüter so erregt hat wie die Debatte um die Zivilgesellschaft. In der westlichen Welt können sowohl die Vertreter als auch die Kritiker des Konzeptes dem linken politischen Spektrum zugerechnet werden,[1] während in Osteuropa und in der Peripherie die Linken und die Liberalen die Initiatoren der Debatte sind. Im Westen wird das Konzept von Teilen der Linken u.a. mit der Begründung abgelehnt, es stelle eine neue Auflage der „liberaldemokratisch-marktwirtschaftlichen Modernisierung"[2] dar; in der peripheren Welt entwickelte sich dagegen der Begriff Zivilgesellschaft zu einem Paradigma, mit dem die oppositionellen Kräfte nach dem osteuropäischen Vorbild die autoritären politischen Strukturen zu überwinden versuchen.

Angesichts der verschiedenen antagonistischen Positionen scheint den von Bruce Ackerman[3] umrissenen Aufgaben der politischen Theorie, nämlich grundlegende Probleme zu analysieren und Vorschläge zu deren Lösung zu unterbreiten, ein weiterer Aspekt hinzugefügt werden zu müssen, nämlich die konkreten Bedingungen mit einzubeziehen, unter denen die politische Theorie Anwendung findet. Tatsächlich finden mehrere Debatten über die Zivilgesellschaft mit unterschiedlichen Diagnosen und Lösungsvorschlägen parallel statt. Trotzdem läßt sich eine inhaltliche Interdependenz zwischen diesen Debatten feststellen.[4] Darüber hinaus ähneln sich die definitorischen Elemente. Hierzu gehören normative Elemente, die wir im folgenden als *Zivilität* bezeichnen, nämlich Pluralismus, Meinungsfreiheit und Toleranz, sowie institutionelle

---

1   Narr 1994; Vitalis 1994; Heins 1992.
2   Narr 1994, S. 587.
3   Ackerman 1990.
4   Vgl. hierzu Castro/Pagden 1992; Hawthorn 1992.

Elemente wie die Bildung von freiwilligen intermediären Organisationen, die eine relative Autonomie gegenüber dem Staat gewonnen haben und einen Willen zur politischen Mitwirkung und zur Kontrolle des Staates aufweisen. Die genannten Elemente sorgen für eine friedliche gesellschaftliche Interaktion und Partizipation sowie für eine Einschränkung der staatlichen Macht.

Wenn die Debatte im Westen als „Reimport" bewertet wird,[5] so ist die Debatte im Nahen Osten ein zweifacher Import: Der Begriff fand hier Eingang über die westeuropäische Debatte, die wiederum den Begriff, der westeuropäischen Ursprungs war, in den achtziger Jahren aus Osteuropa „reimportierte". Trotz einiger kritischer Stimmen[6] ist der Enthusiasmus, mit dem das Konzept von den unterschiedlichen politischen Richtungen im Nahen Osten aufgenommen worden ist, noch nicht verebbt. Die Verwendung des Begriffes Zivilgesellschaft beschränkt sich nicht nur auf diejenigen Kräfte, die sich zum linken und liberalen politischen Spektrum zählen; vielmehr fand der Begriff auch Eingang in die politische Sprache wichtiger islamistischer Bewegungen, wie z.B. der einflußreichen ägyptischen Muslimbrüder.[7]

Die Attraktivität des Konzepts in Osteuropa und im Nahen Osten, also in Regionen, die durch autoritäre Machtstrukturen gekennzeichnet waren oder noch sind, ist evident und nur allzu verständlich. Denn es geht um die Stärkung der Gesellschaft gegenüber einem Staat, der die Gesellschaft einem feinmaschigen Netz von Kontrollapparaten und -mechanismen unterwirft und gleichzeitig unfähig ist, seinem normativen Anspruch vom Primat der Entwicklung und Unabhängigkeit gerecht zu werden. Das Ergebnis ist bekanntlich eine unterdrückte Zivilgesellschaft und eine blockierte sozioökonomische Entwicklung. Insbesondere drei Aspekte machten unter diesen Umständen die Zivilgesellschaft als politische Strategie zu einem Vehikel der Überwindung der Parteidiktaturen in Osteuropa, das im Nahen Osten nachahmenswert für die demokratische Transformation der autoritären Systeme erscheint: Zunächst ist der Aspekt der *Zivilität* zu nennen, dann der institutionelle Aspekt, die Gründung von *Voluntary Associations*, und schließlich die Gewaltlosigkeit als eine

---

5   Vgl. Honneth 1992, S. 59.
6   Vor allem ein Teil der Islamisten kritisiert das Konzept der Zivilgesellschaft wegen der mangelnden Evidenz des Begriffs und weil er unreflektiert in den islamischen Kulturkreis übertragen worden sei. Vgl. den Beitrag von Ferhad Ibrahim in diesem Band.
7   Vgl. Tanneberg/Wils 1995.

gangbare Option für den Wandel totalitärer Systeme.[8]
Die Träger des Wandels und gleichzeitig die institutionellen Erscheinungsformen der Zivilgesellschaft werden in den sog. *Voluntary Associations* gesehen. Zu diesen freiwilligen Zusammenschlüssen können politische Parteien, die Berufsverbände, die Gewerkschaften, die Bürgerinitiativen etc. gehören.[9] Diese intermediären Organisationen dienen zum einen der Artikulation des politischen Willens der Zivilgesellschaft und der Kontrolle des staatlichen Handelns durch sie und geben zum anderen der Gesellschaft Schutz gegenüber dem Staat. Bezüglich dieser Hauptaspekte weist die nahöstliche Perzeption der Zivilgesellschaft Ähnlichkeiten mit der osteuropäischen auf. Hier wie dort werden die Mobilisierung der vom Staat unabhängigen gesellschaftlichen Akteure (*Voluntary Associations*) und die Toleranz als Bedingung für die angestrebte politische und gesellschaftliche Transformation betrachtet. Vom Konzept her sind also die intermediären Organisationen für die Bildung der Zivilgesellschaft notwendig[10] und können über das Prinzip der *Zivilität* konfliktfrei miteinander und mit dem Staat existieren.

Es ergeben sich allerdings bei den *Voluntary Associations* einige Probleme, die in der bisherigen Debatte kaum beachtet worden sind. Ralf Dahrendorf machte auf ein erstes Problem aufmerksam, als er feststellte, daß Institutionen der Zivilgesellschaft wachsen und nicht errichtet werden.[11] In diesem Zusammenhang stellen sich weitere Fragen, die an ausgesuchten Beispielen in diesem Band analysiert werden:

---

8   Dieses vereinfachte Konzept wurde von der osteuropäischen Opposition vertreten, siehe Honneth 1992; Deppe/Dubiel/Riedel 1991.
9   Ibrahim 1993, S. 2. Hier ist anzumerken, daß der Übergang zwischen den intermediären Organisationen, die die Zivilgesellschaft bilden, und den in den Staat integrierten Organisationen fließend ist und einem ständigen Wandel unterliegen kann. So sind z.B. in der Bundesrepublik Parteien, aber auch Interessengruppen, in starkem Maße Elemente staatlicher Macht- und Entscheidungsstrukturen und weniger Transporteure des kollektiven Bürgerwillens. In der Türkei muß zur Zeit unterschieden werden zwischen Parteien, die außerhalb der staatlichen Strukturen stehen und voll der Zivilgesellschaft zugerechnet werden können, und Parteien, deren Führungsspitze hohe staatliche Funktionen besetzt, während die Ortsvereine derselben Partei wie oppositionelle Organe der Zivilgesellschaft agieren.
10 Asghar Schirazi stellt jedoch in seinem Beitrag in diesem Band die Frage, ob nicht auch unorganisierte Formen von Gegenkultur Elemente von Zivilgesellschaft darstellen können.
11 Dahrendorf 1991, S. 258. Murat Belge bringt dieses Problem für die türkische Diskussion auf den Punkt, indem er ironisch anmerkt, daß angesichts der etatistischen Tradition der Türkei die Gefahr besteht, daß auch die Bildung einer Zivilgesellschaft vom Staat erwartet wird. Belge o.J. [1983], S. 1920.

1) Toleriert der Staat die Bildung und Existenz von *Voluntary Associations*? Was sind die Bedingungen und Grenzen der staatlichen Toleranz?
2) Wie entsteht *Zivilität*, und wie kann sie sich im Staat und in den intermediären Organisationen durchsetzen?
3) Der Begriff der Zivilgesellschaft kann von strategisch handelnden Gruppen[12] für ihre eigene Legitimation mißbraucht werden. In diesem Fall besteht die Gefahr des Korporatismus.

Eine Verflechtung zwischen Staat und strategischen Gruppen kann statt zu einer Eroberung von vormals staatlichen Räumen durch die Gesellschaft zu einer Etatisierung von Teilen der Gesellschaft führen. Bei der Frage, welche Organisationen überhaupt zur Zivilgesellschaft zählen, muß *Zivilität* als ein Kriterium angelegt werden. Als ein eher normativer Begriff ist sie jedoch nur schwer empirisch festzustellen. Deshalb bietet sich die Entwicklung weiterer Kriterien an, wie z.B. die Eigenpositionierung der jeweiligen Organisation im Verhältnis zum Staat und zur Macht, der Grad ihrer internen Demokratie und die Frage, auf welche sozialen Gruppen sich die von ihr geforderte Ausweitung der Partizipationsmöglichkeiten bezieht.

An die Fragen der politischen Macht und des Verhältnisses zwischen Wirtschaft und Politik knüpfen auch die Kritiker des Konzepts der Zivilgesellschaft an. Mag auch der politisch-instrumentelle Gebrauch des Begriffes Zivilgesellschaft in Osteuropa und im Nahen Osten als Notwendigkeit für den Wandel erscheinen, so verlor er dennoch durch seine Globalisierung seine „Unschuld".[13] Die Kritik an dem Konzept der Zivilgesellschaft thematisiert die Zusammenhänge zwischen Wirtschaft und Politik sowie die Möglichkeiten und Dimensionen der Artikulation der Zivilgesellschaft.[14] Zum einen blendet das Konzept nach Meinung der Kritiker die Rolle von ökonomischen Strukturen und Prozessen für politisches Handeln aus. Diese Kritik ist zweifelsohne von großer Relevanz. Zum anderen wird dem Konzept unterstellt, der bürgerlichen Gesellschaft des Westens einen nachahmenswerten universellen Modellcharakter zu geben.

---

12 Strategische Gruppen werden von Evers und Schiel folgendermaßen definiert: „Strategische Gruppen bestehen aus Personen, die durch ein gemeinsames Interesse an der Erhaltung oder Erweiterung ihrer gemeinsamen Aneignungskraft verbunden sind. Diese Appropiationschancen beziehen sich nicht ausschließlich auf materielle Güter, sondern können auch Macht, Prestige, Wissen oder religiöse Ziele beinhalten. Das gemeinsame Interesse ermöglicht strategisches Handeln...". Evers/Schiel 1988, S. 10.
13 Vgl. Honneth 1992.
14 Vgl. Heins 1992.

Zivilgesellschaft kann als Folge einer ökonomischen Liberalisierung von den Nutznießern des Wandels, z.B. den sogenannten *infitah*-Klasse[15] im arabischen Raum, auf das Konzept einer politischen Liberalisierung reduziert werden, ohne Partizipationsmöglichkeiten für die marginaleren Schichten vorzusehen.

Trotzdem können die Elemente, die unter dem Etikett Zivilgesellschaft postuliert werden, nämlich die Ermöglichung bzw. Ausweitung der politischen Partizipation, Pluralismus und Toleranz sowie die Einschränkung der Hegemonie des Staates gegenüber den gesellschaftlichen Akteuren, nach dem osteuropäischen Muster durch einen friedlichen Übergang einen demokratischen Wandel einleiten. Selbst wenn dieser sich zunächst auf die Errichtung der elementaren Institutionen und Prinzipien einer parlamentarischen Demokratie beschränkt, können hierdurch Grundsteine für die Entwicklung einer Zivilgesellschaft im Sinne von erweiterter gesellschaftlicher Partizipation gelegt werden.

Die genannte Kritik läßt sich vor allem auf den *liberalen Diskurs* über die Zivilgesellschaft anwenden. So sieht Edward Shils die westlichen Gesellschaften als die Verkörperung der Zivilgesellschaft an. Diese Gesellschaft basiert auf dem kollektiven Selbstbewußtsein, das seinen Ausdruck in dem Bürgersinn oder der *Zivilität* findet.[16] Die *Zivilität* ist bei Shils „... die Anerkennung einer Verpflichtung, neben den eigenen Interessen zumindest bis zu einem gewissen Grad auch das Gemeinwohl oder die Gesamtgesellschaft zu berücksichtigen."[17] Die *Zivilität* sorgt nach Auffassung von Shils für die Regulierung der Konflikte in einer Gesellschaft. Zu den Institutionen dieser Gesellschaft rechnet er die Judikative, die Exekutive, aber auch die Kirche, das Bildungssystem, die Streitkräfte etc. Vor diesem Hintergrund kommt Shils zu einer Definition, die wie oben erwähnt wurde, die westlichen Gesellschaften zum Modell erhebt: „Eine Zivilgesellschaft ist eine pluralistische Gesellschaft, in der die Autonomie ihrer einzelnen Mitglieder, Gruppen und Gemeinschaften dadurch charakterisiert ist, daß sie Verpflichtungen anerkennt, die von den Individuen und Gruppen gegenüber der Gesellschaft als Ganzem und ihren besonderen zentralen Organen und Gesetzen eingegangen werden."[18]

---

15 *Infitah* (Öffnung) beschreibt v.a. die ökonomische Liberalisierungspolitik in Ägypten unter Sadat.
16 Shils 1991, S. 14-15.
17 Ebd., S. 15.
18 Ebd., S. 20. An einer anderen Stellen definiert Shils die civil society als: „eine Gesellschaft mit einem kollektiven Selbstbewußtsein", vgl. ebd., S. 14.

Die von Shils genannten Institutionen gehören dagegen nach unserem Verständnis gerade nicht zur Zivilgesellschaft, sondern sind ein Teil des Staates. So verschwinden bei Shils die Grenzen zwischen Staat und Gesellschaft. Staat ist bei ihm nicht Gegenpart zur Gesellschaft, sondern eine Organisation der Zivilgesellschaft.

Die Vorstellungen von Shils über den „Bürgersinn"[19] sind nicht weit von den kommunitaristischen Gemeinschaftsgedanken entfernt.[20] Bei Shils und bei den Vertretern des Kommunitarismus bildet die Vergemeinschaftung den Ausweg aus einer Entwicklung, infolge derer die „...Individuuen als eigenschaftslose und voneinander isolierte Wesen in Erscheinung treten."[21] Dieses ist nun gerade nicht das Problem im nahöstlichen Raum, in dem askriptive Bindungen weiterhin eine große Rolle spielen und der Übergang von der Gemeinschaft zur Gesellschaft noch nicht abgeschlossen wurde. Deshalb geht es den Vertretern des Zivilgesellschaftskonzeptes im Nahen Osten vielmehr darum, intermediäre Organisationen aufzubauen, die über eine relative Autonomie sowohl gegenüber dem Staat als auch gegenüber den Gemeinschaften verfügen.

Die Zivilgesellschaft bildet für Shils den Rahmen für die Lösung der Probleme der modernen Gesellschaften. Hier ist eine gewisse Tautologie zu beobachten. Die realexistierende westliche bürgerliche Gesellschaft ist für Shils die Verkörperung der Zivilgesellschaft. Die Zivilgesellschaft wird gleichzeitig als Rezept für die Bewältigung der modernen, bei Shils westlichen Gesellschaft, verordnet. Die von ihm nur vage als *Zivilität* beschriebenen „bürgerlichen Tugenden"[22] können nur in einer Zivilgesellschaft gedeihen.

Gerade diese idealisierte Vorstellung der westlichen Gesellschaften, die aus verständlichen Gründen der Ausgangspunkt des osteuropäischen Konzepts war, um die Gesellschaft von der drückenden Kontrolle der Parteidiktatur und ihres Staates zu befreien, wird von Charles Taylor kritisch beurteilt. Er betont, daß in den entwickelten westlichen Staaten wichtige Institutionen, die nach Shils zentrale Institutionen der Zivilgesellschaft bilden, wie die Gewerkschaften und Arbeitgeberverbände, in die regierungsamtliche Planung - zu ergänzen wären Entscheidungsfindung und Machtausübung - integriert sind. Im westlichen Staat, so Taylor, sei die Gefahr des Korporatismus gegeben. Durch die Ver-

---

19 Vgl. Shils, 1991, S. 15.
20 Vgl. zum Kommunitarismus Honneth 1993.
21 Honneth 1993, S. 9.
22 Shils 1991, S. 48.

flechtung zwischen Staat und Gesellschaft entfernten sich die westlichen Gesellschaften nicht nur von den kontraktualistischen Modellen Lockes und Rousseaus, sondern darüber hinaus auch von den Vorstellungen Montesquieus über die gesellschaftlichen Organe, die als intermediäre Organisationen zwischen Gesellschaft und Staat plaziert sind und die politische Partizipation der Gesellschaft ermöglichen.[23]

Ein Nebenprodukt der liberalen Debatte über die Zivilgesellschaft war die Wiederentdeckung Antonio Gramscis durch die europäische, aber auch die nahöstliche Linke.[24] Bei Gramsci ging es im wesentlichen um eine Spezifizierung des Begriffes „Überbau".[25] Er unterscheidet hier zwei Ebenen: Die „zivile Gesellschaft" (*società civile*) und die „politische Gesellschaft" (*società politica*) oder den Staat. Während er bei dem ersten Begriff die zivile oder „private" Gesellschaft lokalisierte, verstand er unter der „politischen Gesellschaft" den „Apparat der staatlichen Machtausübung".[26] Diese differenzierte Zerlegung des Begriffes Überbau fand bei Gramsci primär aus analytischen Gründen statt, um die nicht auf Gewalt beruhenden hegemonialen Strukturen transparent zu machen.[27] Politisch diente sie der Begründung der Strategie des „Stellungskrieges". Ein „Bewegungskrieg" nach dem Muster der russischen Revolution wurde bekanntlich von Gramsci für Westeuropa als nicht Erfolg versprechend betrachtet, weil die Hegemonie der herrschenden Klassen nicht nur auf der politischen Gesellschaft basiere, sondern auch auf der kulturellen Hegemonie über die Zivilgesellschaft.[28] Buttigiegs Hinweis darauf, daß Gramscis Begriff der Zivilgesellschaft für die Erklärung des Zusammenbruchs der totalitären Regime in Osteuropa dienen könnte, ist nicht uninteressant.[29] Zwar hat Buttigieg nicht Recht, wenn er schreibt, daß die Parteidiktaturen es nicht vermocht hätten, die „zivile Gesellschaft" unter ihre Hegemonie zu stellen, jedoch kann Gramscis Konzept der Zivilgesellschaft die Strategie der Opposition zur Bündelung der gesellschaftlichen Kräfte und dem radikal gewaltlosen Kampf um die kulturelle Hegemonie über die Gesellschaft erklären.

---

23 Taylor 1991.
24 Vgl. Kebir 1991.
25 Vgl. Samis 1980, S. 228.
26 Ebd., S. 228-229.
27 Vgl. zum Thema Antonio Gramsci und Zivilgesellschaft Buttigieg 1994.
28 Vgl. Kebir 1991, S. 19-20.
29 Buttigieg 1994, S. 554.

Die Hintergründe des Gebrauches von Zivilgesellschaftskonzepten in Osteuropa in der Phase vor dem Zusammenbruch der stalinistischen Systeme und im heutigen Nahen Osten haben, trotz einiger prinzipieller Unterschiede in Geschichte, Kultur und sozioökonomischen Bedingungen, eine gewisse Affinität.[30] Die osteuropäischen und nahöstlichen Konzepte der Zivilgesellschaft zielen auf die Entflechtung von Staat und Gesellschaft. In beiden Regionen war die Übermacht des Staates, die die traditionellen Systeme charakterisierte und im Zuge der Modernisierung durch die etatistischen Entwicklungskonzepte legitimiert wurde, der Grund für die Schwäche und Deformierung der Zivilgesellschaft, die sich zunächst eine autonome Existenz und Handlungsspielräume erkämpfen mußte.

Trotz der erwähnten Affinität zwischen der osteuropäischen und nahöstlichen Perzeption der Zivilgesellschaft,[31] weist die Situation im Nahen Osten ein Spezifikum auf, das in Osteuropa keine große Bedeutung hatte, nämlich das Problem des politischen Islam. In Osteuropa diente die Kirche als Forum für die Opposition. Auch im Vorderen Orient sind religiöse Bewegungen häufig wichtige oder sogar dominante Kräfte innerhalb der gesellschaftlichen Opposition und der *Voluntary Associations*, weil ihnen die autoritären Regime mehr Freiräume ließen als anderen Kräften. Ein Problem ist aber, daß die Vertreter des politischen Islam eine Ordnung anstreben, die den normativen Elementen einer Zivilgesellschaft, nämlich *Zivilität* oder Toleranz und Pluralismus, widerspricht.[32] Die in unterschiedlichem Maße säkularisierten Systeme in der arabischen Welt bzw. die laizistische Türkei sollen nach den Vorstellungen der Islamisten, die die Spaltung in *Regnum* und *Sacerdotium* nicht kennen, an

---

30 Vgl. zum osteuropäischen Kontext Deppe/Dubiel/Riedel 1991.
31 Der Kritik, daß das Konzept der Zivilgesellschaft für den Nahen Osten in den Vereinigten Staaten entwickelt worden sei (vgl. Vitalis 1994), muß hier widersprochen werden. Die Einschätzung von Vitalis läßt sich dadurch erklären, daß seit Ende der achtziger Jahre eine Gruppe unter Leitung von Richard Norton (U.S. Military Academy in West Point) und Farhad Kazemi ein Projekt mit dem Titel "Civil Society in the Middle East" an der New York University durchführte. Vitalis vernachlässigt jedoch, daß der arabische äquivalente Begriff *al-Mujtama` al-Madani* schon seit den sechziger Jahren in den sozialwissenschaftlichen Debatten auftaucht. Damit wurden nicht nur zivile Regierungen, sondern auch die Reduzierung der Macht des Staates gemeint.
32 Mit Recht weist Bernard Lewis auf den Widerspruch zwischen der theologischen und der historischen Ausprägung des Islam hin. Die Geschichte des Islam weist viele Präzedenzfälle vom Geist der Toleranz auf, siehe Lewis 1991, S. 163. Der gegenwärtige politische Islam stützt sich dagegen kaum auf die historische Überlieferung. Die Ideologen des politischen Islam, z. B. Sayid Qutb, erkennen lediglich die islamische Ordnung unter den ersten vier Kalifen als islamkonform an, siehe al-Jabiri 1985, S. 66.

islamischen Prinzipien ausgerichtet werden. Es ist unwahrscheinlich, daß in einer islamischen Ordnung, die keinen Raum für individuelle politische Rechte läßt und die Vielfalt zugunsten der Einheit verwirft, die Existenz einer Zivilgesellschaft zugelassen wird. Insofern kann die These aufgestellt werden, daß islamistische Organisationen zwar institutionelle Teile einer Zivilgesellschaft darstellen können, jedoch nicht ihren normativen Elementen entsprechen.

Die pessimistische Einschätzung der Vertreter des Zivilgesellschaftskonzepts in der arabischen Welt über die Chancen einer Demokratisierung, bevor die Konturen einer Zivilgesellschaft sichtbar geworden sind,[33] basiert nicht nur auf der repressiven Politik der autoritären Systeme, sondern steht darüber hinaus im Zusammenhang mit der hohen Mobilisierungskraft des politischen Islam. Freie Wahlen können nicht zuletzt deshalb zum Aufstieg des politischen Islam führen, weil in der jüngsten Geschichte angesichts der Dominanz der autoritären staatlichen Strukturen die Zivilgesellschaft verkümmerte.

Denn die Militärregime des Nahen Ostens verliehen dem Staat eine umfassende Macht, die er vor der partiellen Modernisierung nie besessen hatte. Die Islamisten streben eindeutig einen politischen, sozialen und kulturellen Wandel an, wollen aber gleichzeitig, wie im Iran geschehen, den starken modernen Staat übernehmen. Dies bedeutet konkret, daß die Islamisten den traditionellen gesellschaftlichen Institutionen, die der Islam kannte, wie den religiösen Stiftungen, den freien Lehranstalten und der zivilen, vom islamischen Staat unabhängigen Rechtsauslegung, keine autonome Existenz zugestehen, auch wenn sie heute diese Institutionen als Beleg dafür anführen, daß die klassische islamische Gesellschaft Elemente einer Zivilgesellschaft aufgewiesen hätte.

Aber auch in der gegenwärtigen Situation versuchen die Islamisten erfolgreich, die Freiräume, die der autoritäre Staat aus vielfältigen Gründen der Gesellschaft überläßt, selbst zu übernehmen. So können die Prozesse im Nahen Osten einen anderen Lauf nehmen als in Osteuropa. Dort habe, so schrieb Bronislaw Geremek am Beispiel Polens, die Zivilgesellschaft Schritt für Schritt das Terrain besetzt, das der Parteistaat räumen mußte.[34] Im Vorderen Orient haben die Islamisten das vom autoritären Staat geräumte Terrain entweder schon besetzt oder sind potentiell in der Lage, es zu besetzten.[35] In einigen

---

33 Vgl. Ibrahim 1993, S. 3.
34 Vgl. Geremek 1991, S. 266.
35 So verstärken z.B. die anhaltenden Erfolge der ägyptischen Islamisten bei den Wahlen der Berufsverbände die begründete Skepsis, ob eine Zivilgesellschaft reale Chancen auf Formierung hat. Siehe dazu den Beitrag zu Ägypten in diesem Bande.

Fällen führen die Staatseliten einen zähen, von außen unterstützten Kampf um das eigene Überleben. Die wehrlose Zivilgesellschaft, organisiert in Bürgerrechtsvereinen, Berufsverbänden und oppositionellen säkularen Gruppen, befindet sich, wie einer der profiliertesten arabischen Filmregisseure, der Ägypter Yusuf Schahin, es formulierte, zwischen Hammer und Amboß.[36] Als Ausweg aus der verfahrenen politischen und sozioökonomischen Situation sieht Schahin die Aktivierung der „schweigenden Mehrheit". Dies ist auch, zumindest konzeptionell, die Intention der Befürworter des Konzepts einer Zivilgesellschaft im Nahen Osten. Der Wandel soll nicht durch autoritätsgläubige Islamisten vollzogen werden, sondern durch eine starke pluralistische, tolerante Zivilgesellschaft.

So schließt auch Saad Eddin Ibrahim, der wichtigste liberale arabische Vertreter des Zivilgesellschaftskonzepts, religiöse Gruppen aus der Zivilgesellschaft aus, weil sie als primordiale Erscheinungen nicht auf dem Prinzip der Freiwilligkeit beruhen. Der liberale Diskurs kreist ebenso wie die anderen zwei Diskurse, die *Ferhad Ibrahim* innerhalb der arabischen Debatte über die Zivilgesellschaft ausmacht, um die Rolle des Islam in Gesellschaft und Politik. Der links-nationalistische Diskurs ist sogar weitgehend mit der Säkularisierungsdebatte identisch. Die Islamisten versuchen ihrerseits, sich zwar der Attraktivität des Konzeptes der Zivilgesellschaft im Demokratisierungsprozeß zu bedienen, diesem aber durch Umbenennung und Neudefinition einen authentischen, islamischen Charakter zu geben.

Die ambivalente Wirkung von Islamisten in der gesellschaftlichen Opposition wird in diesem Band anhand Ägyptens, eines arabischen Landes mit besonders ausgeprägter Zivilgesellschaft, untersucht. Hier tragen die Muslimbrüder nach Meinung von *Cilja Harders, Carsten Jürgensen und Tanja Tabbara* einerseits wesentlich zur Herausbildung zivilgesellschaftlicher Strukturen bei, indem sie die oppositionelle Rolle der Berufsverbände stärken. Andererseits stößt ihre politische Toleranz, die sie im Dialog mit Nicht-Muslimen demonstrieren, bei der Auseinandersetzung mit muslimischen Islamismuskritikern an ihre Grenzen, so daß in ihrer Ideologie deutliche Pluralismusdefizite sichtbar werden, die dem hier vertretenen Zivilgesellschaftskonzept widersprechen.

Das Beispiel Syriens steht dagegen für einen nationalistischen arabischen Staat, der unter Berufung auf seine Rolle als Motor einer sozioökonomischen

---

36 Interview mit „Der Spiegel" vom 9.2.1995.

Entwicklung alle existierenden gesellschaftlichen Organisationen allmählich unter seine Kontrolle brachte. So wurde die gesamte syrische Gesellschaft durch den Staat organisiert und dabei den Organisationen die Funktion der Interessenartikulation und der Kontrolle staatlichen Handels genommen. Dies führte zu einer Verstaatlichung oder - wie *Hans Günter Lobmeyer* sagt - *étatisation* der syrischen Gesellschaft und der Eliminierung der Zivilgesellschaft. Trotz der engen Anlehnung an die Sowjetunion wurde die Verflechtung von Staat und Gesellschaft in Syrien weder durch die politischen Auswirkungen der Perestrojka noch durch den Ansatz einer ökonomischen Öffnung (*infitah*) rückgängig gemacht.

In der Türkischen Republik wurden zwar auch zunächst zum Zwecke der Modernisierung und Verwestlichung alle gesellschaftlichen Organisationen entweder verboten oder in das Einparteienregime inkorporiert. Mit der ökonomischen und politischen Anbindung an den Westen wurde hier jedoch die Bildung von Parteien, Berufsverbänden und Vereinen wieder zugelassen. Trotzdem wird das Kräfteverhältnis im politischen System der Türkei, wie *Gülistan Gürbey* darstellt, bis heute von der militärischen Autorität dominiert. Auch die starren ideologischen Grundlagen, die auf dem türkischen Nationalismus beruhen und sich in restriktiven gesetzlichen und rechtlichen Bestimmungen niederschlagen, behindern das Agieren der zivilen Institutionen des politischen Systems einerseits und die Herausbildung einer Zivilgesellschaft andererseits.

Diese Konstellation behindert v.a. die Entstehung von kurdischen und prokurdischen Organisationen. Im Westen der Republik konnte sich dagegen unter den veränderten Bedingungen der 80er Jahre eine Zivilgesellschaft herausbilden. *Heidi Wedel* unterteilt diese in drei Kategorien: während soziale Bewegungen sowie soziale und politische Projekte intern und extern Pluralismus, Toleranz und Partizipationsausweitung anstreben und dabei in Opposition zu bzw. Kooperation mit dem Staat alternative Politiken entwickeln, tragen elitäre Organisationen zwar inhaltlich zur Konzeption von Zivilgesellschaft bei, grenzen jedoch praktisch andere Teile der Bevölkerung von der Partizipationsausweitung aus. Da die Herausbildung einer kurdischen Zivilgesellschaft durch eine zunehmend gewaltsame Unterdrückung verhindert wird, sind auch die Inseln einer türkischen Zivilgesellschaft, die sich neben der staatlichen Macht entwickelt haben, auf Dauer in ihrer Existenz gefährdet, wenn diese Spaltung nicht überwunden wird.

Die Islamische Republik Iran ist ein weiteres Beispiel für einen autoritären Staat, der keinerlei Toleranz gegenüber gesellschaftlicher Organisation aufweist. Da er zudem versucht, seine islamistische Kultur der gesamten Gesellschaft aufzuzwingen, artikuliert hier die Bevölkerung ihre oppositionelle Haltung in Form einer Gegenkultur. Diese kann nach *Asghar Schirazi* unter bestimmten normativen Voraussetzungen eine Grundlage für die Entstehung einer Zivilgesellschaft legen und so dazu führen, daß langfristig auch die Existenz von *Voluntary Associations* zugelassen werden muß.

Während die spezifischen Ansätze der Zivilgesellschaft im Iran das Ergebnis eines Staates sind, der alle gesellschaftlichen Bereiche zu kontrollieren versucht, liegt das Problem der palästinensischen Zivilgesellschaft nach *Amal Jamal* darin, daß hier der Staat als eine zentrale Autorität fehlt, die einen Rahmen für die intermediären Organisationen und Regeln für ihre Interaktion setzt. Dadurch werden partikularistische Tendenzen gestärkt, während gleich drei Autoritäten (Israel, Jordanien und die PLO) versuchen, die palästinensische Zivilgesellschaft zu schwächen.

So zeigen die Autorinnen und Autoren dieses Bandes an ausgewählten Fallbeispielen, daß Ansätze von Zivilgesellschaft bereits heute Realität in vielen Ländern des Nahen Ostens sind. Die sich entwickelnde Zivilgesellschaft ist jedoch nicht nur mit autoritären staatlichen Strukturen konfrontiert, sondern auch mit Widerständen von oppositionellen Bewegungen, die Pluralismus und Toleranz entgegenstehen. Insbesondere sind zivilgesellschaftliche Strömungen im Nahen Osten gezwungen, sich mit Ideologien wie Nationalismus und Islamismus auseinanderzusetzen, die eine Differenzierung innerhalb der von ihnen postulierten Einheit nicht zulassen. Die Entwicklung einer Zivilgesellschaft erfordert in dieser Region deshalb nicht nur den Aufbau von pluralistischen Strukturen, sondern auch die Ausbreitung von politischer Toleranz.

Literatur

Ackerman, Bruce: Neutralities. In: R.B. Douglass/G. M. Mara/H.S. Richardson (Hrsg.): Liberalism and Good. New York usw. 1990, S. 29-43.

Belge, Murat: Sivil Toplum ve Türkiye (Die Zivilgesellschaft und die Türkei). In: Cumhuriyet Dönemi Türkiye Ansiklopedisi (Enzyklopädie der Türkei in der Phase der Republik), Bd. 7, Istanbul: İletişim o.J. [1983], S. 1920.

Buttigieg, Joseph A.: Gramscis Zivilgesellschaft und die civil-society-Debatte. In: Das Argument, 36. Jg., H. 4/5, Juli/Oktober 1994, S. 529-554.

Castro, Luis/Pagden, Anthony: The Idiom of Civil Society in Contemporary Venezuela. London 1992.

Dahrendorf, Ralf: Die gefährdete Civil Society. In: Krzysztof Michalski (Hrsg.): Europa und Civil Society, Stuttgart: Klett-Cotta 1991, S. 247-265.

Deppe, Reiner/Dubiel, Helmut/Riedel, Ulrich (Hrsg.): Demokratischer Umbruch in Osteuropa. Frankfurt am Main: Suhrkamp 1991.

Evers, Hans-Dieter/Schiel, Tilman: Strategische Gruppen. Vergleichende Studie zu Staat, Bürokratie und Klassenbildung in der Dritten Welt. Berlin: Reimer 1988.

Geremek, Bronislaw: Die Civil Society gegen den Kommunismus. Polens Botschaft. In: Krzysztof Michalski (Hrsg:): Europa und die Civil Society. Stuttgart: Klett-Cotta 1991, S. 264-273.

Hawthorn, Geoffry: Contradiction of the „Civil" in the South. London 1992.

Heins, Volker: Ambivalenzen der Zivilgesellschaft. In: Politische Vierteljahresschrift, 33. Jg., H. 2, 1992, S. 235-242.

Honneth, Axel: Konzeptionen der „civil society". In: Merkur, 46. Jg., Heft 1, 1992, S. 59-66.

ders. (Hrsg.): Kommunitarismus. Eine Debatte über die moralischen Grundlagen moderner Gesellschaften. Frankfurt am Main: Campus 1993.

Ibrahim, Saad Eddin: Al-Mujtama' al-Madani (Die Zivilgesellschaft). Kairo: Ibn Khaldun 1993.

Jabiri, Muhammad Abid al-: Al-Khitab al-arabi al-muasir (Der gegenwärtige arabische Diskurs). 2. Aufl. Beirut 1985.

Kebir, Sabine: Gramsci's Zivilgesellschaft. Hamburg: VSA 1991.

Lewis, Bernhard: Europa, der Islam und die Civil Society. In: Krzysztof Michalski (Hrsg.): Europa und die Civil Society. Stuttgart: Klett-Cotta 1991, S. 157-173.

Narr, Wolf-Dieter: Wieviel Entwicklung kann sozialwissenschaftliche Theorie ertragen? Am Exempel Zivilgesellschaft. Einige sachlich notwendige polemische Notate. In: Das Argument, 36. Jg., H. 4/5, Juli-Oktober 1994, S. 587-597.

Samis, Guido: Antonio Gramsci, zu Politik, Geschichte und Kultur. Leipzig: Röderberg 1980.

Shils, Edward: Was ist eine Civil Society? In: Krzysztof Michalski (Hrsg.): Europa und die Civil Society. Stuttgart: Klett-Cotta 1991, S. 13-51.

Tanneberg, Jens/Oliver Wils: Neo-liberales Entwicklungsparadigma und Civil Society. Gesellschaftsanalyse zwischen Projezierung und Profilierung oder die Suche nach dem Stein der Weisen. In: Ferhad Ibrahim (Hrsg.): Staat und Zivilgesellschaft in Ägypten. Hamburg: LIT 1995, S. 55-93.

Taylor, Charles: Die Beschwörung der Civil Society. In: Krzysztof Michalski (Hrsg.): Europa und die Civil Society. Stuttgart: Klett-Cotta 1991, S. 52-81.

Vitalis, Robert: The Democratization Industry and the Limits of the New Intervention. In: Middle East Report, No. 187/188, March-June 1994, S. 46-50.

Ferhad Ibrahim

Die arabische Debatte über Zivilgesellschaft

> *Der Begriff Zivilgesellschaft ähnelt einer Black Box. Jeder kann das sehen, was er darin sehen will.*
> Dalal al-Bizri: Ghramshi fi al-Diwaniya [1]

Der Begriff Zivilgesellschaft ist seit Ende der achtziger Jahre in drei Regionen wesentlicher Bestandteil des politischen Diskurses, nämlich in den ehemaligen Ostblock-Staaten, in den westlichen Staaten und in der arabischen Welt. Obwohl der Begriff in diesen drei Regionen ungefähr zur selben Zeit auftaucht, zeigen sich hinsichtlich der politischen und gesellschaftlichen Probleme der Regionen gravierende Unterschiede. Im Westen können zwei verschiedene Positionen festgestellt werden: Während die Konservativen die real existierenden, westlichen liberalen Demokratien als Modell einer Zivilgesellschaft betrachten, wird das politische System des Westens von den Linken und von den Rechten als veränderungsbedürftig angesehen. Die Linken fordern nicht mehr die „Demokratisierung des ökonomischen Sektors" und den „Ausbau außerparlamentarischer Initiativen und Bewegungen", sondern sie stellen Überlegungen an, wie die Partizipation und der Willensbildungsprozeß im Rahmen des parlamentarischen Systems effektiver werden könnten.[2] Die rechte Kritik am Liberalismus, der Kommunitarismus, thematisiert zwei Aspekte: die Kritik des durch den Liberalismus verursachten utilitaristischen und expressivistischen Individualismus sowie den Bedarf an gemeinschaftlicher Integration, die durch horizontale soziale Institutionen erzielt werden kann.[3]

Die arabische Debatte steht in einem völlig anderen Kontext. Die Diskussion hat partiell eine ähnliche Zielsetzung wie die osteuropäische Debatte vor dem

---

1 Bizri 1994, S. 16.
2 Vgl. Honneth 1992, S. 61-62.
3 Vgl. Honneth 1993.

Zusammenbruch des Ostblocks.[4] Hier wie dort versuchen vor allem Intellektuelle, Alternativen zu den autoritären Systemen zu suchen. In der arabischen Welt erweist sich jedoch der politische Islam als eine Besonderheit, die die gesamte Richtung der Debatte über Demokratisierung und Zivilgesellschaft verändert hat. Nicht nur vor dem Hintergrund der Ereignisse in Algerien im Januar 1992[5] änderte sich der Schwerpunkt der Debatte über die Demokratisierung, sondern auch vor dem Hintergrund der offensiven und radikalen Haltung der Islamisten gegenüber dem Staat, aber auch gegenüber gesellschaftlichen Gruppen.

Die Verwendung des Begriffes Zivilgesellschaft ist in ihrer Funktion angesichts der politischen Komplikationen eine Wiederaufnahme der Frage der politischen Transformation unter anderen Vorzeichen. Damit möchte ich nicht die erkenntnistheoretischen Fragen, die diese Debatte thematisierte, relativieren. Vor allem die Neuentdeckung der Gesellschaft und ihrer zivilen Institutionen als Elemente der politischen Transformation könnte neue Perspektiven in der Debatte über Staat und Gesellschaft eröffnen. In diesem Beitrag versuche ich, in drei Schritten die Hintergründe der Debatte zu skizzieren, die zwischen den Säkularisten und den Islamisten geführt wird; schließlich werde ich eine kritische Bilanz der Debatte zu ziehen.

Die drei Diskurse

Der Islam ist Gegenstand heftiger Debatten der Gegenwart, deren Ursprünge in der Zeit der arabischen Renaissance (*nahda*) Ende des 19. Jh. liegen. Im Diskurs über den Islam sind zwei entgegengesetzte Positionen anzutreffen. Während Vertreter der einen Position die religiöse Legitimation der Herrschaft als Ursache für Rückschritt und Despotismus ansehen, glauben Vertreter der anderen, daß die Abkehr vom Islam bzw. von der islamischen Ordnung die Ursache für den Zerfall der islamischen Zivilisation und für die gegenwärtige umfassende Krise sei. Die Behandlung dieser Kontroverse muß meines Erachtens nicht den Islam als Religion zum Gegenstand der Analyse haben,

---

4 Vgl. zur osteuropäischen Diskussion: Deppe/Dubiel/Rödel 1991.
5 Ich beziehe mich hier auf die Unterbrechung des Demokratisierungsprozesses in Algerien nach dem Sieg der Islamisten bei den Parlamentswahlen.

sondern es muß hierbei vielmehr der Frage nach den Gründen, die den Islam zum Gegenstand dieser Kontroverse gemacht haben, nachgegangen werden. Mit anderen Worten, es sollte nicht die Frage, ob der Islam ein Fortschritts- oder Rückschrittsfaktor ist, sondern vielmehr die politische Funktion des Islam in der Gegenwart untersucht werden. Die erste Frage wurde schon von Max Weber zugunsten des Islam beantwortet, als er im Rahmen seiner fragmentarisch gebliebenen Ausführungen über den Islam schrieb: „Nicht der Islam als Konfession der Individuen hinderte die Industrialisierung...Sondern die religiös bedingte Struktur der islamischen Staatengebilde, ihres Beamtentums und ihrer Rechtsfindung."[6] Maxime Rodinson ging bekanntlich viel weiter und widerlegte Max Webers Sicht des Islam, als er, basierend auf der Wirtschaftsgeschichte der islamischen Welt, die Entwicklung eines Handelskapitalismus in den früheren islamischen Reichen trotz der von Weber vorgebrachten angeblichen Hemmnisse belegte.[7] Die von Weber angesprochene Rechtsfindung und das Beamtentum im Islam werden von Rodinson differenzierter gesehen, indem er auf die zögernde Durchsetzung des römischen Rechts in Europa und auf die lückenlose Verwaltung im islamischen Staat des Mittelalters hinweist.[8] Rodinson verweist in seinen Schriften mit Recht immer wieder auf die methodologischen Probleme, die dadurch entstehen, daß Weber zur Belegung der spezifischen Bedingungen bei der Entstehung des okzidentalen Rationalismus, auch wenn er Idealtypus ist, den historischen Bedingungen wenig Beachtung schenkt.[9]

Der politische Islam, als eine Erscheinung der Gegenwart, propagiert wiederum eine idealtypische islamische Ordnung (*Nizam Islami*), die historisch als solche nie existiert hat. Zum einen resümierte Saiyd Qutb, einer der ideologischen Wegbereiter und Aktivisten des politischen Islam, im Zusammenhang mit der islamischen Geschichte, daß die „islamische Ordnung" nur für kurze Zeit vorherrschte.[10] Die „islamische Ordnung" hat für ihn wenig gemeinsam mit dem historischen Islam; sie drückt vielmehr den Ruf nach der Errichtung eines Gottesstaates aus. So formulierte Qutb sein Ziel: „Die Errichtung des Gottesstaates auf Erden und die Abschaffung des Staates der Menschen sowie die Wegnahme der Herrschaft aus den Händen der Usurpatoren und ihre Rückgabe

---

6   Weber 1980, S. 742.
7   Vgl. Rodinson 1986;1987.
8   Rodinson 1986, S. 148-49.
9   Ebd.
10 Qutb 1979, S. 14-17.

an den Gott...".[11] Zum anderen existierte das Wort *Nizam* im islamischen Kontext nicht; es ist eine Übersetzung des okzidentalen Begriffes „System".[12] Die politischen Systeme in der islamischen Geschichte beruhten nur partiell auf dem islamischen Recht; im übrigen adaptierten die islamischen Reiche die vorgefundenen Werte und Normen.[13] Die Vorstellungen der islamischen Fundamentalisten über den Staat, die Gesellschaft und die soziale Ordnung beruhen in der Regel nicht auf den Hauptquellen des Islam (*Quran* und der Tradition des Propheten), sie werden vielmehr nach den politischen Notwendigkeiten des islamistischen Projekts ausgerichtet.

Wichtig werden somit die Islaminterpretationen der verschiedenen politischen Akteure sowie die politischen und sozialen Hintergründe für die Politisierung des Islam.

Hierzu sollen drei Fragen gestellt werden:

– Wer sind die Kontrahenten? Dies bedeutet, sich Klarheit über die Kräfte, d.h. Gruppen und Institutionen, zu verschaffen, die in diesem Diskurs bestimmte Strategien entwickeln und bestimmte Interessen vertreten.
– Welches ist der tatsächliche Streitpunkt und welche Funktion hat die Debatte selbst? Dabei soll nicht nur der Diskurs der Islamisten berücksichtigt werden, sondern auch die Vorstellungen von Nichtislamisten über den Islam.
– Was sind die Ursachen der Kontroverse? Ist es die Religion selbst, oder sind es andere, im engeren Sinn nicht religiöse, d.h. politische und sozioökonomische Faktoren, die die Kontroverse bedingen?

Die Akteure und ihre Diskurse

Meines Erachtens können drei Teildiskurse beobachtet werden, die in ihrer Summe den Gesamtdiskurs über die Zivilgesellschaft darstellen:

---

11 Ebd., S. 60.
12 Vgl. Tibi 1992, S. 46.
13 Vgl. hier Schacht 1980.

- Der erste Teildiskurs umfaßt alle Subjekte, die für den Islam als einzige Quelle einer politischen und sozialen Ordnung eintreten. Auch wenn das Spektrum der ideologischen und politischen Kräfte, die den politischen Islam ausmachen, sehr weitgefaßt ist, sind sie über ihr Projekt einig. Ihr Projekt, die „islamische Ordnung" (al-Nizam al-Islami), basiert auf einem theoretischen Konzept, das wiederum von einem Kollektiv, der sog. Umma (Gemeinschaft der Muslime), ausgeht. Nach dem Ideal der islamischen Ordnung bilden der Staat und die Gesellschaft eine organische Einheit, die die Offenbarung als Grundlage und Richtlinie hat.[14] Die Umma und ihre islamische Ordnung bilden eine Einheit, die den Staat und die Gesellschaft einschließt. Diese Einheit beruht nach Auffassung der Islamisten auf dem göttlichen Gesetz und fand im ersten islamischen Staat zu Lebzeiten des Propheten eine konkrete Gestalt.[15] Die Wiedererrichtung dieses Staates sei daher die Pflicht der Muslime.
- Als zweiter Teildiskurs wird die Position des Staates betrachtet, die als eher reaktiv charakterisiert werden kann. Dies ist vor dem Hintergrund der spezifischen Entstehungsgeschichte des gegenwärtigen arabischen Staates und der allgemeinen Legitimationskrise zu sehen. Der gegenwärtige arabische Staat entstand bekanntlich infolge der westlichen Penetration und des Zerfalls des Osmanischen Reiches. Die Ursachen für die politische, soziale und ökonomische Krise in der arabischen Welt sind häufig im Scheitern der vom Staat getragenen Entwicklungsprogramme der fünfziger und sechziger Jahre sowie in der anschließenden infitah-Politik, d.h. einer ökonomischen Öffnungs- oder Liberalisierungspolitik, zu suchen.[16] Das Ergebnis dieser Liberalisierung war die Entstehung parasitärer Ökonomien, die nur bestimmte Bevölkerungsschichten begünstigte. Gleichzeitig kam es zu einer sozialen Peripherisierung breiter Massen der Bevölkerung.

In Ägypten beispielsweise versuchte Sadat, zunächst einen *modus vivendi* mit den Islamisten zu finden, um so die Position der nasseristischen und linken Kräfte zu schwächen. Als dann aber die Islamisten begannen, die politische Ordnung in Frage zu stellen, versuchte die Regierung durch Kooptierung der gemäßigten islamistischen Kräfte einerseits und Repressionen gegen die radikalen Kräfte andererseits, die Legitimation der

---

14 Vgl. Qutb 1988, S. 62 ff.
15 Vgl. Awwa 1989, S. 21 ff.
16 Vgl. hierzu Pawelka 1985.

Islamisten zu untergraben.[17]
- Als drittes ist der Diskurs derjenigen Kräfte zu nennen, die als säkularistische Strömung zusammengefaßt werden können. Gemeint ist eine amorphe, nicht organisierte „Koalition", die sich aus Angehörigen der Intelligentsia, Mitgliedern der nicht-islamistischen politischen Parteien und nicht-islamistischen Mitgliedern von Gewerkschaften und Berufsverbänden zusammensetzt. Diese Strömung ist die schwächste Partei im Kampf der antagonistischen Kräfte. Sie kann sich - anders als die Islamisten - nicht auf das große Reservoir von Tradition und islamischem Erbe stützen. Anders als der Staat verfügt sie auch nicht über Institutionen als Schutzschild. Sie steht zwischen den beiden Lagern und muß Druck von beiden Seiten aushalten. Die Säkularisten sind auf nationaler Ebene die letzten Verteidiger der *de facto*-Säkularisierung, die nicht durch soziale Differenzierung und das Reflexiv-Werden der Religion entstanden war, sondern vom sultanischen Staat und vom kolonialen Staat ererbt wurde. Der Säkularismus in der arabisch/islamischen Welt wird als Prozeß verstanden, der infolge der Reformen des 19. Jh. im Osmanischen Reich Schritt für Schritt durchgesetzt wurde.[18] Daß der Säkularismus eine Realität in der arabischen Welt wurde, wird durch den Ruf der Islamisten nach einer enversen Entwicklung, die den Prozeß der Säkularisierung, der vor fast einem Jahrhundert begann, rückgängig machen soll, unmißverständlich deutlich.[19]

Der Hauptwiderspruch zeigt sich in dem Verhältnis zwischen politischem Islam und säkularistischem Diskurs. Hier stehen sich, wie Burhan Ghaliun meint, zwei antagonistische zivilisatorische Projekte gegenüber, ein Projekt, das eine Islamisierung aller Bereiche des Lebens anstrebt, und ein säkulares, dessen Grundlage die strikte Trennung zwischen Politik und Religion ist.[20]

---

17 Vgl. hierzu Waterbury/Richards 1991, Owen 1992, Pawelka 1992, Ibrahim 1995.
18 Vgl. hierzu Azmah 1992.
19 Ebd., S. 303 ff.
20 Vgl. Ghaliun 1991, S. 305.

Die säkularistische Debatte über Zivilgesellschaft

Es sei hier vorweggeschickt, daß die Bezeichnung Säkularisten eine analytische Notwendigkeit ist, um diese von den Islamisten zu unterscheiden. Innerhalb der Säkularisten können zwei Strömungen, die ich in Liberale und Linke einteile, festgestellt werden.

Der säkularistische Diskurs über Zivilgesellschaft geht in seiner erkenntnistheoretischen und politischen Dimension von einer Doppelstrategie sowohl gegenüber dem autoritären arabischen Staat (*al-daula al-tasallutiya*) als auch gegenüber dem wachsenden Einfluß der islamistischen Bewegung aus. Zum einen kehrten sich die arabischen Linken seit den späten siebziger Jahren von etatistischen Entwicklungsmodellen, die sich am sowjetischen Modell orientierten, ab, zum anderen thematisierten sie Fragen des politischen Pluralismus und der Demokratisierung der politischen Systeme in der arabischen Welt. Die Debatte über die Zivilgesellschaft nimmt diese Themen seit Anfang der neunziger Jahre wieder auf.

Das liberale Konzept der Zivilgesellschaft

Daß die Liberalen die Verfechter einer Zivilgesellschaft in der arabischen Welt sind, liegt nicht nur darin begründet, daß es in den arabischen Staaten, in denen eine ökonomische Öffnung (*infitah*) stattfand, zu einer sozialen Umschichtung gekommen ist, die politisch strukturelle Auswirkungen haben mußte. Es ist darüber hinaus evident, daß eine doppelte Gefahr den noch äußerst fragilen Liberalismus aus den Fugen heben kann: Die Gefahr, daß der Staat weiter auf den religiösen Diskurs schwenkt, und die Gefahr, daß die Islamisten in ihrem strebsamen Bemühen zur Machteroberung Erfolg haben könnten. Es ist daher nur folgerichtig, daß liberale Organisationen, wie das in Ägypten tätige *New Civic Forum*, als Vorkämpfer des wirtschaftlichen und politischen Liberalismus sowohl die Islamisten als auch den Staat für die zögernde wirtschaftliche Entwicklung und für die politischen Krisen verantwortlich machen. Die Liberalen versuchen, diese Gefahr durch eine doppelte Strategie zu neutralisieren. Zum einen sollen die Institutionen der Zivilgesellschaft die Macht des Staates einschränken, zum andern schließen sie die Religion als primordiale Erscheinung aus der Zivilgesellschaft aus. Diese Aspekte werden in dem Zivilgesellschaftskonzept des ägyptischen Soziologen Saad Eddin Ibrahim sichtbar.[21] Ibrahim baut sein Modell auf einer kritischen Haltung gegenüber der arabischen Kultur auf. Jede Kultur hat seiner Ansicht nach zwei Aufgaben. Die erste sieht er in der Etablierung von Normen, Werten und Verhaltensmustern, so daß die Mitglieder einer Kultur sich internen und externen Veränderungen anzupassen vermögen. Die zweite bezieht sich auf Kreativität und Erneuerung, die seiner Ansicht nach Fortschritt garantieren.

Dies sei in der arabischen Welt nicht gewährleistet, da das Erziehungssystem eine autoritäre und kreativitätshemmende Struktur habe. Ein weiterer Kritikpunkt bezieht sich auf den Vorrang der Einheit vor Vielfalt, der zu Stagnation geführt habe. Darüber hinaus kritisiert Ibrahim das Phänomen scheinbarer Loyalität gegenüber den Herrschenden bei gleichzeitiger versteckter Opposition und Mißtrauen [22]. Der politische und kulturelle Wandel setze voraus, daß die Individuen sich zum einen von den primordialen Formationen ablösen und zum anderen ihre Interessen im Rahmen der intermediären Institutionen der Zivilgesellschaft zum Ausdruck bringen.[23] Da der Staat weder gewillt noch fähig gewesen sei, sozialen und kulturellen Wandel herbeizuführen, sei nur eine Zivilgesellschaft dafür prädestiniert, diese Aufgabe zu übernehmen. Dabei definiert er Zivilgesellschaft folgendermaßen:

„Eine Zivilgesellschaft ist eine Summe von freiwilligen sozialen nicht-staatlichen und nicht-primordialen Institutionen. Ihnen kommt die Aufgabe zu, den Individuen Partizipation am öffentlichen Leben zu ermöglichen. Sie fungieren als intermediäre Institutionen zwischen Staat und Gesellschaft. Primordiale Organisationen hingegen sind tribale und *kinship*-Formationen. Zu ihnen werden aber auch religiöse Vereinigungen gezählt, da auch diese vorgesellschaftliche Formationen sind."[24]

Staatliche Institutionen sind dagegen juristisch-kontraktorische, die zur Regulierung gesellschaftlichen Zusammenlebens von Individuen nach allgemeinen Regeln entstehen. [25]

Zwischen den beiden Gruppen von Institutionen, den primordialen und den staatlichen, liegen die Institutionen der Zivilgesellschaft, die sogenannten

---

21 Ibrahim hat als Herausgeber der arabisch-englisch-sprachigen Zeitschrift *Civil society/al-Mujtama al-Madani* den Verlauf der arabischen Debatte über die Zivilgesellschaft beeinflußt.
22 Ibrahim 1992, S. 219.
23 Ebd.
24 Ebd., S. 220.
25 Ebd.

Voluntary Associations. Die Unterscheidung zu den primordialen und staatlichen Institutionen legt er anhand von Freiwilligkeit und Gewalt fest. [26]
Die Funktion der Zivilgesellschaft liegt für die Individuen in ihrer Eigenschaft als Ersatz für primordiale Organisationen einerseits und in dem Schutz, den sie dem Individuum gegenüber dem Staat bieten, andererseits. Die Institutionen der Zivilgesellschaft zielen nach Ibrahim darauf ab, die negativen Einflüsse, die die Familie, primordiale Formationen und der Staat auf die Individuen ausüben, zu korrigieren. Das Hauptziel liegt jedoch in der Ermöglichung demokratischer Transformationen in den arabischen Gesellschaften. Die Zivilgesellschaft und ihre Institutionen haben die Funktion, demokratische Prinzipien zu verwurzeln und den demokratischen Wandel gegen die Gefahr des Scheiterns zu schützen.[27] Folgende weitere Aufgaben und Funktionen einer Zivilgesellschaft sieht Ibrahim:[28]

- Effizienz der Institutionen der Zivilgesellschaft, denn die soziale und politische Partizipation ist abhängig von der Effizienz und dem Organisationsgrad in den Institutionen der Zivilgesellschaft.
- Die Zivilgesellschaft erhöht die Effizienz der politischen Sozialisation und ermöglicht vermehrte Partizipation.
- Die Zivilgesellschaft gibt den Individuen Schutz gegenüber dem Staat. Sie stabilisiert aber auch die politische und soziale Ordnung, weil sie Ventile für politischen und sozialen Protest schafft.
- Die Institutionen der Zivilgesellschaft ersetzen den Staat in sozialen und ökonomischen Bereichen, die von diesem nicht mehr abgedeckt werden können. So sind beispielsweise viele arabische Staaten nicht mehr in der Lage, die Entwicklungsprogramme zu finanzieren und zu leiten.

Die Vorstellungen Ibrahims weisen eine Affinität zum *civil society*-Konzept des amerikanischen Soziologen Edward Shils auf.
Der zentrale Begriff bei Shils ist der der „Zivilität".[29] Er versteht die Zivilität als eine Summe von Denk- und Verhaltensmustern in einer *civil society*. Dies impliziert die Möglichkeit einer Vereinbarung der Interessen der Individuen mit den Interessen der Gesamtgesellschaft. Anders als Ibrahim zählt Shils jedoch Legislative und Judikative zu Institutionen der *civil society*; er vertritt überhaupt

---

26 Ebd., S. 221.
27 Ibrahim 1993, S. 2-3.
28 Ibrahim 1992, S. 222-225.
29 Vgl. Shils 1991, Shils 1991a.

die Meinung, daß der liberale demokratische Staat ein Staat der *civil society* sei.[30]

Denn eine *civil society* sei nur in einer pluralistisch-demokratischen Ordnung möglich. Wie Ibrahim schließt auch Shils die primordialen Organisationen von der *civil society* aus, weil die Zugehörigkeitskriterien auf der Abstammung der Menschen basieren. Anders als Ibrahim sieht er jedoch keinen Widerspruch zwischen der Zivilgesellschaft und den Universalreligionen, die im Laufe eines Prozesses der „Entzauberung" ihre Differenzen mit der Welt beigelegt haben.[31] Daß dies im islamischen Kontext nicht geschehen ist, erklärt, warum Ibrahim die Religion nicht als Teil der Zivilgesellschaft betrachtet.

Die Position der arabischen Linksnationalisten zur Zivilgesellschaftsdebatte

Da die Debatte über die Zivilgesellschaft von den arabischen Liberalen ausgelöst wurde, war die Position der arabischen Linken eher reaktiv. Dies ist der Hintergrund für die konfuse Position der arabischen Linksnationalen.

Die linke Perzeption der Zivilgesellschaft beruht im Gegensatz zum liberalen Konzept auf keinem einheitlichen Modell. Die Dominanz des Stalinismus bei den arabischen Marxisten bis in die siebziger Jahre einerseits, die Faszination des Staates als Agent des Wandels bei den unorthodoxen Linken andererseits ließen keinen Raum für eine neue Betrachtung der Beziehungen zwischen Staat und Gesellschaft. Die Beschäftigung mit dem Staat schaffte, wie der tunesische Soziologe Labib feststellt, eine epistemologische Barriere, die die Beschäftigung mit der Gesellschaft selbst verhindert habe. Dem kann aber in dieser allgemeinen Form nicht zugestimmt werden. Der marokkanische Politikwissenschaftler Laroui erneuerte in mehreren Schriften das Weber'sche Modell des sultanischen Staates. Der moderne arabische Staat sei trotz der Entstehung von formal modernen Institutionen in seiner Grundstruktur *sultanisch* geblieben. Die Entstehung der Bürokratie sei nicht mit Rationalismus verbunden gewesen, da sie nicht Ergebnis einer sozialen Differenzierung war; die Bürokratie sei primär ein Instrument *sultanischer* Herrschaft über eine undifferenzierte Gesellschaft.[32]

---

30 Shils 1991, S. 16.
31 Shils 1991, S. 40-42.
32 Laroui 1981, S. 186-187.

Als Grund für diese Situation gibt Laroui eine vielfach desintegrierte Struktur an: „Der gegenwärtige arabische Staat ist durch die Existenz vielfältiger Muster gespalten: mamlukisch, bürokratisch und rational. Er verkörpert auch alle diese Muster. Der Grund für die Spaltung liegt in der Kluft zwischen der Zivilgesellschaft (*al-mujtama al-madani*) und der Politik; zwischen der politischen Herrschaft und der wirklichen materiellen und moralischen Macht in der Gesellschaft und zwischen Individuen und dem Staat."[33]

Burhan Ghaliun behandelt, anknüpfend an die Analysen Larouis, explizit die Frage nach dem spezifischen Verhältnis zwischen dem Staat und der Gesellschaft in der arabischen Welt.[34] Die Analyse des Staates muß nach seiner Auffassung drei Dimensionen berücksichtigen. Die technische Ebene, die sich auf die Entwicklung der Regierungssysteme bezieht, die historische Ebene, die sich auf die Entwicklung und den Einfluß der internen und externen Machtfaktoren bezieht, und zum Schluß die Werteebene, d.h. der Staat als Verkörperung des Bewußtseins einer Gruppe in einem bestimmten zivilisatorischen Entwicklungsstadium.[35] Diese drei Ebenen sind für Ghaliun Prämisse für die Fragestellung, ob der autoritäre arabische Staat ein sultanischer Staat ist, der sich den Mantel der Moderne übergeworfen hat, oder ein neuer Staatstypus. Diese Auffassung wird sowohl von den Vertretern der Moderne als auch von den Traditionalisten, vor allem von den Islamisten, vertreten. Während die Modernisten den gegenwärtigen arabischen Staat als *sultanisch, neomamlukisch* oder *patriarchisch* charakterisieren,[36] kritisieren die Islamisten den Staat als Fremdkörper wegen der Übernahme fremdartiger Normen und Werte und seiner Entfernung von der islamischen Ordnung.[37] Ghaliun nennt drei Staatstypen, die in der arabischen Welt seit der westlichen Penetration im 19. Jh. aufeinanderfolgten. Alle drei Typen waren durch die Auseinandersetzungen mit den konkreten historischen Bedingungen entstanden. Auch wenn die Einflüsse der tradierten Herrschaftsformen nicht von der Hand zu weisen sind, können sie, nach Auffassung Ghaliuns, nicht mit den traditionellen Staatsformen gleichgesetzt werden. Der erste Typus, der „Reformstaat", der in Wirklichkeit ein Versuch war, eine Synthese zwischen der Religion und der

---

33　Ebd.
34　Ghaliun 1993.
35　Ghaliun 1993, S. 32-33.
36　Vgl. Laroui 1981; Sharabi 1988; Salame, 1987.
37　Ghaliun 1993, S. 119.

Moderne herzustellen, zerfiel bald angesichts der Wirkung der Kräfte, die er produzierte. Die militärische und administrative Elite versuchte, den sultanischen Staat zu beerben, konnte oder wollte aber die religiöse Legitimation des sultanischen Staates nicht übernehmen, was seinen Zerfall forcierte. Der zweite Typus, der Nationalstaat, scheiterte, weil er einerseits primär die Zwangsapparate, insbesondere die Sicherheitsapparate als Ersatz für fehlende politische Legitimation ausbaute, andererseits die Gesellschaft von der Mitwirkung bei der Gestaltung seines Modernisierungsprojektes ausschloß. Er scheiterte auch deswegen, weil das von oben verordnete und verwaltete Modernisierungsprojekt wegen mangelnder Partizipation auf tönernen Füßen stand. Der letzte Typus ist der Öffnungsstaat (*dawlat al-infitah*), der die Abkehr von der etatistischen Staatswirtschaft durchführte; die Frage der politischen Partizipation aber bis jetzt unbefriedigend löste.

Ghaliun macht nach der Beschreibung der Staatstypen seit dem Beginn der sogenannten arabischen Renaissance folgende Feststellung: „Der arabische Staat, über den wir gegenwärtig diskutieren, ist kein traditioneller Staat, nach welchen Normen auch immer wir ihn beurteilen. Er steht weder in seinen Grundlagen noch in seiner politischen und sozialen Struktur in einem Verhältnis zum sultanischen Staat. Dies, obwohl er keine Affinität zum liberalen oder zum Nationalstaat hat."[38] Das, was uns als sultanische Herrschaft erscheint, sind in der Realität Auswüchse eines gescheiterten Projektes der Moderne.[39]

Nicht der linke Diskurs über den gegenwärtigen arabischen Staat, sondern die Stagnation der politischen Systeme in der arabischen Welt und das Aufkommen islamistischer Bewegungen führten, wie Labib es formuliert, zu einem Paradigmenwechsel.[40] Dieser Wechsel war mit dem Namen Antonio Gramsci verbunden. Aber nicht die arabische Linke brachte Gramsci in die Diskussion, sondern die Islamisten, die sich im Rahmen ihrer Auseinandersetzungen mit dem autoritären Staat Mitte der achtziger Jahre mit den Begriffen Gramscis über „Hegemonie", „Kultur" und „Zivilgesellschaft" befaßten.[41] Eine umfassende linke Perzeption Gramscis in der arabischen Welt blieb bis zur Abhaltung des Symposiums „*Die Zivilgesellschaft in der arabischen Welt im Lichte des*

---

38 Ebd., S. 155.
39 Ebd.
40 Labib 1992, S. 68-69.
41 So z. B. die Zeitschrift der tunesischen islamischen *Nahda* (Renaissance)-Bewegung *al-Majala*, Nr. 8, 1984.

Denkens von Gramsci" in Kairo 1992[42] auf eine selektive Übernahme der Begrifflichkeiten Gramscis durch die Intellektuellen der Maghreb-Staaten beschränkt. Die Wiederentdeckung Gramscis im Westen veranlaßte die Linke in der arabischen Welt zum Versuch, ihn neu zu perzeptieren. Die arabische Gramsci-Perzeption ging aber nicht über die von Gramsci gemachten Überlegungen über die Intellektuellen und über die Hegemonie hinaus. Da die Debatte über Gramsci nicht durch die orthodoxen Marxisten ausgelöst wurde, sondern durch die Intellektuellen, die sozusagen im Sold des Staates stehen, geht die Diskussion nicht in Richtung einer Einschränkung der Macht des Staates gegenüber der Gesellschaft, sondern es drehte sich um Strategien gegen den Islamismus. Dies schließt auch die Erkenntnis ein, daß sich der Staat die Forderungen der Islamisten Schritt für Schritt zu eigen macht, um einen radikalen Wandel zu verhindern. Zum einen versucht der Staat, durch die Übernahme des religiösen Diskurses seine angeschlagene Legitimität zu kompensieren.[43] Zum anderen distanzierte er sich, soweit dies die Machtfrage nicht tangiert, von den Normen, die er von dem Kolonialstaat ererbt hat.[44]

Der einzige Kontext, in dem die Vorstellungen Gramscis über die Zivilgesellschaft als politisch brauchbar erschien, ist die Frage der Hegemonie im Zusammenhang mit der islamistischen Bewegung. Dies bezieht sich vor allem auf Nordafrika. Aber auch dort wurde der Begriff, wie das Beispiel Tunesien zeigt, funktional benutzt, um eine Gegenstrategie gegen die drohende politische und kulturelle Hegemonie der Islamisten zu entwickeln. Hier drehte sich die Diskussion, wie der tunesische Soziologe Al-Zaghal berichtet, um einen zentralen Begriff, den man bei Gramsci nicht wiederfinden kann, nämlich um die „Zivilrepublik". Eine Zivilrepublik sollte alle politischen Kräfte sammeln, die auf einen demokratischen Wandel hinarbeiten und sich gegen islamistische Strömungen wenden.[45] Daß sich die politische Realität vor allem in den *Maghreb*-Staaten anders als erwartet entwickelte, führte zu einer neuen Gewichtung im Diskurs der arabischen Linken über die Zivilgesellschaft. Diese neue Gewichtung möchte ich anhand von Überlegungen des an der Sorbonne lehrenden syrischen Soziologen Burhan Ghaliun darstellen.[46]

---

42 Die Beiträge der Tagung sind unter dem gleichen Titel im *Markaz al-Buhuth al-Arabiya* (Zentrum für arabische Studien) in Kairo 1992 erschienen.
43 Vgl. Bizri 1992, S. 76-86.
44 Ebd.
45 Zaghal 1992, S. 40-61.
46 Ghaliun 1992.

Der Begriff Zivilgesellschaft sei ein analytisches Instrument, um zwischen sozialen und politischen Organisationen zu unterscheiden. Er drückt insofern weniger eine Realität aus. Die zivilen Organisationen, die sogenannten intermediären Organisationen (nichtstaatliche soziale, ökonomische, kulturelle und religiöse Organisationen), können als die Verkörperung der Zivilgesellschaft betrachtet werden.[47] Sie bilden aber dennoch eine Einheit, weil jede politische Ordnung ihre spezifische Zivilgesellschaft hat und jede Zivilgesellschaft ihren spezifischen Staat oder ihre politische Ordnung.[48]

Eine Zivilgesellschaft ohne Staat als politischer Rahmen ist nach Ghaliun nicht denkbar, weil die divergierenden und antagonistischen Interessen den Staat als äußeren Rahmen notwendig machen.[49] Vor diesem Hintergrund behandelt Ghaliun den gegenwärtigen Zustand der arabischen Gesellschaft als den einer Phase, in der traditionelle Werte und Normen wie auch traditionelle Organisationen der Gesellschaft keinen Integrationsrahmen mehr geben konnten. Der arabische Staat, gestützt auf seine nationalistische Ideologie, forderte die arabische Einheit nicht, um integrative Momente zu entwickeln, sondern um durch die Etablierung einer totalitären Herrschaft alle Impulse des gesellschaftlichen Lebens zu ersticken. Der arabische Staat löste die Probleme der desintegrierten arabischen Gesellschaft nicht, sondern verselbständigte sich als Herrschaftsapparat über die Gesellschaft. Unter diesen Bedingungen sieht Ghaliun den Ruf nach der Etablierung einer Zivilgesellschaft als folgerichtig an; es können jedoch keine Strukturen für eine Zivilgesellschaft entstehen, da der Staat dies unablässig verhindert. Trotz dieser pessimistischen Auffassung kommt Ghaliun zum Ergebnis, daß der Aufbau von nicht-politischen Institutionen der Weg zum Wandel sein könnte. Hierbei sieht er, daß die Islamisten eher in der Lage waren, aus traditionellen Institutionen wie den Moscheen Foren ziviler Opposition zu machen. Die Linken waren nicht in der Lage, eine neue Strategie für den Wandel zu entwickeln. Sie blieben Gefangene ihrer etatistischen Wandlungsvorstellungen. Trotz dieser Kritik relativiert Ghaliun die Bedeutung der Zivilgesellschaft als Agent des Wandels.

Erstens macht er darauf aufmerksam, daß der Staat von außen, d.h. von dem herrschenden internationalen System, gegen die Zivilgesellschaft unterstützt werden kann. Am Beispiel der islamistischen Bewegungen zeigt er die

---

47 Ebd., S. 734-35.
48 Ebd.
49 Ebd., S. 737.

Ohnmacht der Zivilgesellschaft auf. Das Konzept einer Zivilgesellschaft muß für die Entwicklung von politischen Strategien offen bleiben. In dieser Hinsicht muß zwischen dem Ruf nach Demokratisierung und dem nach einer Zivilgesellschaft unterschieden werden. Die Demokratisierung könne die Probleme der Zivilgesellschaft nicht lösen. Es müssen Überlegungen angestellt werden, wie der Staat zu einer Institution der Zivilgesellschaft zu machen sei. Denn eine demokratische Ordnung, die die Probleme der Zivilgesellschaft nicht löse, könne jederzeit zugunsten von totalitären Optionen gestürzt werden. Nach Ghaliun kann ein Wandel aus politischen und ökonomischen Gründen nur in Form eines gesamtarabischen Wandels durchgeführt werden. Diese Frage wird auch von dem ägyptischen Politologen Mustafa Kamal al-Sayyid thematisiert, der darauf hinweist, daß die Fakten zeigen, daß die Institutionen der arabischen Gesellschaft grenzüberschreitend sind und wenn nicht denselben, so doch ähnlichen Bedingungen unterliegen.

Das Primat der Politik, d.h. das Primat der politischen Veränderungen, das bei Ghaliun sichtbar wird, und die weitere aktive Rolle des Staates, die er für die Entwicklung der Zivilgesellschaft für notwendig hält, wird von anderen eher linken Autoren anders eingeschätzt. Der erwähnte Mustapha Kamal al-Sayyid nennt strukturelle Aspekte, Werte und Normen, die Grundlage des politischen und sozialen Wandels sein könnten. Hierzu gehöre der Geist der Toleranz, die Einschränkung der Staatsmacht in ihrer Relation zur Gesellschaft und der politische Pluralismus,[50] also Strukturen, Werte und Normen, die im Rahmen der Entwicklungsstrategien der sechziger Jahre relativiert worden sind.

Islamismus und Zivilgesellschaft: *al-mujtama al-ahli* als eine islamistische Variante der Zivilgesellschaft

Es scheint Einigkeit darüber zu herrschen, daß der Islamismus eine Erscheinung der Gegenwart ist. Diese Aussage impliziert aber nicht, daß er sich an die Moderne angepaßt hat. Die zentrale Aussage der Islamisten, der Islam sei

---

50 Vgl. Sayyid 1993.

„Religion und Staat" (*Din wa Dawla*), drückt die Weigerung der Islamisten aus, den Islam als ein Teilsystem zu sehen. Die Beziehung zwischen dem Islam und der Religion nach diesem Diktum läßt sich nicht auf die historische Entwicklung reduzieren, sie ist vielmehr substantieller Art.[51] Die Verbindung zwischen dem Staat und der Religion bedeutet, daß die Muslime wie die Islamisten glauben, verpflichtet zu sein, den *islamischen Staat* zu gründen.[52] Allerdings gab es auch Versuche einer neuen Auslegung des religiösen Systems und einer neuen historischen Darstellung des Islam sowie einer neuen Auslegung der islamischen Quellen, die auf die Abkoppelung der Politik von der Religion abzielten; sie nahmen ihren Anfang mit dem berühmten 1925 erschienen Buch von Shaikh Ali Abd A-Raziq „*al-Islam wa Usul al-Hukm*" (Der Islam und die Grundlage der Politik). In diesem Buch versuchte Abd A-Raziq zu beweisen, daß die Funktion des Propheten als politischer Herrscher der islamischen Gemeinde das Ergebnis einer besonderen historischen Gegebenheit gewesen sei und nicht zu Grundsätzen des religiösen Glaubens des Islam gehöre.[53] Diese These wird jedoch in der Gegenwart - im Zeichen der Stärke des Islamismus - mehr denn je abgelehnt.

Es soll an dieser Stelle nicht auf eine siebzigjährige Diskussion über Islam und Staat eingegangen werden; es scheint mir aber im Zusammenhang mit der Debatte über die Zivilgesellschaft wichtig zu sein, auf das, was Bassam Tibi den „Traum von der halben Moderne"[54] nannte, und auf die Verbindungen zwischen dem kulturellen Erbe und der Moderne durch die Islamisten einzugehen.

Tibis zentrale Prämisse ist die Annahme, daß die Fundamentalisten die kulturelle Moderne und die technowissenschaftliche Modernität trennen wollen.[55] Hier liegt seiner Meinung nach die Ursache für die gescheiterten Modernisierungsversuche, die in der arabisch-islamischen Welt im 19. Jahrhundert ihren Ausgang hatten.

Durch das Festhalten am kosmologischen Weltbild und der Ablehnung des Subjektivitätsprinzips sei die Bewältigung des sozialen Wandels verhindert worden. Hier spricht Tibi das Thema der Authentizität an. Die Islamisten vertreten die Überzeugung, daß die Anpassung an die Moderne, oder präziser

---

51 Zu ausführlicher Behandlung dieser Frage vgl. Dhahir 1993, S. 327-359.
52 So z.B. der Islamist Yusuf al-Qardawi 1992, S. 113 ff.
53 Vgl. zur neusten Diskussion über Abd al-Raziq: Binder 1988, S. 128-169.
54 Tibi 1992, S. 12.
55 Ebd., S. 13.

formuliert die Übernahme der technisch-wissenschaftlichen Errungenschaften der Moderne, die Aufgabe der eigenen Werte und Normen nicht voraussetzt. In ihrer Abwehr gegen den Ruf nach der Anpassung an die kulturelle Moderne entwickelten die Islamisten zum einen eine Ablehnungsstrategie, die mit dem Vorwurf des „*epistemologischen Imperialismus*" des Westens zum Ausdruck kommt, zum anderen werden bestimmte Normen und Werte der Moderne selektiv adaptiert und sozusagen islamisiert.[56] So wird die Demokratie mit dem islamischen Shura-Prinzip gleichgestellt, der Pluralismus und die Meinungsfreiheit als Elemente des islamischen Erbes (*turath*) präsentiert.[57] Zumindest glaubte man, für die modernen Ideen Äquivalente in der islamischen Tradition und im islamischen Erbe entdecken zu können.[58]

Bevor ich auf den islamischen Diskurs über die Zivilgesellschaft eingehe, möchte ich an dieser Stelle die islamistische Auffassung über Staat und Gesellschaft kurz skizzieren.

In der islamistischen Debatte über die Zivilgesellschaft beobachten wir eine kohärente Auffassung der verschiedenen islamistischen Schattierungen. Dem Begriff Zivilgesellschaft (*al-mujtama al-madani*) wird der Begriff Bürger-Gesellschaft (*al-mujtama al-ahli*) als ein autochtoner Begriff gegenübergestellt. Er drückt die Zugehörigkeit zur islamischen Kultur aus und grenzt die Bürger gegen die Staatsverwalter ab, die nach der Terminologie des islamischen Historikers Ibn Khaldun „*Ahl al-Dawla*"(Leute des Staates) heißen.[59] Die Mitglieder der Bürgergesellschaft und ihre intermediären Institutionen beziehen sich nach Kautharani auf den Teil der Gesellschaft zwischen Familie und Staat.[60] In einer fast historisch-revisionistischen Betrachtungsweise falsifiziert Kautharani die Vorstellung der okzidentalen Wissenschaft von Montesquieu bis Max Weber über die islamische Gesellschaft. Der Staat sei nicht in allen historischen Phasen despotisch strukturiert gewesen; eine Volksgesellschaft habe stets existiert. Davon zeuge die Existenz von Handelsstädten mit ihren

---

56 Intellektuell steht das weltweit aktive „The International Institute of Islamic Thought" hinter der „Islamisierung" der Wissenschaft. Unter dem Titel „Islamization of Knowledge" veröffentlichte das Institut zahlreiche Studien im Bereich der Politikwissenschaft, Soziologie, Philosophie etc.
57 Siehe zu den neuen Diskussionen über das islamische Erbe und die Moderne: Muhammad Abid al-Jabiri: *Al-Turath wa al-Hadatha* (das Erbe und die Moderne). Beirut 1991.
58 Vgl. z.B. Ali 1983.
59 Vgl. Kautharani 1992, S. 120.
60 Ebd.

sozialen autonomen Institutionen wie religiösen Stiftungen (*Waqf*), Gilden, unabhängigen Gruppen der Rechtsgelehrten (*Ulama*) und anderen Einrichtungen.[61]
Die historisch-revisionistische Tendenz bildet die Basis für die islamistische Auffassung über die Zivilgesellschaft und den Staat, die in der arabischen Welt sowohl von den Islamisten als auch von den konservativen arabischen Nationalisten vertreten wird. An dem islamistischen Konzept, das ich anhand des an der Universität von Kairo lehrenden islamistischen Politologen Saif al-Din Abd al-Fattah Ismail darstelle, werden sowohl der erwähnte Aspekt als auch der Anspruch auf eine islamische Authentizität deutlich. Ismail schlägt vor, den Begriff Zivilgesellschaft einerseits theoretisch-systematisch und andererseits im historischen Kontext zu behandeln. Das Ziel sei einerseits, die Beziehung zwischen dem Staat und der Gesellschaft theoretisch herauszuarbeiten, und andererseits, im Zusammenhang mit der jetzigen Situation der islamistischen Bewegung, den Begriff historisch einzuordnen. Ohne explizit auf das Thema einzugehen, untermauert Ismael durch dieses methodologische Vorgehen begrifflich und erkenntnistheoretisch die dogmatischen Thesen von der islamischen Ordnung. Sie ist seiner Meinung nach eine organische auf der Offenbarung beruhende Einheit.[62] Ismail wirft der säkularistisch orientierten Elite im Zusammenhang mit dem Gebrauch des Begriffes Zivilgesellschaft vor, unreflektiert Begriffe aus einem anderen epistemologischen Kontext zu übernehmen. Er unterscheidet im Rahmen seiner Ausführungen zwischen den „Modebegriffen" und den „Wanderbegriffen". Für die Übernahme eines Modebegriffes bestehe keine erkenntnistheoretische Notwendigkeit. Im Gegensatz dazu bestehe eine kognitive Notwendigkeit für die Übernahme eines Wanderbegriffes (*rahhala*) von einem Kulturkreis zum anderen, der ohne bewußte Beeinflussung übertragen werde. Die Anwendung der Modebegriffe werde dagegen durch eine suggerierte Notwendigkeit für den Aufbau eines zivilisatorischen Projekts oder als Lösung für Krisen legitimiert. In Wirklichkeit werde damit das Führen eines Diskurses oktroyiert. Diese Kritik, die erneut im Zusammenhang mit der Debatte über die Zivilgesellschaft geübt wird, steht in einem größeren Kontext, nämlich der Bemühungen der Islamisten, das, was die Islamisten die „islamische Epistemologie" (*nazariyat al-marifa al-islamiya*) nennen, als authentische Alternative zur westlichen Epistemologie darzustellen. Da die Begriffe, so z.B bei Ismail, die Grundlagen der Erkenntnistheorie sind,

---

61 Vgl. zu dieser Frage Lewis 1991.
62 Vgl. hier die Schrift des Ideologen des modernen Islamismus Saiyd Qutb 1988.

sollte die Herausbildung einer islamischen Erkenntnistheorie die Frage der Begrifflichkeit in den Mittelpunkt stellen.[63] Prinzipiell kann nach Auffassung Ismails entweder in der islamischen Kultur nach Äquivalenzen für die westlichen Begriffe gesucht werden, oder aber die westlichen Begriffe werden kategorisch abgelehnt.[64] Die befürwortende und die ablehnende Position werden gleichermaßen verworfen. Stattdessen wird eine Methode (Minhaj) zur „Filterung" der Begriffe vorgeschlagen. Das islamische Glaubenssystem hat hier die Funktion, die Begriffe nach ihrer Konformität mit der Offenbarung zu überprüfen.[65] Es ist daher die angebliche Suche nach islamischen Äquivalenzen für westliche Begriffe wie Demokratie/*Shura*-Prinzip abzulehnen, weil zum einen Shura anders als Demokratie in einem islamischen Begrifflichkeitssystem eingebettet ist und zum anderen semantisch eine andere Bedeutung hat als die westliche Demokratie.[66] Es ist evident, daß der Begriff Zivilgesellschaft als Baustein einer „anderen" Erkenntnistheorie von den Anhängern der „islamischen Epistemologie" abgelehnt wird. So ist Zivilgesellschaft nach den Vorstellungen Ismails sowohl ein Modebegriff als auch ein Wanderbegriff, so daß sowohl seine kognitive Abstammung als auch seine Bestimmung erforderlich erscheine. Da der Begriff nicht klar sei, stünden die Muslime unter dem Druck, einen westlichen Erkenntniskreis, der ihn produziert habe, zu konsultieren. Dieser könne den Begriff aus der Warte des „Denkluxus"[67] debattieren und auslegen[68].

Nach Ismail können sich jedoch die Araber aus der Position einer krisenhaften Realität heraus eine Interpretation als reine Denkübung nicht erlauben. Zumal durch eine Interpretation des Westens Tendenz- und Richtungskämpfe auf sie übertragen werden. Eine nicht reflektierte Übertragung könne dazu führen, daß die Araber ein Schattenspiel veranstalten[69].

Seine Kritik richtet sich gegen den Ahistorismus des Begriffs. Das Konzept der Zivilgesellschaft beschreibe, wie die arabische Realität aussehen könne; es vernachlässige im islamischen Kontext die Geschichte und die Frage, ob im

---

63 Ismail 1992a, S. 249.
64 Ebd.
65 Ebd., S. 294 ff.
66 Ebd., S. 273 ff.
67 Wörtlich „al-taraf al-fikri". Ismail möchte damit zum Ausdruck bringen, daß der reiche Westen sich, anders als die rückständige islamische Welt, Denkspiele erlauben kann.
68 Ismail 1992, S. 287.
69 Ebd., S. 288.

islamischen Kontext die Zivilgesellschaft notwendigerweise die Formen von politischen Parteien, Gewerkschaften, Berufsverbände etc. annehmen müssen. Anstatt einer Übernahme des Begriffes solle im islamischen Kontext auf Hauptkriterien Bezug genommen werden:

Grundsätzlich kenne der Islam zwei Arten von gesellschaftlichen und politischen Institutionen: Die Institutionen der Gemeinschaft (*muasasat al-umma*) und die Institutionen der Herrschaft (*muasasat al-sulta*). Diese stünden aber nicht in einem antagonistischen Verhältnis zueinander. Sie unterscheiden sich seiner Meinung nach lediglich in ihrer Funktion, bilden aber im Rahmen der islamischen Ordnung eine Einheit. Die Reaktivierung der Institutionen der Gemeinschaft könne durch folgende Aspekte bewerkstelligt werden:

– Errichtung einer politischen Ordnung nach den Grundsätzen des islamischen Rechts, die das Zusammenwirken der politischen Institutionen und der Institutionen der Gemeinschaft ermöglichen.
– Bedeutungszuwachs der Institutionen der Gemeinschaft, der religiösen Stiftungen sowie der Moscheen und Rechtsgelehrten.

Aus dieser Darstellung wird deutlich, daß die islamistischen Vorstellungen den organischen islamischen Staat ihrem Konzept der Bürgergesellschaft, das nur im Rahmen der Kritik der säkularistischen Zivilgesellschaft andeutungsweise entstanden ist, zu Grunde legen. Die traditionellen islamischen Institutionen, die in einem anderen historischen Kontext entstanden sind und nicht immer ideologisch und politisch vom Staat getrennt waren, werden als Elemente einer Bürger-Gesellschaft dargestellt.

Der islamistische Autor Fahmi al-Huwaidi versucht dagegen, die Zivilgesellschaft als Islam-konform darzustellen.[70] Für ihn besteht die Zivilgesellschaft aus freiwilligen gesellschaftlichen Organisationen, die ein Gegengewicht zum Staat bilden sollen.[71] Die Zivilgesellschaft steht seiner Meinung nach in keinem Widerspruch zum „islamischen Staat",[72] denn der säkulare Staat bürge nicht *per se* für die Existenz einer Zivilgesellschaft.[73] Huwaidi untermauert seine Vorstellungen vom zivilen Charakter des islamischen Staates durch die gängige Auffasssung der Islamisten, daß im Islam

---

70 Huwaidi 1993, S. 192 ff.
71 Ebd., S. 193-94.
72 Ebd., S. 194.
73 Ebd.

kein Klerus existiere, daß die Herrschaft im islamischen Staat vom Willen des Volkes abhängig sei[74] und daß die Gemeinschaft (Umma) theoretisch die Macht habe, die Herrschenden abzusetzen.[75] Auch wenn Huwaidi die Zivilgesellschaft vor der Etablierung eines islamischen Staates als eine hypothetische Frage für die Islamisten betrachtet, glaubt er, daß die Muslime dazu berufen sind, die Zivilgesellschaft vor dem Hintergrund des islamischen *Shura*-Prinzip und dem islamischen Gebot der Fürsorge für die Angelegenheiten der Gemeinschaft als Weg der Partizipation zu betrachten.[76] Huwaidi kommt in diesem Kontext zu dem Ergebnis: „Die Grundlagen des Konzeptes der Zivilgesellschaft sind in der Idee des islamischen Staates impliziert. Als die islamische Nahda-Bewegung in Tunesien zur Konsolidierung der Zivilgesellschaft aufrief, hat sie lediglich eines der Prinzipien, auf denen das islamische Projekt aufgebaut ist, zum Ausdruck gebracht."[77]

Der nicht zu übersehende Widerspruch zwischen den Positionen von Ismail und Huwaidi, drückt zwei Positionen im islamistischen Diskurs aus. Auch wenn beide Positionen sich dem „islamischen Projekt" verpflichtet fühlen, wird es deutlich, daß die eine Position von der Authentizität der islamischen Wissenschaft ausgeht. Dies schließt den Anspruch auf eine islamische Epistemologie und eine islamische politische und soziale Ordnung ein. Aber auch wenn Ismail als Vertreter der islamischen Authentizität das „westliche" Konzept der Zivilgesellschaft ablehnt, sucht er dennoch nach autochton-islamischen Begriffen, Werten, Normen und Organisationsformen, die Äquivalente für die Elemente des Konzeptes der Zivilgesellschaft sein könnten. Huwaidi, dessen Position eher politisch-instrumental und pragmatisch ist, versucht den Begriff Zivilgesellschaft zu adaptieren und zu islamisieren. Sie treffen sich in einem wesentlichen Punkt, nämlich darin, daß die islamische Ordnung, zumindest theoretisch, eine überlegene Ordnung ist, die alle Fragen des menschlichen Daseins lösen kann.

---

74 Huwaidi geht in diesem Zusammenhang nicht konform mit den Hauptströmungen des Islamismus, einschließlich der Muslimbrüder, die von der Gottesherrschaft (*al-hakimiya li'-llah*) ausgehen. Die Idee der Volkssouveränität wird als Häresie betrachtet, vgl. hierzu Ashmawi 1992, S. 29-42.
75 Ebd., S. 195.
76 Ebd., S. 196-198.
77 Ebd., S. 199.

Zusammenfassung

Die arabische Debatte über die Zivilgesellschaft weist, wie man an den Vorstellungen der Liberalen und Linken und der Kritik der Islamisten feststellen kann, gravierende Unterschiede, aber auch Gemeinsamkeiten auf.

- Die Unterschiede spitzen sich zu bei den Vorstellungen über die Rolle der Religion im politischen und sozialen System. Die Islamisten lehnen aufgrund des Authentizitätsanspruchs die de-facto-Säkularisierung ab. Ihr Modell der „Bürgergesellschaft" basiert auf den Maximen der islamischen Ordnung, so daß die Institutionen der Gemeinschaft Bestandteile, wenn nicht alleinige Vertreter der Gesellschaft sind. Es scheint mir, daß die Verwendung des Begriffs durch die Islamisten prinzipiell einen politischen Charakter hat. Wenn der Begriff der Bürgergesellschaft politisch unglaubwürdig erscheint und strukturell mit den religiösen Institutionen verbunden ist, scheint der säkularistische Begriff der Zivilgesellschaft bestenfalls ein normativer zu sein. Ralf Dahrendorf hat mit Recht darauf verwiesen, daß die Errichtung von Institutionen eine der schwierigsten Probleme des sozialen Wandels ist.[78] Institution werden nicht errichtet, sie müssen wachsen. Das gleiche gilt für den Begriff „Zivilität", den Saad Eddin Ibrahim, ohne ihn zu nennen, in seinem Konzept beschreibt. Zivilität ist ebenfalls das Ergebnis des sozialen Wandels.[79]
- Ein Konfliktfeld, das m.E. im Zusammenhang mit der Debatte über die Zivilgesellschaft im Mittelpunkt steht, bezieht sich auf die Säkularisierungsfrage. Die Säkularisten versuchen, den Status quo aufrechtzuerhalten. Diese Frage ist nicht nur politischer Natur, sondern wird von der Erkenntnis getragen, daß die Religion sich als Teilsystem nicht reduzieren will. Es fehlen wohl die sozialen und politischen Bedingungen dafür.
- Im Zusammenhang mit der Rolle des Staates und der Zivilgesellschaft in einer politischen und sozialen Ordnung treffen sich strukturell die Vorstellungen der Islamisten und der Linken oder genauer formuliert: der Links-Nationalisten. Eine politische und soziale Ordnung besteht nach den

---

78 Dahrendorf 1991, S. 258.
79 Ebd., S. 259.

Vorstellungen der beiden Gruppen aus Wechselwirkungen der beiden Bereiche. Dabei gehen sie anders als die Liberalen davon aus, daß die Etablierung einer arabischen Zivilgesellschaft von den Veränderungen der politischen Struktur abhängig ist. Nicht das liberale Konzept einer Zivilgesellschaft verändert, so die arabischen Linken, die vorherrschenden Strukturen, sondern die Politik schafft den Rahmen für eine Zivilgesellschaft.

- Die arabische Debatte über die Zivilgesellschaft ist in ihrem Kern kein Paradigmenwechsel. Im Rahmen dieser Debatte werden die Debatten der letzten zwei Jahrzehnte über Säkularisierung, Pluralismus und Demokratisierung aufgenommen. Dabei scheint mir, daß die Grunddebatte sich bei der Frage der Säkularisierung verdichtet. Die Zivilgesellschaft, die übrigens noch konstruiert werden sollte, erweist sich so im Ansatz als zu kontrovers, um eine Chance für die Demokratisierung bieten zu können.

Literatur

Ashmawi, Muhammad Said al-: Al-Islam al-siyasi (Der politische Islam). 3. Aufl., Kairo: Sina 1992.
Awwa, Muhammad Salim al-: Fi al-nizam al-siyasi li'l-dawla al-islamiya(Über die politischen Ordnung des islamischen Staates). Kairo: al-Shuruq 1989.
Azmah, Aziz, al-: Al-Ilmaniya min manzur mukhtalif (Der Säkularismus aus einer anderen Sicht). Beirut: Markaz al-Dirasat al-Arabiya 1992.
Binder, Leonard: Islamic Liberalism, a Critique of Development Ideologies. The Univ. of Chicago Pr. 1988.
Bizri, Dalal al-: Ghramshi fi al-diwaniya (Gramsci im Debattier-Club). Beirut: Al-Jadid 1994.
Bizri, Dalal al-: Muqtarahat auualiya li istikhdam mafhum al-mujtama al-madani fi al-alam al-muasir (Vorschläge für die Benutzung des Begriffes Zivilgesellschaft in der gegenwärtigen Welt). In: Ghramshi wa qadaiya al-mujtama al-madani (Gramsci und die Probleme der Zivilgesellschaft). Kairo: Markaz al-Buhuth al-Arabiya 1992, S. 76-86.
Dahrendorf, Ralf: Die gefährdete *Civil society*. In: Michalski, Krzysztof: Europa und die *Civil society*. Stuttgart: Klett-Cotta 1991, S. 247-265.
Deppe, Rainer/ Dubiel, Helmut/ Rödel, Ulrich (Hrsg.): Demokratischer Umbruch in Osteuropa. Frankfurt am Main: Suhrkamp 1991.

Dhahir, Adil: al-Usus al-falsafiya li al-ilmaniya (Die philosophischen Grundlagen der Säkularisation). Beirut: al-Saqi 1993.

Ghaliun, Burhan: Bina al-mujtama al-madani al-arabi. Dawr al-awamil al-dakhiliya wa al-kharijiya (Der Aufbau der arabischen Zivilgesellschaft. Die Rolle der indogenen und exogenen Faktoren). In: Markaz Dirasat al-Wahda al-Arabiya: Al-Mujtama al-madani fi al-watan al-arabi wa dauruhu fi tahqiq al-dimuqratiya (Zentrum für Arabische Einheit: Die Zivilgesellschaft in der arabischen Welt und ihre Rolle für die Verwirklichung der Demokratie). Beirut 1992, S. 733-755.

Ghaliun, Burhan: Al-Mihna al-arabiya: al-dawla didh al-umma (Das arabische Dilemma: Der Staat gegen die Nation). Beirut: Markaz Dirasat al-Wahida al-Arabiya 1993.

Ghaliun, Burhan: Al-Dawla wa al-din (Der Staat und die Religion). Beirut 1990.

Ghaliun,Burhan: Naqd al-siyasa, al-dawla wa al-din (Kritik der Politik: der Staat und die Religion). Beirut: Muasasa al-Arabiya 1991.

Honneth, Axel: Konzeptionen der „civil society". In: Merkur, 46. Jg., Heft 1, 1992, S. 61-66.

Honneth, Axel (Hrsg.): Kommunitarismus. Eine Debatte über die moralischen Grundlagen moderner Gesellschaften. Frankfurt am Main: Campus 1993.

Huwaidi, Fahmi: al-Dimuqratiya wa al-islam (Die Demokratie und der Islam). Kairo: al-Ahram 1993.

Ibrahim, Ferhad (Hrsg.): Staat und Zivilgesellschaft in Ägypten. Hamburg: Lit 1995.

Ibrahim, Saad Eddin: Al-Khuruj min ziqaq al-tarikh (Der Ausweg aus den Sackgassen der Geschichte). Kairo 1992.

Ibrahim, Saad Eddin: *Civil society* and Prospects of Democratization in the Arab World. Kairo: Ibn Khaldoun Center for Developmental Studies 1993.

Ismail, Saif al-Din Abd al-Fattah: al-Mujtama al-madani wa al-dawla fi al-fikr wa al-mumarasa al-islamiya al-muasira (Die Zivilgesellschaft im islamischen Denken und in der Praxis der Gegenwart). In: Markaz Dirasat al-Wahda al-Arabiya: Al-Mujtama al-madani fi al-watan al-arabi wa dauruhu fi tahqiq al-dimuqratiya (Zenter für Arabische Einheit: Die Zivilgesellschaft in der arabischen Welt und ihre Rolle für die Verwirklichung der Demokratie). Beirut 1992, S. 279-311.

Ismail, Saif al-Din Abd Al-Fattah: Bina al-mafahim al-islamiya al-siyasiya darura minhajiya (Die Formulierung der islamisch-politischen Begrifflichkeiten als methodologische Notwendigkeit). In: Al-Taib Zain al-Abidin (Hrsg.): al-Minhajiya al-islamiya wa al-ulum al-sulukiya wa al-tarbauiya (Die islamische Methodologie und die pädagogischen Wissenschaften). Kairo: al-Mahad al-Alami li al-Fikr al-Islami 1992a.

Jabiri, Muhammad Abid al-: Al-Khitab al-arabi al-muasir (Der gegenwärtige arabische Diskurs). 2. Aufl. Beirut: Dar al-Talia 1985.

Kautharani, Wajih al-: Al-Mujtama al-madani wa al-dawla fi al-tarikh al-arabi (Die Zivilgesellschaft und der Staat in der arabischen Geschichte). In: Markaz Dirasat al-Wahda al-Arabiya: Al-Mujtama al-madani fi al-watan al-arabi wa dauruhu fi tahqiq al-dimuqratiya (Zentrum für Arabische Einheit: Die Zivilgesellschaft in der arabischen Welt und ihre Rolle für die Verwirklichung der Demokratie). Beirut 1992,

S. 119-131.
Labib, Al-Tahrir: Gramshi fi al-fikr al-arabi (Gramsci im arabischen Denken). In: Gramshi wa qadaiya al-mujtama al madani (Gramsci und die Probleme der Zivilgesellschaft). Kairo: Markaz al-Buhuth al-Arabiya 1992, S. 62-75.
Lagha, Muhammad Ali: Al-Shura wa al-dimuqratiya. Bahth fi muqarin fi al-usus wa al-muntalaqat al-nazariya (Al-Shura und die Demokratie. Eine vergleichende Studie über die Grundlagen und theoretischen Ausgangspunkte). Beirut: al-musasa al-jamiiya 1983.
Laroui (al-Arawi), Abdullah: Mafhum al-dawla (Die Bedeutung des Staates). Dar al-Baida: al-Markaz al-Thaqafi al-Arabi 1984.
Lewis, Bernard: Europa, der Islam und die *Civil society*. In: Michalski, Krzysztof: Europa und die *Civil society*. Stuttgart: Klett-Cotta 1991, S. 157-173.
Pawelka, Peter: Herrschaft und Entwicklung im Nahen Osten. Ägypten. Heidelberg: Müller 1985.
Qardawi, Yusuf al-: Al-Sahwa al-islamiya (Das islamische Erwachen). 3. Aufl. Kairo: Dar al-sahwa 1991.
Qutb, Saiyd: Malaim fi al-tariq (Zeichen auf dem Weg). 6. Aufl. Kairo: Al-Shuruq 1979
Qutb, Saiyd: Nahwa mujtama islami (Zu einer islamischen Gesellschaft). 8. Aufl. Kairo: al-Shuruq 1988.
Richards, Alan/ Waterbury, John: A Political Economy of the Middle East. State, Class and Economic Development. The Ameican Univ. in Cairo Pr. 1991.
Rodinson, Maxime: Islam und Kapitalismus. Frankfurt am Main. Suhrkamp 1986.
Rodinson, Maxime: Islamischer Patrimonialismus: Ein Hindernis für die Entstehung des modernen Kapitalismus? In: Wolfgang Schluchter (Hrsg.): Max Webers Sicht des Islam. Frankfurt am Main: Suhrkamp 1987, S. 180-189.
Salame, Ghassan: al-Mujtama wa al-dawla fi al-mashriq al-arabi (Die Gesellschaft und der Staat im arabischen Osten). Beirut: Markaz Dirasat al-Wahda al-Arabiya 1987.
Sayyid, Mustapha Kamal al-: A *Civil society* in Egypt? In: The Middle East Journal, Vol. 47, No. 2, 1993, S. 228-242.
Schacht, Joseph: Islamisches religiöses Recht. In: Joseph Schacht/ C.E. Bosworth (Hrsg.): Das Vermächtnis des Islam, Bd. 2. Zürich: Artemis 1980, S. 167-180.
Sharabi, Hisham: Neopatriarchy. A Theory of Distored Change in Arab Society. New York: Oxford Univ. Pr. 1988.
Shils, Edward: The Virtue of *Civil society*. In: Government and Opposition, Vol. 26, No. 1, 1991, S. 3-20.
Shils, Edward: Was ist eine *Civil society*? In: Michalski, Krzysztof: Europa und die *Civil society*. Stuttgart: Klett-Cotta 1991, S. 13-51.
Tibi, Bassam: Die fundamentalistische Herausforderung. Der Islam und die Weltpolitik. München: Beck 1992a.
Tibi, Bassam: Islamischer Fundamentalismus. Moderene Wissenschaft und Technologie. Frankfurt am Main: Suhrkamp 1992.
Weber, Max: Wirtschaft und Gesellschaft. 5. rev. Aufl. Tübingen: Mohr 1980.

Zaghal, Abd al-Qadir al-: al-Mujtama al-madani wa al-sira min ajl al-haimana al-idiulujia (Die Zivilgesellschaft und der Kampf um die ideologische Hegemonie). In: Markaz Dirasat al-Wahda al-Arabiya: Al-Mujtama al-madani fi al-watan al-arabi wa dauruhu fi tahqiq al-dimuqratiya (Zentrum für Arabische Einheit: Die Zivilgesellschaft in der arabischen Welt und ihre Rolle für die Verwirklichung der Demokratie). Beirut 1992, S. 431-466

Zaghal, Abd al-Qadir al-: Mafhum al-mujtama al-madani wa al-tahuul nahua al-tadudiya (Der Begriff Zivilgesellschaft und der Wandel zum Parteienpluralismus). In: Gramshi wa qadiaya al-mujtama al-madani (Gramsci und die Probleme der Zivilgesellschaft). Kairo: Markaz al-Buhuth al-Arabiya 1992, S. 40-61.

Zamis, Guido: Gramsci, Antonio. Zu Politik, Geschichte und Kultur. Leipzig: Röderberg 1980.

Cilja Harders, Carsten Jürgensen, Tanja Tabbara

Berufsverbände als Träger der Zivilgesellschaft in Ägypten

Seit Ende der 80er Jahre nehmen Reformer in der arabischen Welt immer wieder Bezug auf die politischen Veränderungen im ehemaligen Ostblock und damit auch auf die Zivilgesellschaftsdebatte.[1] Der Begriff der Zivilgesellschaft wird dabei entweder als Systemkategorie benutzt, oder nur für bestimmte Gesellschaftssegmente („Institutionen der Zivilgesellschaft") verwendet. In Anlehnung an Deppe, Dubiel und Rödel soll hier zunächst zwischen zwei Etappen in der Entstehung einer Zivilgesellschaft unterschieden werden:

1. Die Phase vor dem politischen Umbruch ist gekennzeichnet durch den „Prozeß der Herausbildung freiwilliger demokratischer Assoziationen (der Zivilgesellschaft, Anm d. A.), die mit gewaltlosen Mitteln dem Staat eine politische Gegenöffentlichkeit abtrotzten".
2. In der Phase nach dem Umbruch wird Zivilgesellschaft bezogen „auf die politisch-kulturellen, ökonomischen und sozialstrukturellen Potentiale", die die wesentliche Legitimationsgrundlage eines zu entwickelnden demokratischen Systems darstellen.[2]

Beide Begriffsanwendungen liegen eng beieinander: Gelingt es den als Zivilgesellschaft bezeichneten Teilbereichen, die Gesellschaft zu durchdringen und politische Reformen durchzusetzen, so ist es schließlich auch möglich, die Gesellschaft in ihrer Gesamtheit Zivilgesellschaft zu nennen.

---

1 So etwa in den Begrüßungsreden zu zwei Menschenrechtskonferenzen von Ibrahim 1989, S. 21 und Magdub 1991, S. 10.
2 Vgl. Deppe/Dubiel/Rödel 1991, S. 11.

Ägypten befindet sich diesem Modell entsprechend in der ersten Phase des Aufbaus zivilgesellschaftlicher Gegenöffentlichkeit. Wer kann nun zu den Trägern der Zivilgesellschaft gerechnet werden? Al-Sayyid faßt in seinem Aufsatz zur ägyptischen Zivilgesellschaft den Begriff sehr weit. Er bezieht Gewerkschaften, Berufsverbände und religiöse Institutionen ebenso wie politische Parteien in sein Konzept ein. Darüber hinaus rechnet er die Zahl sämtlicher in Ägypten registrierter Vereine hinzu - 1991 waren es 12.832 - auch wenn sie keine politische Ausrichtung haben.[3] Vor dem Hintergrund stark politisierter Wahlen etwa in ägyptischen Sportvereinen[4] und anderen nicht genuin politischen Zusammenhängen ist ein weiter Definitionsbereich für den Begriff gerade in der Konstituierungsphase einer zivilen Gegenöffentlichkeit im Sinne al-Sayyids zunächst sinnvoll. Allerdings fordert al-Sayyid die Einhaltung demokratischer Grundprinzipien im Sinne einer „Ethik der Toleranz" als Kriterium für die Zugehörigkeit zur Zivilgesellschaft ein.[5] Ähnlich argumentiert al-Zaghal, wenn er Islamisten und Islamistinnen nur dann zur Zivilgesellschaft hinzurechnet, wenn sie sich an „demokratische Spielregeln" halten.[6] Den Diskussionsstand zur ideologischen Ausrichtung von Trägern der Zivilgesellschaft sieht Zubaida in Ägypten durch die Konkurrenz zweier Konzepte gekennzeichnet: Saad ad-Din Ibrahim, der Vertreter des säkular-liberalen Lagers, definiert traditionelle Interessenverbände als Basis der Zivilgesellschaft. Dagegen propagiert Tariq al-Bishri, Vertreter des islamistischen Lagers, die Errichtung eines „informellen Netzwerkes" islamischer Institutionen.[7] Es scheint allerdings heute mehr denn je fraglich, inwieweit eine derartige Dichotomie zwischen traditionellen Interessenverbänden und islamistischen Bewegungen noch aufrecht zu erhalten ist. Mehrere einflußreiche ägyptische Berufsverbände werden von Muslimbrüdern geführt und können seither als Bestandteil eines islamistischen Netzwerkes gelten.

Der folgende Aufsatz geht der Frage nach, ob und inwieweit die ägyptischen Berufsverbände als Träger einer Zivilgesellschaft fungieren können. Die Analyse der ägyptischen Berufsverbände ist im Kontext der Zivilgesellschafts-Diskussion aus zwei Gründen reizvoll. Zum einen gelten sie gegenwärtig als wichtige

---

3 Vgl. al-Sayyid 1993.
4 Vgl. Wafa 1992, S. 301-315.
5 Vgl. al-Sayyid 1993, S. 230.
6 Vgl. al-Zaghal 1992, S. 42.
7 Vgl. Zubaida 1992.

Basis der Oppositionskräfte und damit als potentielle Akteure der Zivilgesellschaft. Zum anderen stellt sich durch den Einfluß der Muslimbrüder in zahlreichen Verbänden die Frage, inwieweit islamistische Bewegungen einen Beitrag zur Entstehung einer Zivilgesellschaft leisten können.[8] Dabei werden folgende Analysekriterien angelegt: Hinsichtlich ihrer *gesellschaftlichen Rolle* muß sich die oppositionelle Qualität ihres Handelns zeigen: 1.) in der historischen und gegenwärtigen Distanz zur staatlichen Führung und 2.) in ihrem politischen Potential, vor allem in den sozialstrukturellen Verhältnissen der Verbände, wie sie sich in Mitgliederzahlen, sozialen Konflikten und Partizipationsverhalten der Basis darstellen. Hier wird auch das Verhältnis von verbandsspezifischem und gesamtgesellschaftlichem Engagement diskutiert. Die *ideologische Position* der Berufsverbände ist vor allem hinsichtlich ihres Demokratieverständnisses zu prüfen. Hier stehen die Debatten um das „Vereinheitlichungsgesetz" und das Verhältnis der Islamisten zu Menschenrechtsfragen im Vordergrund. Die Einhaltung demokratischer Prinzipien müßte 1.) innerhalb der Organisation - am Beispiel des Verhältnisses von Führung und Basis erläutert - und 2.) in der Auseinandersetzung mit externen Akteuren (andere Verbände, Regierung) bei der Durchsetzung politischer Ziele gewährleistet sein. An dieser Stelle werden außerdem die Mittel zur Durchsetzung politischer Ziele und die besondere Funktion der Berufsverbände als politisches Experimentierfeld der Muslimbrüder diskutiert. Die abschließende Wertung bezieht sich auf die ambivalenten Ergebnisse der empirischen Untersuchung und versucht vor diesem Hintergrund, die Perspektiven der ägyptischen Berufsverbände als Träger einer Zivilgesellschaft zu skizzieren.

---

8 Zur Demokratie- und Menschenrechtsdiskussion in der arabischen Welt vgl. Faath/Mattes 1992; CEDEJ 1992; El-Ashmawi 1992; Jürgensen 1994; Dwyer 1991; Ibrahim 1989; MBA 1992.

Die gesellschaftliche Rolle [9]

Kaderschule für Ministerialämter oder Oppositionsbasis: Das Verhältnis zur staatlichen Führung

Drei Ereignisse markieren Ägyptens politischen Wandel in diesem Jahrhundert: die formale Unabhängigkeitserklärung 1922, die Revolution der „Jungen Offiziere" 1952 und die Mitte der 70er Jahre angekündigte - jedoch nur partiell vollzogene - Liberalisierung unter Sadat. Mit jeder dieser Änderungen der Herrschaftsverhältnisse wurde auch die Position der Berufsverbände neu bestimmt:

Nach einem gescheiterten Anlauf im Jahre 1897 gelang es den ägyptischen Anwälten schließlich, sich im Jahre 1912 - also noch unter britischer Herrschaft - zu einem Verband zusammenzuschließen. Die Zulassung dieses ersten Berufsverbandes war durch den Justizminister Saad Zaghloul, selbst ein Juraabsolvent, protegiert worden. Der hohe Anteil an Juristen, den die Kabinette zu Beginn des Jahrhunderts aufweisen, beschreibt deren enges Verhältnis zur politischen Macht. Der Anwaltskammer wurde in dieser Phase allerdings kaum politisches Gewicht beigemessen.[10]

Nach dem 1. Weltkrieg führte das Streben nach nationaler Unabhängigkeit zu einer Politisierung des Verbands. Saad Zaghloul war mit seiner Forderung, eine ägyptische Delegation (arab.: *wafd*) an den Versailler Verhandlungen teilnehmen zu lassen, von Großbritannien zunächst abgewiesen worden. Als die Briten Zaghloul zusammen mit drei weiteren Führern der nationalen Bewegung verhafteten, beteiligten sich die Anwälte an Protesten, um deren Freilassung sowie Teilnahme an der Friedenskonferenz zu erzwingen. Die von Zaghloul gegründete Wafd-Partei etablierte sich in der Folgezeit als dominierende Kraft innerhalb des Anwaltsverbandes. Nach der Erlangung der Unabhängigkeit im Jahre 1922

---

9 Zur Geschichte der Berufsverbände in Ägypten haben folgende Autoren detaillierte Studien vorgelegt: Reid 1974/1974a; Springborg 1978; Moore 1980; Qandil 1991; Al-Sayyid 1988/1993; Faris 1981/1984. Außerdem liefern das „Zentrum für politische und strategische Studien der Ahram" (MDSI) und das Ibn Khaldun Zentrum (IKC) sowie die Presse wichtiges Informationsmaterial. Neben publiziertem Quellenmaterial greifen wir auf Interviews zurück, die wir 1992/1993 während eines Forschungsaufenthalts in Ägypten mit Repräsentanten der Berufsverbände führten.
10 Reid 1974a, S. 612-615.

und der Formierung einer konstitutionellen Monarchie im folgenden Jahr entwickelte sich die Partei zum mächtigen Gegenspieler der königstreuen Kräfte. 1924 stellte sie mit Zaghloul den ersten ägyptischen Premierminister. Trotz ihres politischen Gewichts war die Partei bis zum Ende der Monarchie nur noch selten an der Regierungsbildung beteiligt. Ihre oppositionelle Haltung färbte auf den Anwaltsverband ab. Die Auseinandersetzungen um das Amt des Verbandspräsidenten konnten die Kandidaten der Wafd fast immer für sich entscheiden. Die überdurchschnittliche Repräsentanz von Kopten in führenden Positionen der Wafd und des Verbandes galten als Beleg für deren säkularistische Tradition.[11] Die bedeutende historische Rolle, die dem Anwaltsverband zugesprochen wird, wird dadurch verstärkt, daß sich erst in den 40er Jahren auch andere Berufsgruppen organisierten.[12]

Mit der Machtübernahme der Freien Offiziere in Ägypten wurde die Beziehung zwischen Regierung und Berufsverbänden neu definiert. Die neue Regierung griff in einem bis dahin unbekannten Maße in die Strukturen der Verbände ein. So wurden bis 1954 die Verbandspräsidenten der Ingenieure und Ingenieurinnen, der Agronomen und Agronominnen und der Anwälte und Anwältinnen, die allesamt Wafd-Vertreter waren, abgesetzt. Es gelang der Regierung, in einer Reihe von Verbänden eigene Kandidaten durchzusetzen.

Im Gegensatz zu den Parteien, die 1954 verboten wurden, konnten die Berufsverbände unter erschwerten Bedingungen fortbestehen. Durch neue Gesetze wurde in die Arbeitsbedingungen in einigen Berufen massiv eingegriffen: „The new law was ingenious in that it manipulated the journalist's syndicate into the role of censor and made it the tool for purge of journalists."[13] Mit der Bildung der Nationalen Union im Jahre 1961 - bzw. deren Nachfolger, der Arabischen Sozialistischen Union - wurde ein Kontrollapparat etabliert, in dem sämtliche relevanten „gesellschaftlichen Kräfte" vertreten sein sollten. Die Mitgliedschaft in dieser Institution wurde durch ein neues Gesetz als Voraussetzung auch für die Kandidatur bei Berufsverbandswahlen geregelt.

Trotz dieser Eingriffe in die Souveränität der Berufsverbände mißtraute ihnen die Regierung weiterhin. Nasser brachte diese Haltung 1961 in einer Rede vor dem „Vorbereitungskomitee der Nationalen Konferenz" zum Ausdruck: „Wozu

---

11 Vgl. ebd. S. 620-622.
12 Gründungsdaten anderer Verbände: 1940 Ärzte, 1942 Journalisten, 1946 Ingenieure, 1951 Lehrer.
13 Springborg 1978, S. 282.

Berufsverbände und Gewerkschaften (arab.: *niqaba*)? In wessen Interesse? Werden in ihnen auch Unternehmer vertreten sein oder nur Arbeiter? Insbesondere die Berufsverbände vertreten wessen Interessen?"[14] Außerdem vertrat er die Ansicht, daß aufgrund der „homogenen Bevölkerungsstruktur" („Wir gehören alle der Arbeiterklasse an!") Parteien wie auch Berufsverbände nicht erforderlich seien. Gegen derartige Auflösungsabsichten wandte sich auf derselben Sitzung der Präsident der Anwaltskammer Mustafa al-Baradi.[15] Die Drohungen Nassers wurden allerdings nicht umgesetzt. Stattdessen wurden die Berufsverbände als korporatistische Vereinigungen im Rahmen der Arabischen Sozialistischen Union in das politische System integriert.[16]

Dementsprechend bestand der Legitimationsdruck gegenüber der Regierung für die Berufsverbände fort. Von Regierungsvertretern wurden in die Berufsverbände Konzepte zur Umstrukturierung traditioneller Berufsbilder eingebracht. Von derartigen Bestrebungen war insbesondere die Anwaltskammer betroffen. So konnte sich der Verband zwar gegen die Umgestaltung von privaten Anwaltspraxen in „Rechtsberatungskollektive" erfolgreich zur Wehr setzen. Andererseits gelang es dem von der Regierung protegierten Kammerpräsidenten Ahmad Khawaga Mitte der 60er, die Aufnahme der ca. 4000 im öffentlichen Dienst beschäftigten regierungsnahen Rechtsanwälte und Rechtsanwältinnen zu erzwingen.[17]

Die unter Sadat eingeleitete Liberalisierung erweiterte die Handlungsspielräume der Berufsverbände auf Kosten der ASU: „While Sadat strengthened his grip on power after the 1973 war, he skillfully used the resentment of the >liberated< syndicates in weakening and gradually abolishing the A.S.U."[18] Die Wiederzulassung von Parteien 1979 ermöglichte eine zunehmend offensivere Einflußnahme auch von Oppositionsparteien auf die Verbände. Obwohl regimekritische Aktivisten und Aktivistinnen in den Berufsverbänden durch repressive Maßnahmen existentiell bedroht wurden, ließen sich die meisten auch während

---

14 Zit. nach Faris 1984, S. 412.
15 Vgl. ebd. S. 413-414.
16 In der Charta von 1962 - bzw. deren späteren Ausführungen - wurde festgeschrieben, welche gesellschaftlich relevanten Gruppen in der Nationalen Union repräsentiert sein sollten. Neben Arbeiter- und Bauernorganisationen waren u.a. auch die Berufsverbände entsprechend einem festgelegten Schlüssel in diesem Gremium vertreten. Vgl. Büren 1970.
17 Vgl. Faris 1984, S. 417-418.
18 Bianchi 1989, S. 93. Bianchi beschreibt detailliert, welche Konsequenzen die Entmachtung der ASU für den Journalistenverband implizierten, da sie als Herausgeber aller Zeitungen fungierte. Vgl. Bianchi 1989, S. 110-114.

der Verhaftungswellen in den letzten Monaten von Sadats Amtszeit nicht einschüchtern.[19]

Nachdem die Regierungsübernahme Mubaraks im Jahre 1981 für kurze Zeit eine Deeskalation zur Folge hatte, spitzte sich der Konflikt zwischen Regierung und Interessenverbänden seit Mitte der 80er Jahre wieder zu. So kam es 1986 während der Streiks von Stahlarbeitern im Süden Kairos zu heftigen Zusammenstößen. Dem Solidaritätsstreik der Anwälte und Anwältinnen wurde mit massivem Polizeiaufgebot begegnet. Aufgrund zunehmender Übergriffe des Sicherheitsapparates beschlossen Journalisten- und Anwaltsverband 1988, zum Generalstreik aufzurufen.[20] Auch im folgenden Jahr wurde auf einer gemeinsamen Konferenz mehrerer Berufsverbände ein Streikaufruf verabschiedet, um gegen die Repressionen des damaligen Innenministers zu protestieren.[21]

Diese Konfrontation zwischen der Regierung Mubarak und den Berufsverbänden wurde durch die Gewinne der Islamisten bei mehreren Vorstandswahlen verschärft. Bei den Wahlen der Verbandsvorstände der Ärzte/Ärztinnen (1988), Ingenieure/Ingenieurinnen (1989), Apotheker/Apothekerinnen (1991) und Anwälte/Anwältinnen (1992) konnten die Islamisten erstmals beachtliche Erfolge verbuchen.[22] Die Regierung reagierte auf diese Entwicklung, indem sie den gesetzlichen Rahmen für Berufsverbände modifizierte. Der Versuch, im Dezember 1992 ein „Vereinheitlichungsgesetz" zu erlassen, stieß bei der überwiegenden Mehrheit der Berufsverbände auf Protest. Daher wurde der Gesetzesentwurf zunächst zurückgenommen, um dann aber zwei Monate später, im Februar 1993, innerhalb von 48 Stunden ohne vorherige Information der Berufsverbände verabschiedet zu werden.[23]

Die Konfrontation zwischen Regierung und Berufsverbänden wird außerdem durch zunehmende Repressionsmaßnahmen verschärft. So stellt amnesty international in einem Bericht vom September 1994 zur Menschenrechtssituation in Ägypten fest:

„In the course of the past few months the Egyptian authorities have extended their cycle of repression to include the arrest of human rights defenders, in particular lawyers and journalists. At least 41 lawyers have been targeted for

---

19 Interview: Milad Hanna.
20 Vgl. MDSI 1988, S. 500.
21 Vgl. ebd. S. 456.
22 Vgl. Ibrahim 1992; Qandil 1992 b.
23 Das Gesetz ist abgedruckt in al-Ahram vom 18.2.93.

arbitary arrest and adminstrative detention since May 1994. Most of these arrests took place after the news broke out of the death, reportedly following torture, of a well-known lawyer."[24]

Mitte Juni waren noch 17 Anwälte inhaftiert, die an den Protesten gegen den Tod ihres Kollegen Abd al-Harith Muhammad Madani teilgenommen hatten. Daraufhin trat eine Gruppe von Anwälten in den Hungerstreik, um die bedingungslose Freilassung ihrer Kollegen zu erzwingen.[25] Der Hungerstreik wurde schließlich abgebrochen, nachdem die Freilassung fast aller Anwälte und die Einsetzung einer Untersuchungskommission zur Klärung der Todesursache durchgesetzt worden war.[26]

Aktivisten und schweigende Mehrheiten: Das politische Potential

Heute bestehen in Ägypten 23 Berufsverbände mit insgesamt mehr als 3 Mio. Mitgliedern. Seit Mitte der 80er Jahre haben sich die Mitgliederzahlen in den Berufsverbänden ungefähr verdoppelt.[27] So betrug die Mitgliederzahl bei den Ärzten und Ärztinnen 1980 noch 44.000, 1988 waren bereits 88.000 Mitglieder registriert.[28] Für das Jahr 1991 schätzt Qandil die Mitgliedszahlen wie folgt: 750.000 Lehrer, 310.000 Händler, 300.000 Apotheker, 250.000 Agrarwissenschafler, 192.500 Ingenieure, 150.000 Rechtsanwälte, 100.000 Ärzte und 5.000 Journalisten.[29]

Dieser Überblick offenbart große Unterschiede hinsichtlich der Mitgliederzahlen der Verbände. Die Mitgliedsstärke steht häufig in krassem Gegensatz zu der gesellschaftlichen Rolle, die ein Verband einnimmt. Es fällt auf, daß sich der Lehrerverband als größte Interessenorganisation kaum öffentlich zu Wort meldet. Diese Zurückhaltung wird auf das Anstellungsverhältnis seiner Mitglieder im öffentlichen Sektor zurückgeführt. Im Gegensatz dazu steht das politische Engagement des Journalistenverbandes mit relativ wenig Mitgliedern,

---

24 Vgl. amnesty international 1994.
25 Vgl. Middle East Mirror vom 20.6.94.
26 Vgl. amnesty international 1994.
27 Vgl. Qandil o.J., S. 8.
28 Vgl. MDSI 1988, S. 505.
29 Vgl. Qandil 1992a, 6 f. Diese Zahlen können lediglich als Richtwerte gelten, da die Angaben stark variieren. So werden z.B. von „al-Ahram weekly" im Journalistenverband einmal 3.000 (am 18.3.93) und ein anderes Mal 4.000 (am 28.10.93) Mitglieder gezählt.

die mehrheitlich ebenfalls in Staatsbetrieben beschäftigt sind. Die traditionell regierungskritische Haltung, die der Journalisten- und Anwaltsverband einnehmen, ist auch durch die berufsspezifische Beschäftigung mit aktuellen politischen Ereignissen bedingt. Eine generell zunehmende Politisierung der Berufsverbände geht außerdem mit dem wachsenden Einfluß der Islamisten und Islamistinnen einher.[30]

Angesichts der Unterschiede in den Arbeitsbedingungen der Mitglieder sowohl zwischen den Verbänden als auch innerhalb eines Verbandes sind Interessenkonflikte vorprogrammiert. Mehreren Berufsverbänden gehören sowohl Selbständige als auch Angestellte des öffentlichen Sektors an - wie z.B. bei den Ingenieuren und Anwälten. Damit verbunden sind meist auch Differenzen hinsichtlich des Einkommens: So müssen etwa viele Lehrer durch Nebenjobs hinzuverdienen.[31]

Nach einer Studie des Ärzteverbandes von 1988 können 84% seiner Mitglieder nicht von ihrem Einkommen leben, 42% sind aus diesem Grund noch nicht verheiratet und 75% können sich keine eigene Praxis leisten.[32] 1991 waren von ca. 192.500 Mitgliedern des Ingenieursverbandes ungefähr ein Drittel arbeitslos.[33] Dieser soziale Sprengstoff veranlaßte die Berufsverbände der Ingenieure, Ärzte und Rechtsanwälte, Zulassungsbeschränkungen für Studienanfänger einzufordern. Die Rechtsanwaltskammer drohte sogar, die Aufnahme von Universitätsabgängern auszusetzen, obwohl sie damit gegen die Rechtslage verstoßen hätte.[34]

Gemeinsam ist allen Verbänden, daß für die Mitgliedschaft i.d.R. ein fachspezifisches Hochschulstudium vorausgesetzt wird.[35] Die Mitgliedschaft im Berufsverband ist die notwendige Voraussetzung zur Berufsausübung. Daher ist wiederum die Motivation zur Teilnahme an Verbandsaktivitäten unter vielen

---

30 Qandil stellt in diesem Zusammenhang fest, daß sich die Wahlbeteiligung bei den Ärzten von 1980 bis 1990 versiebenfacht hat, während sich die Anzahl der Mitglieder in diesem Zeitraum verdoppelte. Sie nennt folgende Zahlen: 1980 wählten ca. 3.000 von 40.000 Mitgliedern. 1990 beteiligten sich ca. 21.500 von 96.000 Mitgliedern an den Wahlen. Vgl. Qandil o.J., S. 11.
31 Qandil weist auf die Differenzen hinsichtlich der sozio-ökonomischen Lage hin und stellt in diesem Zusammenhang fest, daß der Begriff „Mittelklasse" als generelle Bezeichnung für Angehörige der Berufsverbände unbrauchbar sei. Vgl. Interview: Amani Qandil.
32 Vgl. MDSI 1988, S. 496.
33 Vgl. MDSI 1991, S. 414.
34 Vgl. MDSI 1988, S. 497.
35 Umgekehrt sind jedoch nicht alle Hochschulabsolventen in Berufsverbänden organisiert. Z.T. haben sie sich - wie z.B. Universitätsdozenten und -dozentinnen - in sogenannten Clubs organisiert, denen eine den Berufsverbänden vergleichbare gesellschaftliche Rolle zukommt.

Mitgliedern begrenzt. Geringe Wahlbeteiligung und ein hoher Anteil ausstehender Mitgliedsbeiträge in allen Verbänden indizieren ein derartiges Desinteresse. Die Beteiligung an den Vorstandswahlen der Berufsverbände übersteigt kaum 35%.[36] Die Erfolge der Muslimbrüder sind daher nicht unbedingt Ausdruck der Mehrheitsmeinung aller Verbandsmitglieder. Vielmehr sind die Wahlsiege der Muslimbrüder vor allem auf die intensive „Betreuung" ihrer Anhänger zurückzuführen: So übernehmen sie ausstehende Mitgliedsbeiträge, deren Zahlung zur Teilnahme an den Vorstandswahlen der Berufsverbände berechtigt.[37] Auch Bustransporte zu den Wahllokalen werden organisiert. Die übrigen politischen Parteien sind kaum in der Lage, ihr Wählerpotential in gleicher Weise zu mobilisieren.

Zwischen Vereins- und Staatspolitik: Das Streben nach politischen Reformen

Die Frage nach dem Verhältnis zwischen verbandsspezifischem und gesamtgesellschaftlichem Engagement der Berufsverbände wird häufig gestellt.[38] Amina Shafiq, die seit langem dem Vorstand des Journalistenverbandes angehört, führt die Rolle der Berufsverbände als politische Interessenvertretung auf die fehlende Vereinigungsfreiheit zurück.[39] Gemäß Artikel 13 des Gesetzes Nr. 32 von 1964 für die Gründung von Vereinen und Gesellschaften ist es für die Mitglieder von Berufsverbänden verboten, sich in berufsspezifischen Vereinen zu organisieren, deren Aufgaben und Zielsetzungen sich mit denen eines Berufsverbandes überschneiden.[40] Eine Trennung zwischen der Vertretung verbands-

---

36 Vgl. Qandil o.J., S. 18.
37 Saad ad-Din Ibrahim weist daraufhin, daß zu den Vorstandswahlen bei den Anwälten 1992 40.000 von insgesamt 120.000 Mitgliedern ihre Beiträge entrichtet hätten. Von den 20.000, die an der Wahl teilgenommen hätten, entschied sich die Hälfte für die Muslimbrüder. Damit hätten weniger als 10% der Mitglieder den Islamisten zu ihrem Wahlsieg verholfen. Vgl. Ibrahim 1992, S. 2. Der stellvertretende Generalsekretär des Ingenieursverbands Abu al-Ala Madi Abu Ali macht zu seinem Verband vergleichbare Angaben. Von ca. 200.000 Mitgliedern seien 50.000 wahlberechtigt, aber nur 25.000 nähmen an Wahlen teil. (Interview: Madi Abu Ali).
38 Zu den Vorstandswahlen im Händlerverband wurde 1990 ein Papier mit dem Titel publiziert: „Die Berufsverbände und die Gesellschaft". Auf der Jahreskonferenz der Berufsverbände im November 1992 stellte Qandil ein Papier vor mit dem Titel: „Das Verhältnis zwischen sozialen und nationalen Aufgaben der Berufsverbände."
39 Interview: Amina Shafiq, vgl. Shafiq 1992.
40 Vgl. Salim 1991, S. 82.

spezifischer und gesellschaftspolitischer Interessen wird somit zusätzlich erschwert.

Außerdem traten die Islamische Allianz und die Wafd aus Protest gegen die Modifikation der Gesetzesgrundlage nicht zu den Parlamentswahlen 1990 an. Durch den Rückzug der Oppositionskräfte aus dem Parlament wurde das gesellschaftliche Engagement der Berufsverbände verstärkt. Der Boykott war jedoch auch Ausdruck der Enttäuschung über geringe Einflußmöglichkeiten im von der Regierungspartei dominierten Parlament. Demgegenüber scheint es, daß Oppositionskräfte innerhalb der Berufsverbände effizientere Handlungsspielräume zur Interessendurchsetzung erkennen: „Political parties in Egypt are still weak and hence much of the countries political discourse is played out in its professional associations".[41]

Ferner offenbart das Engagement der von Islamisten dominierten Verbände die politische Brisanz sozialer Ansprüche der Verbandsmitglieder. Sie nehmen sich insbesondere der Probleme von Berufsanfängern an. 1989 richten die Ärzte einen Solidaritätsfond ein, der die finanzielle Unterstützung junger Ärzte vorsieht. Jungen Ärzten und Ärztinnen sollen zinslose Darlehen verliehen werden, um ihnen den Aufbau einer Existenzgrundlage zu ermöglichen.[42] Die drängenden sozialen Probleme der Mitglieder sind in fast allen Verbänden ein Konfliktpotential, auf das bei Wahlen und anderen Verbandsaktivitäten Rücksicht genommen werden muß.

Die Islamisten verbesserten nicht nur die Serviceleistungen innerhalb der Verbände, sondern engagierten sich ebenfalls für das Gemeinwohl. Während des Erdbebens im Oktober 1992 zeigte sich, daß einige der von Muslimbrüdern geführten Berufsverbände unbürokratischer und kompetenter Hilfe leisteten als staatliche Einrichtungen. Die Ärztekammer richtete unverzüglich ein Hilfskomitee ein. Der Ingenieursverband sandte Gutachter aus, um einsturzgefährdete Gebäude sperren zu lassen. Dieses Engagement wurde auch von politischen Gegnern der Muslimbrüder anerkannt. Demgegenüber wurde das Versagen des Staatsapparates in dieser Krisensituation offen angeprangert.

---

41 Ibrahim 1992, S. 2.
42 Vgl. MDSI 1989, S. 496.

Die ideologischen Positionen

Demokratieverständnis: Welche Demokratie?

Die Diskussion zum „Vereinheitlichungsgesetz" für die Berufsverbände

Fawziya Abd as-Sitar, Präsidentin des parlamentarischen Verfassungs- und Gesetzgebungsausschusses, bezeichnet die bisherigen Bestimmungen für die Vorstandswahlen in den Verbänden als „Diktatur einer Minderheit über die Mehrheit".[43] Das neue Gesetz wird von der Regierung als Förderung der Demokratie legitimiert, da aufgrund der erforderlichen Mindestwahlbeteiligung alle Berufsverbandsmitglieder aufgerufen seien, sich an den Wahlen zu beteiligen.[44]

Gegner und Gegnerinnen des Gesetzes argumentieren hingegen, daß die Regierung durch das neue Gesetz die sich entwickelnde Demokratie innerhalb der Verbände zunichte mache. Prinzipiell lehnen Vertreter der Berufsverbände ein einheitliches Gesetz ab, da die unterschiedlichen berufsspezifischen Erfordernisse nicht genügend berücksichtigt werden.[45] Den zentralen Angriffspunkt der Kritik bildet das mit dem Gesetz neu eingeführte Wahlverfahren, das eine Mindestbeteiligung aller Wahlberechtigten von 50 % im ersten und einem Drittel im zweiten Wahlgang vorschreibt. Beteiligen sich auch am dritten Wahlgang weniger als ein Drittel der Mitglieder, so wird vom Obersten Verwaltungsgericht ein provisorischer Vorstand einberufen, dessen Amtszeit auf sechs Monate befristet ist.[46] Vertreter der Berufsverbände bezeichnen das Gesetz sogar als verfassungswidrig, da es gegen Art. 56 der Verfassung, der Freiheit und Demokratie der Berufsverbandsarbeit garantiert, verstoße.[47]

Vertreter und Vertreterinnen der Berufsverbände sehen in dem neuen Gesetz eine Antwort der Regierung auf die Wahlen zum Vorstand der Anwaltskammer

---

43 Al-Ahram v. 19.2.93.
44 Vgl. al-Ahram v. 18.2.93 und al-Ahram weekly v. 18.-24.2.93.
45 Vgl. Stellungnahmen der Präsidenten der Berufsverbände in al-Wafd v. 26.2.93.
46 Vgl. Wafd v. 26.2.93. Nach den alten Gesetzen waren die Generalversammlungen der Rechtsanwälten und Journalisten in der ersten Wahlrunde mit 50% der wahlberechtigten Mitglieder beschlußfähig, in der zweiten Wahlrunde waren dagegen nur noch 1500 gültige Stimmen erforderlich. Bei den Ärzten, Ingenieuren und Künstlern waren im ersten Wahlgang 1000 und im zweiten Wahlgang 300 gültige Stimmen notwendig.
47 Vgl. ash-Shaab v. 26.2.93.

im September 1992, bei denen die Muslimbrüder in diesem traditionell der liberalen Wafd nahestehenden Verband die absolute Mehrheit erreichten.[48] Die gesetzlich vorgeschriebene Mindestwahlbeteiligung wird in Anbetracht der bei Kommunalwahlen üblichen Wahlbeteiligung zwischen fünf und sechs Prozent als besonders grotesk empfunden. Auch bei den letzten Wahlen zum *Maglis ash-Shaab* lag die Wahlbeteiligung nur bei 20 %. Die Überwachung der Wahlen durch Gerichte sei zwar grundsätzlich begrüßenswert, jedoch kaum zu begründen, solange die gleichen Kontrollmaßstäbe nicht auch für Kommunal-, Regional- und Nationalwahlen gelten.[49] Darüberhinaus wurde aber auch das Verfahren als undemokratisch kritisiert, weil den Berufsverbänden keinerlei Mitspracherecht bei der Ausarbeitung des Gesetzes zugestanden und ihnen noch nicht einmal der Gesetzesentwurf vorgelegt wurde.[50] Die Durchführung von Wahlen in den Berufsverbänden ist nicht erst seit Verabschiedung des „Vereinheitlichungsgesetzes" Konfliktgegenstand. So protestierte z.B. der Künstlerverband im Jahre 1987 gegen die Manipulation der Wahllisten und die kurzfristige Abänderung des Wahlmodus im Vorfeld der Präsidentenwahl.[51]

Islamisten und Menschenrechte[52]

Die Vormachtstellung von Islamisten in einigen Berufsverbänden weckte Befürchtungen vor einer Durchsetzung islamischer Prinzipien. Tahni al-Gabani, eine von zwei Frauen im Vorstand der Anwaltskammer, berichtete, daß bereits im Vorfeld der Wahlen in ihrem Verband Ängste vor einem möglichen Schleierzwang artikuliert wurden.[53] Demgegenüber ist die neugewählte Führung darum bemüht, derartige Bedenken zu zerstreuen. Der Generalsekretär Amad Saif ad-Din Hassan al-Banna betonte, daß die Muslimbrüder ein liberales Islamverständnis entwickelt hätten.[54]

Ungefragt wird von führenden Muslimbrüdern in den Berufsverbänden in diesem Zusammenhang auch immer wieder auf das gute Verhältnis zu den

---

48 Von den 24 Sitzen im Vorstand entfielen 17 auf die Muslimbrüder, zwei auf Mitglieder der Regierungspartei, zwei auf die Wafd; ferner sind zwei Nasseristen und ein Marxist vertreten.
49 Vgl. ash-Shaab v. 26.2.93.
50 Vgl. al-Wafd v. 23.2.93.
51 Vgl. Badr ad-Din Abu Ghazi 1992.
52 Vgl. Krämer 1993; El-Solh 1993; Farschid 1989.
53 Interview: Tahani al-Gabani.
54 Interview: A.S.D. Hassan al-Banna.

Kopten hingewiesen.[55] Tatsächlich sind die Muslimbrüder an einem Dialog mit Kopten sehr interessiert. Zu diesem Zweck organisierte der Vorsitzende des Freiheitskomitees im Journalistenverband al-Qadus, der den Muslimbrüdern angehört, bereits mehrfach öffentliche Diskussionsveranstaltungen. Beeindruckend war auf einer derartigen Veranstaltung, die am 21.11.92 in den Räumen des Journalistenverbandes stattfand, die Offenheit, mit der die gegensätzlichen Vorstellungen vom Zusammenleben beider Religionen in Ägypten vorgetragen wurden. Im Umgang mit Muslimen, denen islamfeindliche Positionen vorgeworfen werden, zeigen die Muslimbrüder allerdings kaum Toleranz. So war es schon ungewöhnlich, daß al-Qadus an der Beerdigung des exponierten Säkularisten Farag Fuda teilnahm, den militante Islamisten erschossen hatten. Mit seiner Teilnahme hatte er seine Ablehnung gegenüber Militanz, nicht aber Sympathie für Fudas Position zum Ausdruck bringen wollen.[56]

Obwohl al-Qadus - ebenso wie andere Muslimbrüder - generelle Presse- und Meinungsfreiheit einfordert, sind deren Grenzen in ihrem Verständnis klar erkennbar. Angesprochen auf die Verhaftung des Schriftstellers Adil Hamud[57] und seines Verlegers Madbuli reagierte al-Qadus mit Ausflüchten: Da die betreffenden keine Journalisten seien, könne das Freiheitskomitee seines Verbandes kaum aktiv werden. Auf die Nachfrage hin, ob das Eintreten für Meinungsfreiheit nicht das Recht auf Religionskritik nach sich ziehe, erklärte sich al-Qadus: Dem Islam müsse in einem öffentlichen Rahmen mit dem nötigen Respekt begegnet werden. In dem betreffenden Buch sei dies mißachtet worden. Zudem habe sich der Autor durch die Annahme von finanzieller Unterstützung aus den USA diskreditiert.[58] Bei dem Geld handelte es sich um einen mit 10.000 $ dotierten Literaturpreis. Auch der Fall des ägyptischen Literaturwissenschaftlers Abu Zaid offenbart die intolerante Haltung von Islamisten im Umgang mit Muslimen, die ein unorthodoxes Islamverständnis vertreten.[59] Derzeit strengen islamistische Anwälte einen Prozeß gegen den Wissenschaftler an. In unseren Gesprächen mit führenden Muslimbrüdern in den Berufsverbänden war das Bemühen auf ihrer Seite festzustellen, Konfliktthemen zum Menschenrechtsver-

---

55 Interview: Muhammad al-Qadus.
56 Interview: Muhammad al-Qadus.
57 Adil Hamud wurde Häresie vorgeworfen.
58 Interview: Muhammad al-Qadus.
59 Auch Abu Zaid wird der Häresie bezichtigt. Islamistische Anwälte versuchen außerdem, die Scheidung des Ehepaars Zaid - gegen deren Willen - zu erreichen, weil die Ehe einer Muslimin mit einem Feind des Islam nicht rechtens sei.

ständnis zu vermeiden. Stattdessen wurde das Eintreten für eine parlamentarische Demokratie in Ägypten betont.[60]

Einhaltung demokratischer Prinzipien

Führung und Basis

Neben dem Vorstand mit einem Generalsekretär an seiner Spitze, quasi der Exekutive eines Verbandes, wählen die Verbandsmitglieder auch einen Präsidenten. Die Amtszeit des Präsidenten beträgt vier Jahre - bei den Journalisten zwei. Zum einen hat der Präsident eine repräsentative Funktion - er ist jedoch im Vorstand gleichfalls stimmberechtigt. Zum anderen gilt der Präsident als Bindeglied zwischen Regierung und Berufsverband - eine Aufgabe, die durch den Einfluß der Muslimbrüder in den Verbänden an Bedeutung gewonnen hat. Der Anwalt al-Hilali, der sich selbst als Kommunisten bezeichnet, merkt zu dieser Funktion des Präsidenten spöttisch an, daß er auch als „Assistent des Innenministers" bezeichnet würde.[61]

Präsidentschaftswahlen in den Berufsverbänden werden als ein abgekartetes Spiel zwischen Regierung und Berufsverband kritisiert. Denn die Regierung setzt ihren Präsidentschaftskandidaten durch und ist im Gegenzug bereit, eine Oppositionsmehrheit im Vorstand hinzunehmen. Freimütig bekannte der neugewählte Generalsekretär der Rechtsanwälte, Saif ad-Din Hasan al-Banna: „Wenn wir gewollt hätten, so hätten wir auch alle Sitze des neuen Vorstands einnehmen können. Aber wir sind an der Kooperation mit anderen politischen Strömungen interessiert."[62]

Da finanzielle Zuwendungen durch die Regierung auch von den Beziehungen des Präsidenten zur Regierungspartei abhängen, hat der Berufsverband Interesse an einem Präsidenten, der die Forderungen des Verbandes bei der Regierung durchsetzen kann.[63] Der Präsident muß somit gleichzeitig Regierungspositionen im Berufsverband und die Interessen des Verbandes gegenüber der Regierung vertreten. Die Präsidenten versuchen mittels materieller Vergünstigungen für

---

60 Interview: al-Banna.
61 Interview: Nabil al-Hilali.
62 Interview: al-Banna.
63 Vgl. MDSI 1989, S. 456-465.

die Verbandsmitglieder, die eigene Position zu stärken. Ausschlaggebend für die Wahl Makram Muhammad Ahmads zum Präsidenten des Journalistenverbandes 1988 war nicht zuletzt, daß dieser aufgrund guter Beziehungen zum Wohnungsbauministerium die Zuteilung von Wohnungseinheiten für Journalisten versprechen konnte. Auch konnte er niedrigere Behandlungskosten in einigen Krankenhäusern für Journalisten und ihre Familien durchsetzen. Beim höchsten Presserat erwirkte er eine Lohnanhebung aller im Pressebereich arbeitenden Angestellten, und der Presserat beschloß zudem, diejenigen Presseinstitutionen zu unterstützen, die finanziell nicht in der Lage waren, diesen Forderungen nachzukommen.[64]

Nicht selten hat der Präsident eines Berufsverbandes auch gleichzeitig einen Ministerposten inne, so ist der Gesundheitsminister Muhammad Sayyid Präsident des Ärzteverbandes und der Wohnungsbauminister al-Kafrawi Präsident des Ingenieursverbandes.[65] Differenzen zwischen Berufsverband und Präsident wurden insbesondere während der Golfkrise deutlich, als sich einige Berufsverbände durch eine gemeinsame Erklärung von der Regierungsposition distanzierten, wogegen die Präsidenten des Journalisten- und Ärzteverbandes hinter den Entscheidungen der Regierung standen.[66]

Durch die Mitarbeit in Komitees zu verschiedenen Sachthemen besteht für alle Mitgliedern die Möglichkeit, an der Verbandsarbeit zu partizipieren. Der Vorsitz der Komitees ist allerdings den Vorstandsmitgliedern vorbehalten, die auch die Aktivitäten maßgeblich bestimmen. Die Mehrzahl der Komitees arbeitet zu verbandsspezifischen Bereichen wie z.B. Zulassungsfragen, Rentenregelungen, Gesundheitsfürsorge, Finanzen, Sozialfürsorge, Bibliotheksaufgaben. Daneben bestehen auch Komitees, die vor allem politische Ziele verfolgen - in erster Linie die Freiheitskomitees.[67]

Was die Repräsentation von Frauen in den Berufsverbänden angeht, so ist zunächst zu sagen, daß die Öffnung des Bildungssystems unter Nasser die Ausbildungssituation von Frauen erheblich verbessert hat. Frauen sind in den Naturwissenschaften, im Ingenieur- und Agrarbereich stark vertreten. Das

---

64 Vgl. MDSI 1989, S. 465.
65 Vgl. Interview: Qandil.
66 Vgl. Interview: Qandil.
67 Bei den Rechtsanwälten bestehen neben dem Freiheitskomitee auch ein Komitee für gesamtarabische Angelegenheiten und dasjenige für internationale Beziehungen. Ferner wurde 1986 das Komitee für eine islamische Gesetzgebung gegründet. Demgegenüber besteht in der „Egypt Organisation for Human Rights" ein frauenspezifisches Forum.

spiegelt sich in der Mitgliedschaftsrate der Frauen in den Verbänden wieder. Allerdings geht der Frauenanteil in den Vorstandsetagen im Verhältnis zur Mitgliedschaft drastisch zurück. Frauen machen nur 2 % der Vorstandsmitglieder der Verbände aus.[68] So sind im Vorstand des Anwaltsverbandes unter insgesamt 24 Mitgliedern nur zwei Frauen vertreten. Eine von ihnen ist Vorsitzende des „Komitees für arabische Angelegenheiten".[69] Trotz der geringen Repräsentanz von Frauen in den Vorständen der Berufsverbände war die Frage der Verschleierung Thema der islamistischen Gruppen im Wahlkampf um die Neukonstituierung des Anwaltsvorstandes. Im Vorstand des Journalistenverbandes ist von 12 Mitgliedern Amina Shafiq als einzige Frau vertreten. Sie ist aktives Mitglied der linken Tagammu-Partei und den Frauenaktivistinnen der Partei zuzurechnen. Die Vertretung von „Fraueninteressen" innerhalb eines Berufszweiges findet nicht statt. Es existieren keine gesonderten Frauenkomitees. Einzig innerhalb des Anwaltsverbandes ist eine Frauengruppe aktiv, um die Rechtsberatung für mittellose Frauen zu organisieren. Die Gruppe arbeitet als ägyptische Sektion der „Arab Lawyers Union" (ALU).[70] Dieser Gruppe wurde von ihren männlichen Kollegen vorgeworfen, daß sie einer Ausgrenzung von Frauen innerhalb des Verbandes Vorschub leiste. Die Befürworterinnen der Gruppe betonten, daß die Arbeit der Verbände Frauenfragen nicht hinreichend berücksichtige. Ferner erfordere die geringe Repräsentanz von Frauen in den Vorstandsetagen eine spezifische Frauenorganisation. Frauen sind in den Gremien der Berufsverbände im Verhältnis etwa zu Parteien und Parlament nur schwach repräsentiert. Die Vertretung ihrer Rechte ist für keine Organisation von Interesse. Obwohl die Zugangsbedingungen nicht sexistisch sind, gelingt es nur einer schmalen Minderheit von Frauen, in die Entscheidungsgremien vorzudringen. Im Vergleich zur Repräsentanz von Frauen in Parteivorständen und im Parlament erweisen sich die Berufsverbände in viel stärkerem Maße als Männerdomänen.[71]

---

68 Vgl. Bibars 1987.
69 Interview: Gabani.
70 Auch in der Führung der ALU waren Frauen lange Zeit nicht repräsentiert. Ende 1992 wurde die erste Frau, die Ägypterin Tahani al-Gabani, in den ALU-Vorstand gewählt.
71 Vgl. Harders 1995.

Vernetzung der Aktivitäten

In den letzten Jahren hat sich über ideologische Barrieren hinweg eine zunehmende Kooperation zwischen den Berufsverbänden entwickelt. 1990 wurde anläßlich der Golfkrise auf Initiative der Ärztekammer die erste verbandsübergreifende Konferenz ins Leben gerufen. Laut Qandil kamen die Berufsverbände damit einer Entscheidung der Regierung zuvor, die beabsichtigte, eine vereinigte Institution aller Berufsverbände zu deren besserer Kontrolle zu schaffen.[72] Auf dieser Konferenz wurde auch das „Komitee zur Koordinierung der Berufsverbände" gegründet, das bis heute fortbesteht. In dem Komitee sind zehn Berufsverbände vertreten.

Neben der Forderung nach Überwachung der Parlamentswahlen im August 1990 stand die Stellungnahme der Berufsverbände zur irakischen Invasion in Kuwait im Vordergrund dieser Konferenz. Berufsverbände und Studentenvereinigungen gaben eine gemeinsame Erklärung ab, in der sie Mubarak aufforderten, westliche Truppen nicht durch den Suezkanal nach Saudiarabien passieren zu lassen. Sie kritisierten die Sendung von ägyptischen Truppen an den Golf ohne vorherige Zustimmung der zuständigen Verfassungsorgane. Zudem forderten sie ein Mitspracherecht der Berufsverbände, Gewerkschaften, Volks- und Studentenvertretungen bei der Entsendung ägyptischer Truppen ins Ausland.

An der zweiten berufsübergreifenden Konferenz 1991 nahmen 450 Mitglieder teil, die 19 Berufsverbände vertraten. Diskutiert wurden Themen wie Arbeitslosigkeit und das Problem der ägyptischen Rückkehrer aus Kuwait und dem Irak. Die Berufsverbände forderten eine größere Partizipation an gesellschaftlichen Themen, die Unabhängigkeit der Berufsverbände, Pressefreiheit, freie Parteienzulassung, Aufhebung des Ausnahmezustandes und Beachtung der Menschenrechte.

Bei der dritten berufsverbandsübergreifenden Konferenz im November 1992 wurde in einer stark besuchten Arbeitsgruppe die Rolle der Berufsverbände zwischen Dienstleistungsauftrag und nationalen politischen Aufgaben erhitzt diskutiert. Ein weiteres politisch relevantes Thema war „Die Unterstützung der nationalen Einheit durch die Berufsverbände". Auch diese Konferenz war vom Ärzteverband organisiert. Obwohl ein von Islamisten dominierter Verband die

---

72   Vgl. Qandil 1991, S. 7.

Konferenz ausrichtete, waren sowohl auf den Podien als auch in den Arbeitsgruppen alle politischen Strömungen vertreten.

Kooperation findet ebenfalls mit anderen Interessengruppen - insbesondere Menschenrechtsgruppen - statt. In den meisten Verbänden haben sich sogenannte Freiheitskomitees konstituiert. Diese Komitees, die in den Satzungen der meisten Verbände verankert sind, sollen in erster Linie die freie Berufsausübung der Verbandsmitglieder verteidigen. Seit Anfang der 80er Jahre nehmen einige dieser Komitees offensiv gegen Einschränkungen politischer Rechte Stellung. Zwischen den Freiheitkomitees der Verbände findet nach Einschätzung des Generalsekretärs der Egypt Organisation for Human Rights Bahi ad-Din Hassan Kooperation nur eingeschränkt statt. So beobachtet er, daß die Zusammenarbeit zu Menschenrechtsfragen zwischen Vertretern islamistischer und säkularistischer Positionen prinzipiell schwierig ist. Auch der Generalsekretär der Ärzte - Asam Aryan - räumt Schwierigkeiten ein.[73] Kooperation findet Bahi ad-Din zufolge vor allem zwischen den Komitees der von Islamisten dominierten Verbände statt. Bestimmte Menschenrechtsfragen - wie z.B. das bereits erwähnte Schicksal des wegen Blasphemie verurteilten Autoren - würden von den islamistisch dominierten Komitees ignoriert.[74] Demgegenüber sei es im Journalistenverband möglich, zu derartigen Fragen - wie z.B. in der Rushdie-Diskussion - eindeutig Stellung zu beziehen.

Die Wahl der Mittel

Die Berufsverbände beschränken sich bei politischen Protestaktionen strikt auf den Einsatz gewaltloser Mittel. Die Führung des Anwaltsverbandes grenzt sich entsprechend der Politik der Muslimbrüder von militanten Aktionen ab. Auf das erwähnte Vereinheitlichungsgesetz wurde beispielsweise mit Demonstrationen, Streiks und Versammlungen reagiert.[75] Die Transparente, die an den Häusern der Berufsverbände angebracht waren, wurden des öfteren nachts von der Sicherheitspolizei wieder entfernt. Kritik am Gesetz bestimmte auch für Wochen die Schlagzeilen der Oppositionszeitungen. Auch den Muslimbrüdern politisch nicht nahestehende Mitglieder der Berufsverbände solidarisierten sich

---

73 Interview: Asam Aryan.
74 Interview: Bahi ad-Din Hassan.
75 Vgl. al-Wafd v. 21.2.93, 22.2.93 und 23.2.93.

vor allem durch Sitzstreiks im Club des Journalistenverbandes.[76] Der Anwaltsverband setzt sich jedoch auch für diejenigen Mitglieder ein, die aufgrund ihrer Sympathie für militante Bewegungen in Konflikt mit dem Staat geraten.[77] Allerdings unterscheidet er sich in dieser Haltung nicht von der Egyptian Organisation for Human Rights, die von Vertretern und Vertreterinnen des säkularistischen Lagers dominiert wird.

Selbst angesichts brutaler staatlicher Repressionsmaßnahmen bleiben die Aktionen der Berufsverbände gewaltlos. Als im Mai 1994 bekannt wurde, daß der Anwalt Abd al-Harith al-Madani in Haft gestorben war, kam es zu heftigen Protesten. Nationale und internationale Menschenrechtsorganisationen zogen die offizielle Version, laut der al-Madani einem Asthmaanfall erlegen sei, in Zweifel. Die ägyptische Regierung reagierte auf die Proteste mit Festnahmen von Anwälten. Über 30 Anwälte traten daraufhin in Hungerstreik. Ferner wurde vom Verbandsvorstand ein zweitägiger Streik angeordnet, gegen dessen Verstoß der Generalsekretär Hassan al-Banna den Mitgliedern Disziplinarmaßnahmen androhte.[78]

Berufsverbände als politisches Experimentierfeld der Muslimbrüder

In den Gesprächen mit Vorstandsmitgliedern der Berufsverbände, die gleichfalls den Muslimbrüdern angehörten, zeigte sich, daß zwischen den beiden politischen Aktionsfeldern nicht getrennt wurde. Fragten wir z.B. einen Muslimbruder in einer führenden Position in einem Verband nach der Haltung des Verbands zu einem bestimmten Thema, so wurde die offizielle Meinung der Muslimbrüder referiert. Diese quasi Gleichsetzung von Verband und Muslimbrüdern indiziert, daß die Muslimbrüder die von ihnen geführten Berufsverbände als ihr Territorium betrachten.

Die Muslimbrüder haben es verstanden, sich durch ihre Führungsrolle in mehreren Berufsverbänden politisch zu profilieren. Selbst ihre politischen Gegner und Gegnerinnen beurteilen den Einfluß der Islamisten auf die politische Entwicklung teilweise positiv. So haben sich die Muslimbrüder als ein Teil dieser islamistischen Bewegung in die Zivilgesellschaft einbinden lassen. Deutlich distanzieren sie sich von den militanten Islamisten, die Attentate auf

---

76 Vgl. ash-Shaab v. 26.2.93.
77 Interview: Mukhtar Nuh.
78 Vgl. Middle East Mirror vom 20.6.94.

Kopten, Touristen und Regierungsrepräsentanten verüben. Gemeinsam mit anderen oppositionellen Strömungen fordern sie, den Demokratisierungsprozeß in Ägypten voranzutreiben.

Der Politologe und Menschenrechtsaktivist M. Sayyid Said konzediert, daß politische Arbeit im Rahmen der Verbandskomitees in einer „*liberated zone*" stattfindet. Aber er gibt zu bedenken, daß es sich hierbei um überschaubare und kontrollierbare Freiräume handelt, die regierungskritischen Stimmen gewährt werden. Daher bezeichnet er die Komitees der Verbände als „*political backyards*".[79] Die Auseinandersetzungen um die restriktiven Modifikationen der Berufsverbandgesetze dokumentieren jedoch, daß dieser politische Spielraum von der Regierung definiert wird.

Fazit: Interne und externe Grenzen der zivilgesellschaftlichen Aktivitäten der Berufsverbände

Die gesellschaftliche Rolle der ägyptischen Berufsverbände hat sich in diesem Jahrhundert entsprechend der politischen Rahmenbedingungen gewandelt. Unter britischer Herrschaft und auch noch in der Monarchie war die Anwaltskammer ein potentielles Sprungbrett für politische Karrieren. Nasser zwang den Verbänden die Funktion eines „Transmissionsriemens" innerhalb seines sozialistischen Systems auf. Mit der Liberalisierung unter Sadat und Mubarak entwickelten sich mehrere einflußreiche Berufsverbände zu Zentren der Opposition. Vor allem den Islamisten und Islamistinnen gelang es seit Mitte der 80er Jahre, ihren Einfluß auszubauen.

Zweifellos haben die Aktivitäten der Islamisten innerhalb der Berufsverbände zu deren Politisierung maßgeblich beigetragen. Auch wenn führende Repräsentanten von Berufsverbänden die sozialen Aufgaben betonen, so werden sie in der Öffentlichkeit vor allem in ihrer politischen Position wahrgenommen. Mit ihren gemeinsamen politischen Veranstaltungen dokumentieren die Berufsverbände ihren zunehmenden Anspruch auf politische Mitgestaltung. Sie sehen sich selbst als Träger einer Zivilgesellschaft, die den Demokratisierungsprozeß

---

79 Interview: Muhammad Sayyid Said.

in Ägypten vorantreiben wird. Dennoch befindet sich die Etablierung verbandsinterner Demokratie noch in ihren Anfängen: Die vorhandenen Partizipationsmöglichkeiten wie etwa Wahlen und Teilnahme an Komitees werden von der Basis nur in geringem Umfang genutzt, und die Diskussion um die gesellschaftliche Rolle der Verbände bleibt auf einen kleinen Kreis von Aktivisten beschränkt.

Die eingangs zuerst gestellte Frage, inwieweit es den Verbänden gelungen ist, sich neben dem Staatsapparat als weitgehend autonomer Machtfaktor zu etablieren, ist nicht eindeutig zu beantworten: Bis vor kurzem hatte es den Anschein, daß die ägyptische Regierung bereit sei, das politische Engagement der islamistischen Opposition in den Verbänden zu tolerieren. Auch die Muslimbrüder hielten sich an ein stillschweigendes Übereinkommen zwischen beiden Seiten. So sorgten sie dafür, daß in den von ihnen kontrollierten Berufsverbänden das repräsentative Amt des Präsidenten durch einen Kandidaten der Regierung besetzt wurde. Von diesem Arrangement schienen beide Seiten zu profitieren. So konnte die Regierung ihre liberale Haltung gegenüber der Opposition in einem überschaubaren Bereich demonstrieren, und den Muslimbrüdern gelang es, sich politisch zu profilieren. Die Regierung agiert jedoch angesichts des wachsenden Einflusses der Islamisten in den Berufsverbänden zunehmend repressiv. Nicht nur Anhänger militanter islamistischer Gruppen, sondern auch Muslimbrüder, die sich in ihrem politischen Protest auf Öffentlichkeitsarbeit und Mittel des zivilen Ungehorsams beschränken, sind Opfer massiver Menschenrechtsverletzungen.

Häufig wiederholte Bekenntnisse von Muslimbrüdern zu demokratischen Prinzipien stehen im Widerspruch zu einem umfassenden Menschenrechtsverständnis. So wird die von al-Sayyid eingeforderte „Ethik der Toleranz" innerhalb zivilgesellschaftlicher Strukturen von den Muslimbrüdern zwar im Dialog mit Nicht-Muslimen eingehalten und demonstriert. Aber in der Auseinandersetzung mit muslimischen Islamkritikern findet diese Toleranz ihre Grenzen. Der Beitrag islamistischer Gruppen zur Demokratisierung ist entsprechend ambivalent zu bewerten: Einerseits tragen die Muslimbrüder, vor allem indem sie die oppositionelle Rolle der Berufsverbände stärken, zur Etablierung zivilgesellschaftlicher Strukturen wesentlich bei. Andererseits weist die ideologische Basis ihres politischen Handelns - gemessen an westlichen Menschenrechtsstandards - gravierende Demokratiedefizite auf.

Pawelka definierte die primären Funktionen der Interessenverbände in „patrimonialen Systemen" folgendermaßen: (1) staatliche Kontrolle, (2) Herrschaftslegitimation und (3) Pflege informeller Kontakte zwischen Staatsapparat und spezifischen gesellschaftlichen Gruppen.[80] Zieht man die politische Entwicklung Ägyptens seit Mitte der 80er Jahre in Betracht, so zeigt sich, daß der Regierungseinfluß in den Berufsverbänden schwindet. Angesichts des wachsenden Einflusses der Muslimbrüder in den Verbänden verliert die Regierung hier eine Basis ihrer Herrschaftslegitimation an die Opposition. In dieser gewandelten Konstellation stellen sich Berufsverbände als eine wichtige Struktur für den informellen Austausch zwischen Regierung und oppositioneller Bewegung dar.

Allerdings, das haben etwa die hilflosen Proteste gegen das „Vereinheitlichungsgesetz" gezeigt, beruht dieser Austausch zwischen Regierung und Opposition auf ungleichen Machtverhältnissen. Den Berufsverbänden gelingt es nur punktuell, ihre Interessen durchzusetzen und ihre Handlungsspielräume vor staatlichen Eingriffen zu schützen. Sie können demnach noch nicht als autonome, staatsunabhängige Akteure einer Zivilgesellschaft gelten, leisten aber entscheidende Beiträge zu deren Entstehung.

Literatur

amnesty international: Egypt. Human Rights Defenders under Threat. London 1994.
El-Ashmawi, Mohamed Said: Islamic Government and Zivilgesellschaft. In: al-Ahram weekly am 29.10.92.
Badr al Din Abu Ghazi, Nadia: Le Mouvement des Syndicates des Metiers Artistiques en Egypte de 1987. In: CEDEJ: Démocratie et Démocratisations dans le Monde Arabe 1992, S. 317-335.
Bianchi, Robert: Unruly Corporatism. Associational Life in Twentieth-century Egypt. Oxford/New York 1989.
Bibars, Iman: Women's Political Interest Groups in Egypt. Kairo (Unveröffentlichte Magisterarbeit) 1987.
CAUS (Center of Arabic Unity Studies) (Hrsg.): Azmat ad-dimuqratiya fi al-watan al-arabi. (Die Krise der Demokratie im arabischen Vaterland). Konferenzbericht. Beirut 1984.
CEDEJ (Hrsg.): Études Politiques du Monde Arabe. Approches Globales et Approches Spécifiques. Kairo 1991.
Dass. (Hrsg.): Démocratie et Démocratisations dans le Monde Arabe. Kairo1992.
Deppe, Rainer / Dubiel, Helmut / Rödel, Ulrich: Einleitung. In: Dies. (Hrsg.): Demokra-

---

80 Vgl. Pawelka 1985, S. 62-63.

tischer Umbruch in Osteuropa. Frankfurt 1991.
Dwyer, Kevin: Arab Voices. The Human Rights Debate in the Middle East. London 1991.
Faath, Sigrid / Mattes, Hanspeter (Hrsg.) (1992): Demokratie und Menschenrechte in Nordafrika. Hamburg 1992.
Faris, Abd al Munim Ahmad: Ad-dawr as-siyasi li niqabat al-muhamiyin 1912-1981 (Die politische Rolle der Berufsverbände der Rechtsanwälte). Kairo 1981.
Ders: Interest Groups and Political Powers in Egypt. A Case Study of Lawyers, Journalists and Engineers Syndicates during 1952-1981. Kairo 1984
Farschid, Olaf: Hizbiya. Die Neuorientierung der Muslimbruderschaft Ägyptens in den Jahren 1984 bis 1989. In: Orient (März); Bd.1, 1989, S. 53-75.
Harders, Cilja: Frauen und Politik in Ägypten. Untersuchungen zur Situation ägyptischer Politikerinnen. Hamburg. (Im Erscheinen).
Ibrahim, Saad ad-Din: Kalimat al-Iftitah (Eröffnungsrede). In: Arab Thought Forum (ATB) in: At-Taddudiya as-siyasiya wa ad-dimuqratiya fi al-watan al-arabi (Der politische Pluralismus und die Demokratie im arabischen Vaterland). Amman 1992.
Ders.: Islamic Activists Take over Egypt's Fortress of Liberalism. In: Civil Society; Nr.10, 1992
Jürgensen, Carsten: Demokratie und Menschenrechte in der arabischen Welt. Positionen arabischer Menschenrechtsaktivisten. Hamburg 1994.
Krämer, Gudrun: Islamic Notions of Democracy. In: MERIP (Juli-August), 1993, S. 2-8.
Magdub, Muhammad: Al-Insan al-arabi wa huquq al-insan (Der arabische Mensch und die Menschenrechte). In: Al-Fikr al-arabi (Das arabische Denken); Nr.65, 1991, S.9-18.
MBA (Markaz al-buhuth al-arabiya [Zentrum arabischer Studien]) (Hrsg.): Qadaya al-mugtama al-madani al-arabi. Fi dau atruhat Gramshi (Die arabische Zivilgesellschaft im Lichte der Gedanken Gramscis). Konferenzbericht. Kairo 1992.
MDSI (Markaz ad-dirasat as-siyasiya wa al-istratigiya bi al-ahram [al-Ahram Studienzentrum für politische und strategische Studien]): At-Taqrir al-istratigiya al-arabi (Der arabische Strategiebericht. Kairo 1985-93.
Moore, Henri: Images of Development. Egyptian Engeneers in Search of Industry. London/Cambridge 1980.
Pawelka, Peter: Herrschaft und Entwicklung im Nahen Osten. Ägypten. Heidelberg 1985.
Qandil, Amani: Études des Groupes D'Interêt en Egypte: Aspect International et Aspect Particulier. In: CEDEJ: Études Politiques du Monde Arabe. Approches Globales et Approches Spécifiques. 1991.
Dies.: Tahaddiyat ad-dimuqratiyya fi al-alam al-arabi: al-gamaat al-mihniya fi masr wa amaliyya at-tahawwul ad-dimuqrati (Die Herausforderungen der Demokratie in der arabischen Welt. Die Berufsorganisationen in Ägypten und der Prozeß des demokratischen Wandels). Kairo 1992a.
Dies.: Le Courant Islamique dans les Institutions de la Société Civile: Le Cas des Ordres Professionnels en Egypte. In: Bulletin du CEDEJ: Modernisations et Nouvelles Formes de Mobilisation Sociale II: Egypte et Turquie. Kairo 1992b.

Dies.: At-tayyar al-islami fi muassasat al-mugtama al-madani. Dirasat halati an-niqabat al-mihniya (Die islamische Strömung in den Institutionen der Zivilgesellschaft. Studien zu den Berufsverbänden). Kairo o.J..

Reid, Donald: The Rise of Professional Organisation in Modern Egypt. In: Comparative Studies in Society and History; Bd. 16, 1974, S. 24-57.

Ders.: The National Bar Association in Egyptian Politics, 1912-1954. In: International Journal of African Historical Studies; Vol.7; Nr.4, 1974a, S. 608-646.

Al-Sayyid, Mustapha K.: Professional Associations and National Integration in the Arab World, with Special Reference to Lawyers Associations. In: Dawisha, Adeed / Zarfurgan, William (Hrsg.): Beyond Coercion. The Durability of the Arab State; Vol.3.; London/New York 1988, S.88-115.

Ders.: A Civil Society in Egypt? In: MEJ; Vol.47; Nr.2, 1993, S.228-242.

Shafiq, Amina: At-tawazun bayn ad-dawr al-khidami wa ad-dawr al-watani wa ad-dawr al-qawmi (Das Gleichgewicht zwischen der Rolle als Dienstleistungsunternehmen, der patriotischen und der nationalen Rolle). Unveröffentlichtes Papier. Kairo 1992.

Salim, Amir: Difaa an haqq takwin al-gamiyyat (Die Verteidigung des Rechts auf Bildung von Vereinigungen). Kairo 1991.

El-Solh, Raghied: Islamist Attitudes Towards Democracy. A Review of the Idea of Al-Ghazali, Al-Turabi and Amara. In: British Journal of Middle Eastern Studies; Vol.20; Nr.1, 1993, S.57-63.

Springborg, Robert: Professional Syndicates in Egyptian Politics 1952-1970. In: IJMES, Bd. 9, 1987, S.275-195.

Al-Zaghal, Abd al-Qadir: Mafhum al-mugtama al-madani wa at-tahawil nahu at-taddudiya al-hizbiya. (Der Begriff der Zivilgesellschaft und der Wandel in Richtung Parteienpluralismus). In: MBA, 1992, S. 40-61.

Zubaida, Sami: Islam, the State and Democracy. Contrasting Concepts of Society in Egypt. In: MERIP, Nr.179, 1992, S.2-10.

Interviews

Abu Ala, Madi (am 10.11.92): Stellvertretender Generalsekretär einer Sektion des Ingenieursverbandes; Mitglied bei Egyptian Organisation for Human Rights; Aktivist der Muslimbrüder.

Aryan, Asam (am 6.12.92): Generalsekretär des Ärzteverbandes; Aktivist der Muslimbrüder.

Al-Banna, Ahmad Saif ad-Din Hasan (am 2.11.92): Generalsekretär des Anwaltsverbandes; Aktivist und Sohn des Begründers der Muslimbrüder; Parlamentsabgeordneter von 1977-81.

Al-Gabani, Tahni (am 14.12.92): Vorstandsmitglied im Anwaltsverband, dort Vorsitzende des Komitees für arabische Angelegenheiten; Vorstandsmitglied in der Arab Lawyers Union.

Hanna, Milad (am 15.11.92): Stellvertretender Generalsekretär des Ingenieurverbandes (1971-75); Parlamentsabgeordneter für die linke Tagammu-Partei 1984-87; Vorsitzender des Komitees der Nationalen Einheit, das den Dialog zwischen Muslimen und Kopten fördert.

Hilali, Nabil (am 21.10.92): Anwalt, vertrat als Linker auch zahlreiche Islamisten und Islamistinnen (u.a. Hasan al-Banna).

Hasan, Bahi ad-Din (am 28.11.92): Generalsekretär der Egyptian Organisation for Human Rights; Journalist.

Nuh, Mukhtar (am 8.11.92): Vorstandsmitglied im Anwaltsverband, dort Schatzmeister; Aktivist der Muslimbrüder.

Qadus, Muhammad (am 12.11.92): Vorstandsmitglied im Journalistenverband, dort Vorsitzender des Freiheitskomitees; Aktivist der Muslimbrüder.

Qandil, Amani (am 8.11.92): Politologin am Institut für soziale und kriminalistische Studien.

Shafiq, Amina (am 22.10.92): Generalsekretärin des Journalistenverbandes; Mitglied der Tagammu-Partei.

Said, Muhammad Sayyid (am 9.11.92): Politologe am MDSI (Zentrum für politische und strategische Studien an al-Ahram); Mitglied der Egyptian Organisation for Human Rights.

Hans Günter Lobmeyer

Syrien: Das Reich des Leviathan

Als im November 1970 der damalige Verteidigungsminister Hafiz al-Asad in Syrien die Macht an sich reißen konnte, schien es sich zunächst nur um den Schlußpunkt eines jener zahlreichen Machtkämpfe zu handeln, derer es innerhalb des seit 1963 herrschenden Baʿth-Regimes schon viele gegeben hatte und derer zweifellos weitere folgen würden. Niemand konnte seinerzeit ahnen, daß mit der sogenannten Korrektivbewegung (*al-haraka al-tashihiyya*) - so der offizielle Euphemismus für Asads Staatsstreich - eine bis heute andauernde Phase der Stabilität beginnen sollte.

Nicht zuletzt ist diese Stabilität auf einen Wandel des Herrschaftssystems zurückzuführen, der darin bestand, daß das noch in den sechziger Jahren praktizierte kollektive Führungsprinzip durch eine ganz auf die Person Asads zugeschnittene „presidential monarchy"[1] ersetzt wurde. Dieses personalisierte Herrschaftssystem beruht weniger auf der 1973 erlassenen permanenten Verfassung, die Asads Machtanspruch legalisiert und formal festschreibt, aber keinesfalls dessen zentraler Pfeiler ist. Zur Kontrolle der Macht bedient sich Asad vor allem eines gleichsam klassischen Herrschaftsinstruments, nämlich jenes von Max Weber beschriebenen Patrimonialismus': Absolute Loyalität zu und persönliche Abhängigkeit von der Person des Herrschers sind bis heute die entscheidenden Kriterien bei der Besetzung machtstrategisch bedeutender Funktionen in den Herrschaftszentren, und an die Stelle der Ideologie als kohäsives Element der politischen Elite tritt Ämterpatronage.

Das Amt des Staatspräsidenten, des Generalsekretärs der Partei und des Oberbefehlshabers der Streitkräfte sind in der Person Asads Zentrum eines überaus komplexen und weitverzweigten Klientelnetzes, das sich durch sämtliche staat-

---

1   Hinnebusch 1990, S. 145.

lichen und gesellschaftlichen Institutionen zieht; aus seinem Freundeskreis (*shilla*), aus seiner Clique aus gemeinsamen Ausbildungszeiten im Militär (*dufʿa*) sowie vor allem aus seiner Familie wird seit 1970 die politische Elite rekrutiert. Nicht die formale Funktion, sondern die individuelle Stellung innerhalb dieses Patronagenetzes entscheidet über die tatsächliche politische Macht, so daß Untergebene oft mehr Einfluß besitzen als ihre Vorgesetzten. Neben der staatlichen Macht sind auf diese Art und Weise auch gesellschaftliche Ressourcen gleichsam privatisiert worden: Die sogenannte Staatsbourgeoisie - vor allem hochrangige Angehörige der staatlichen Wirtschaftsbürokratie - nutzt ihre faktische Verfügungsgewalt über die in Staatsbesitz befindlichen Produktions- und Investitionsmittel aus und bereichert sich hemmungslos an gesellschaftlichem Eigentum. Die Gegenleistung, die es zu erbringen gilt, ist absolute Loyalität gegenüber Asad.

Diesem quasi-privatisierten Staat unterliegt jedoch eine institutionelle Struktur, die den Herrschaftsverhältnissen eine demokratisch-pluralistische Fassade verleiht: Seine Präsidentschaft läßt sich Asad alle sieben Jahre durch ein Referendum bestätigen, dessen nur unwesentlich von 100% abweichendes Ergebnis indes von vornherein feststeht. Seit 1971 gibt es ein Parlament, der Volksrat (*majlis al-shaʿb*), dessen Abgeordnete alle fünf Jahre vom Volk gewählt werden. An der absoluten Mehrheit der Baʿth-Partei kann der Wählerwille jedoch nichts ändern; zudem verfügt das Parlament faktisch über keinerlei Legislativbefugnisse. In der 1972 ins Leben gerufenen Nationalen Progressiven Front (NPF; *al-jabha al-taqaddumiyya al-wataniyya*) bilden die legalen Parteien des linksnationalistischen Spektrums eine Art Koalition mit der Baʿth-Partei, sind aber vollkommen einflußlos.[2]

Aber selbst die Baʿth-Partei hat kontinuierlich an Bedeutung verloren. An ihrer Stelle wurde Asad zum Dreh- und Angelpunkt des politischen Systems, sei es als Staatspräsident, als Oberbefehlshaber der Streitkräfte oder als Generalsekretär der Partei, deren Kongresse, in den sechziger Jahren oft Austragungsort der zahlreichen Flügel- und Machtkämpfe, zu reinen Akklamationsveranstaltungen verkommen sind, auf denen die weise Politik Asads gutgeheißen und kritiklos bestätigt wird. Aber selbst diesen Zweck erfüllt die Baʿth-Partei offen-sichtlich nicht mehr: Im Jahre 1985 fand der bislang letzte Parteitag statt,

---

[2] In Artikel 8 der Verfassung ist die führende Rolle der Baʿth-Partei in Staat und Gesellschaft sowie in *einer* Nationalen Progressiven Front festgeschrieben. Deren Befugnisse und Funktion wird jedoch an keiner Stelle in der Verfassung näher erläutert.

der laut Statut eigentlich alle fünf Jahre einberufen werden soll.

Als entscheidend für die unangefochtene Stellung Asads ist sicherlich dessen Geschick bei dem Versuch anzusehen, sowohl interne als auch externe stabilitätsbedrohende Faktoren erheblich zu minimalisieren: Das seit jeher machtlüsterne syrische Offizierskorps konnte er fast vollständig unter seine Kontrolle bringen, so daß die Bildung einflußreicher Machtblöcke innerhalb des Militärs erfolgreich unterbunden werden konnte.[3] Vor allem aber gelang es ihm, die syrische Gesellschaft weitgehend jeglicher Artikulations- und Partizipationsmöglichkeit zu berauben: Die Quasi-Privatisierung des Staates ging einher mit einer Quasi-Verstaatlichung der Gesellschaft.

Staat und Gesellschaft unter Asad

Bereits in den ersten Jahren seiner nunmehr ein Vierteljahrhundert andauernden Herrschaft legte Asad den Grundstein, um die syrische Gesellschaft gleichsam zum Spiegelbild dessen zu machen, was gemeinhin Zivilgesellschaft genannt wird, das heißt

... der Bereich organisierten sozialen Lebens, der aus freiem Entschluß besteht, sich weitgehend selbst unterhält, autonom vom Staat ist und an eine gesetzmäßige Ordnung oder an einen allgemeingültigen Regelkanon gebunden ist. (Dieser Bereich) unterscheidet sich von der allgemeinen Gesellschaft dadurch, daß Bürger in der Öffentlichkeit kollektiv handeln, um ihre Interessen, Passionen und Ideen zu artikulieren, Informationen auszutauschen, gemeinsame Ziele zu erreichen, Forderungen an den Staat zu stellen und von Staatsbediensteten Rechenschaft zu verlangen.[4]

Zu den bereits in den sechziger Jahren gegründeten sogenannten Volksorganisationen (*munazzamat sha'biyya*), die größtenteil der Partei angegliedert waren, kam unter Asad noch eine Vielzahl hinzu, so daß für praktisch sämtliche, wie auch immer zu definierenden gesellschaftlichen Gruppen - Bauern, Frauen, Kinder, Jugendliche, Studenten, Sportler usw. - eine Volksorganisation besteht. Aber nicht nur die Zahl dieser Organisationen stieg beträchtlich an: Nachdem

---

3 Vgl. dazu insbesondere: van Dam 1995.
4 Diamond 1994, S. 5.

sie bereits in den sechziger Jahren zunehmend ihrer ursprünglichen Funktion, nämlich der Interessenvertretung der in ihnen organisierten gesellschaftlichen Gruppen, beraubt worden waren und zu einem Mobilisierungsinstrument in den Händen der Partei geworden waren, wurden sie in den siebziger Jahren auf „unseren Führer bis in alle Ewigkeit" (*qa'iduna ila al-abad*), wie die Propaganda Asad nennt, eingeschworen. Ihre Aufgabe wurde neu definiert; der bisher zumindest nach außen aufrechterhaltene Anspruch, den Mitgliedern als Instrument zur Interessenartikulation zu dienen, wurde nun vollends aufgegeben und in sein Gegenteil verkehrt. Diesen Funktionswandel illustriert der Organisationsbericht des achten Baʿth-Regionalkongresses aus dem Jahre 1985, dessen Aussage hinsichtlich der Aufgaben der Revolutionären Jugendföderation als repräsentativ für alle Volksorganisationen angesehen werden kann. Diesem Bericht zufolge bestehe die Funktion der Revolutionären Jugendföderation darin, „... die Parteiideologie und die Wahrheiten und Richtlinien, die der Genosse Führer ausgibt, zu repräsentieren ...; das Gesicht der Partei gegenüber der (jungen) Generation darzustellen ...; die Partei mit geeigneten Kräften zu versorgen; das Instrument der Partei zum Aufbau des Vaterlandes, zu seiner Verteidigung und zur Liquidation seiner Feinde ... zu sein."[5]

Die Mitgliederzahlen all dieser staatlich gelenkten Organisationen schnellten unter Asad sprunghaft in die Höhe. Bereits zu Beginn der siebziger Jahre soll ein Viertel bis ein Drittel der syrischen Bevölkerung einer dieser Organisationen angehört haben.[6] Ende der achtziger Jahre hatten der Bauernverband und der Gewerkschaftsverband jeweils 500.000, der Frauenverband ca. 110.000 Mitglieder; im Studentenverband sollen, ebenfalls Ende der achtziger Jahre, etwa 60-70% aller syrischen Studenten organisiert gewesen sein.[7] Auch die Baʿth-Partei verzeichnete nach 1970 einen Beitrittsboom: Nachdem sie 1971 die Aufnahmebedingungen erheblich gelockert hatte, stieg die Zahl ihrer Mitglieder von ca. 35.000 Ende der sechziger Jahre auf ca. 100.000; sie wuchs in den folgenden Jahren stetig, und im Jahre 1984 waren 538.000 Syrer, mithin fast jeder elfte Erwachsene, in der Baʿth-Partei organisiert.[8]

Zweifellos hat dies dazu geführt, daß marginalisierte Bevölkerungsgruppen, wie beispielsweise Frauen, stärker in das gesellschaftliche und politische Sy-

---

5 Zitiert nach Perthes 1990, S. 268.
6 Hinnebusch 1989, S. 21.
7 Nach Perthes 1990, S. 267.
8 Hinnebusch 1989, S. 215 und 1990, S. 179.

stem eingebunden sind als zuvor. Insgesamt aber kommen die Aktivitäten der Volksorganisationen und Berufsverbände nicht der jeweils repräsentierten gesellschaftlichen Gruppe in ihrer Gesamtheit zugute; der Nutzen ist weniger kollektiver als individueller Natur, entwickelten sich doch die Volksorganisationen unter Asad zu institutionalisierten Patronagenetzen. In dem Maße, wie im ba'thistischen Syrien und insbesondere unter Asad eine Institutionalisierung gesellschaftlicher Strukturen stattfand, wurden die Beziehungen zwischen Staat und Gesellschaft individualisiert.

Wie der Studentenverband, der bei der Vergabe von Stipendien ein entscheidendes Wörtchen mitzureden hat, und der Allgemeine Bauernverband, der die Bewilligung von Krediten der Agrarbank an die Bauern beeinflußt, so bekommt praktisch jede Organisation die Aufgabe zugeteilt, über die Vergabe staatlicher Leistungen - von materiellen Begünstigungen aller Art bis zum Ausstellen wichtiger Dokumente - zu entscheiden oder zumindest einen erheblichen Einfluß dabei auszuüben. Aber nicht mehr die ideologisch-politische, an die Partei gebundene Loyalität - von sachlichen Aspekten ganz zu schweigen - wird der Entscheidung als ausschlaggebendes Kriterium zugrunde gelegt, sondern die persönliche Loyalität gegenüber dem maßgeblichen Funktionär; dieser kann als Protégé irgendeines Parteifürsten nach eigenem Gutdünken über die von ihm verwalteten öffentlichen Ressourcen verfügen und so eigene klientelistische Netzwerke aufbauen.

Partei und Massenorganisationen als institutionelle Elemente patrimonialer Herrschaft haben die Funktion, als Relaisstation zwischen herrschender Elite und Gesellschaft wichtige soziale Gruppen an das von Asad beherrschte Patronagenetz zu binden. Ob für Arbeiter oder Bauern, Angestellte oder Freiberufler, Studenten, Frauen oder Jugendliche: Die Mitgliedschaft in der entsprechenden Organisation oder in der Partei bringt nicht unbedingt Vorteile, bewahrt aber besonders im Beruf oder bei der Ausbildung vor zum Teil gravierenden Nachteilen. So wurden Mitglieder von Massenorganisationen in den siebziger Jahren unter dem Slogan „Öffnung der Universitäten" bei der Studienplatzvergabe in jeder Hinsicht bevorzugt; denjenigen unter ihnen, deren Leistungen normalerweise nicht zu einem Studium berechtigten, wurden 25% aller Studienplätze reserviert.[9]

---

9 Asad begründete diesen Schritt damit, daß „sie den Studien keine Zeit widmen konnten, als sie den imperialistischen Komplotten und der Reaktion die Stirn boten." Zitiert nach Carré/ Michaud 1983, S. 189.

Die *étatisation* der Gesellschaft schloß auch die Gewerkschaften, die in den sechziger Jahren durchaus noch relativ unabhängige Interessenorganisationen der Arbeiter und Angestellten waren, und vor allem auch die gewerkschaftsähnlichen Berufsorganisationen ein, die in korporatistische Verbände umgewandelt wurden. Ihre Funktion als Transmissionsriemen zwischen Gesellschaft und Staat hielten sie zwar bei; indes änderte sich die Transmissionsrichtung: Sie dienten nicht mehr der Interessenvertretung von „unten" nach „oben", sondern wurden, wie sämtliche anderen Massenorganisationen, ein Instrument zur Interessenartikulation und vor allem auch Interessendurchsetzung von „oben" nach „unten".

Zunächst verlief dieser Prozeß relativ konfliktfrei, und auf Syrien traf zu, was eine Gruppe arabischer Sozialwissenschaftler in der gesamten arabischen Welt beobachtete: Die Gesellschaft verzichtete auf Interessenartikulation und politische Partizipation in der Annahme, daß das herrschende Regime für die nationale Einheit, ökonomische Entwicklung und soziale Gerechtigkeit sorgen würde.[10] So konnte das Asad-Regime zunächst durch eine wirtschaftliche Liberalisierung (*infitah*) und durch eine populistische Verteilungspolitik große Teile insbesondere der städtischen Gesellschaft, wenn nicht an sich binden, so doch ökonomisch zufriedenstellen. Dazu aber war das Regime nicht lange in der Lage; gegen Ende der siebziger Jahre stagnierte die Wirtschaftsentwicklung und das ökonomische Wohlergehen des Einzelnen sowie sozialer Aufstieg hingen mehr und mehr von der Einbindung in klientelistische Strukturen ab. Während Repräsentanten des Regimes, hochrangige Offiziere, die korrupte Staatsbourgeoisie sowie die in deren Schatten entstandene „parasitäre Klasse" (*al-tabaqa al-tufailiyya*) - eng mit dem öffentlichen Sektor kooperierende Geschäftsleute, hauptsächlich aus Damaskus - ihren Wohlstand stetig mehren konnten, verschlechterte sich die wirtschaftliche Lage insbesondere für die städtischen Schichten zusehends. Der Unmut in großen Teilen der Bevölkerung wuchs an, und die seit geraumer Zeit aktiven Oppositionsgruppen aus dem religiösen und dem säkularistischen Lager konnten erheblich an Einfluß gewinnen, worauf das Regime mit brutaler Repression reagierte, die in dem Hama-Massaker vom Februar 1982 gipfelte.

Die Konzentration politischer Macht in den Händen einer kleinen Gruppe, eine den Bürger entrechtende Willkürherrschaft auch kleiner Funktionäre sowie

---

10 Ibrahim et alt. 1988, S. 322.

die enorme Korruption riefen aber nicht nur die politische Opposition auf den Plan, sondern führten auch dazu, daß sich eine politisch weitgehend unabhängige gesellschaftliche Opposition formierte. Ab Ende der siebziger Jahre wurde das Regime von einigen wenigen Berufsorganisationen, die ihre Autonomie vom Staat noch weitgehend hatten bewahren können, mehrmals offen kritisiert. Neben dem Verband der Schriftsteller und Journalisten trat in dieser Hinsicht insbesondere der Berufsverband der Rechtsanwälte hervor, dessen Forderungen nach Einhaltung rechtsstaatlicher Normen sich bald auch die Berufsorganisationen der Ärzte, Ingenieure und Apotheker anschlossen. Im März 1980 schließlich riefen diese vier Verbände zu einem Generalstreik auf, dem das Regime mit dem ihm eigenen Mitteln begegnete: Die beteiligten Berufsverbände wurden kurzerhand aufgelöst und durch staatlich kontrollierte ersetzt; die alten Führungskader sowie eine große Zahl einfacher Mitglieder wurden inhaftiert, gefoltert und zum Teil getötet. Damit war es dem Asad-Regime gelungen, die letzten autonomen gesellschaftlichen Organisationen zu eliminieren;[11] die „Kolonialisierung oder Besetzung der Gesellschaft durch den Staat" war vollendet.[12]

Die mit Gewalt durchgesetzte *étatisation* der syrischen Gesellschaft durch das Asad-Regime bedeutete jedoch mehr als nur die bis heute andauernde Zerstörung von deren autonomen Strukturen, sondern hatte wesentlich weitreichendere Folgen. Die sich Ende der siebziger Jahre in reinen Terror steigende Repression beschädigte die Gesellschaft auch erheblich in ihrer grundlegenden Funktion als „... kollektive Existenzform der Menschen, die aus einer Vielzahl von dauerhaften Beziehungsnetzwerken besteht."[13] Eine Unzahl von Spitzeln arbeitet für einen der zahlreichen Geheimdienste, und tausende Syrer sind seither von Arbeitskollegen, Nachbarn, ja sogar von nächsten Familienangehörigen wie Ehepartnern denunziert worden. So prägt gegenseitiges Mißtrauen jede soziale Beziehung selbst im privaten Umfeld, und Gespräche politischen Inhalts werden tunlichst vermieden. Diese Konsequenz des Geheimdienststaates ist sicherlich nicht nur eines der effektivsten Mittel in den Händen des Regimes, den Aktionsradius der politischen Opposition entscheidend einzuschränken, sondern zweifellos auch ein grundsätzliches Hindernis für die Rückbildung zivilgesellschaftlicher Strukturen in Syrien.

---

11 Zu den bürgerkriegsähnlichen Ereignissen Ende der siebziger und Anfang der achtziger Jahre siehe ibidem.
12 Ibrahim et alt. 1988, S. 48.
13 Ibidem, S. 37.

Die Eliminierung der zivilen Gesellschaft ist zweifellos eine der entscheidenden Gründe für die anhaltende Stabilität des Regimes, die seit der Niederschlagung des Hama-Aufstandes im Jahre 1982 auch nicht im mindesten gefährdet scheint. Die Ausschaltung der politischen Opposition - zunächst der säkularistischen im Sommer und Herbst 1980 und dann 1982 in Hama der islamistischen - bedeutete, daß der Gesellschaft das letzte Instrument genommen wurde, zumindest indirekt - über die politische Opposition - ihre Interessen artikulieren und ihren Protest zum Ausdruck bringen zu können. Seither hat keine politische Entscheidung, so sehr sie auch im Widerspruch zu ideologischen Postulaten oder zum zuvor verfolgten Kurs gestanden haben mag, nennenswerten gesellschaftlichen Protest zur Folge gehabt. Jede Maßnahme wird von dem Verband, der die Betroffenen - zumindest nominell - repräsentiert, gutgeheißen, ungeachtet der politischen und ökonomischen Interessen der jeweiligen gesellschaftlichen Gruppe. So traf beispielsweise in den achtziger Jahren die angesichts der sich verschärfenden Wirtschaftskrise verfolgte Austeritätspolitik, die von den unteren und mittleren Schichten enorme Opfer abverlangte, auf keinen bedeutsamen Protest oder gar auf Widerstand.

Syrien in der Post-Perestrojka-Ära

Als das syrische Regime nach dem Zusammenbruch der Sowjetunion den wichtigsten internationalen Verbündeten verlor und sich außenpolitisch gen Westen umorientieren mußte, keimten auch in Syrien Hoffnungen auf eine politische Liberalisierung. Das Wort Demokratie war in aller Munde, und auch Asad konnte nicht umhin, in zahlreichen Reden auf dieses brisante Thema einzugehen. Er machte aber unmißverständlich deutlich, daß er am politischen System nichts zu ändern gedachte, und verwies stattdessen auf die „demokratischen Errungenschaften" Syriens während seiner bisherigen Amtszeit.[14] Zwar versprach er im März 1990, daß die Ausnahmegesetze (*qanun al-tawari*) nur noch auf solche Vergehen angewendet werden sollten, die unmittelbar die Sicherheit des

---

14 Siehe dazu die Reden Asads und anderer Repräsentanten des Regimes u.a. in *tishrin*, 04., 09. und 12.03.1990, 09.03.1991 und 13.03.1992.

Staates beträfen.¹⁵ Aber niemand glaubte ernsthaft daran, daß nun, zumindest ansatzweise, rechtsstaatliche Verhältnisse in Syrien herrschen würden: Zwölf Jahre zuvor hatte Asad einer ähnlichen Ankündigung¹⁶ die große Repression folgen lassen, um die immer bedrohlicher werdende Opposition zu bekämpfen.

Dazu gibt es in den neunziger Jahren indes keinen Anlaß; obgleich die Ereignisse in Osteuropa und insbesondere der Sturz des oft mit Asad verglichenen rumänischen Diktators Nikolae Ceauşescu im Jahre 1989 auf die syrische Opposition ermutigend wirkten und sie allmählich aus ihrem Dornröschenschlaf erwacht, ist sie doch noch weit davon entfernt, das Asad-Regime herausfordern zu können.¹⁷ Angesichts der aus seiner Sicht günstigen innenpolitischen Lage fällt es Asad daher leicht, dem - gewiß nicht übermäßigen - Drängen des Westens nachzugeben und sich hinsichtlich der Menschenrechte konziliant zu zeigen. Bisher im Exil lebende Oppositionelle konnten zurückkehren,¹⁸ und eine Vielzahl politischer Gefangener ist seit 1990 aus den Gefängnissen entlassen worden, darunter auch einige der 1970 von Asad gestürzten und seitdem inhaftierten Repräsentanten des Neo-Baʿth-Regimes. Andere politische Gefangenen sind nachträglich vor ein ordentliches Gericht gestellt worden, und an den Prozessen durften sogar offizielle Delegationen der Menschenrechtsorganisation amnesty international als Beobachter teilnehmen.

Bei alledem handelt es sich jedoch eher um kosmetische Operationen und keinesfalls um eine durch Taten bekundete Bereitschaft des Regimes, in Zukunft die Menschenrechte zu achten, oder gar um ein Indiz für einen grundlegenden innenpolitischen Kurswechsel. So werden die vakanten Gefängniszellen schnell wieder belegt, denn nach wie vor wandert ins Gefängnis und wird gefoltert, wer sich kritisch über das Regime äußert oder unbequeme politische Forderungen stellt. Die freigelassenen Gefangenen sind meistens physisch und psychisch gebrochene Menschen, die Prozesse dienen nur der Legalisierung begangenen Unrechts. Viele politische Gefangene, die seit den Bürgerkriegszeiten im Gefängnis sitzen, haben keinerlei Aussicht auf einen Prozeß, geschweige denn

---

15 *tishrin*, 09.03.1990.
16 Asad in einer Rede am 8. März 1978 anläßlich seiner Wiederwahl zum syrischen Staatspräsidenten (BDC: Summary of World Broadcasts, Part 4: The Middle East and North Africa 5760/A, 10.03.1978).
17 Zur syrischen Opposition in den neunziger Jahren siehe Lobmeyer 1994.
18 Auch dem seit 1963 exilierten Ex-Führer der syrischen Muslimbruderschaft, ʿIsam alʿAttar, soll die Wiedereinreise nach Syrien erlaubt worden sein. ʿAttar, der seit 1968 in der Bundesrepublik lebt, spielt allerdings seit den siebziger Jahren innerhalb der Muslimbruderschaft keine Rolle mehr und verfügt über keinen nennenswerten politischen Einfluß.

auf ihre Freilassung: So wird beispielsweise seit Oktober 1980 Riyad al-Turk, Chef der oppositionellen KP-Politbüro (*al-hizb al-shuyuʿi al-suri - al-maktab al-siyasi*),[19] in Isolationshaft gehalten.

Auch über die Menschenrechtslage hinaus gibt es kein Anzeichen für eine grundlegende politische Liberalisierung; die seit 1990 erhöhte Zahl unabhängiger Parlamentsmitglieder ändert nichts an der Einflußlosigkeit des Parlaments, das seit seiner Inauguration im Jahre 1972 noch keinen einzigen eigenen Gesetzesentwurf eingebracht hat.

Die „zweite *infitah*"

Auch das Verhältnis zwischen Staat und Gesellschaft hat sich nicht prinzipiell gewandelt, auch wenn die Entwicklung der letzten Jahre im Rahmen der sogenannten „zweiten *infitah*" den gegenteiligen Eindruck erwecken könnte. So ist zum einen Syrien zwar seit einigen Jahren Schauplatz einer - für syrische Verhältnisse - sehr offen und kontrovers geführten wirtschaftspolitischen Diskussion, an der sich auch die Gewerkschaften lebhaft beteiligen. Zum anderen hat die insbesondere mit der Implementierung des Investitionsgesetzes (Gesetz Nr. 10) im Mai 1991 forcierte ökonomische Liberalisierung, die die ökonomische Rolle des privaten Sektors gestärkt hat, auch dazu geführt, daß die syrische Unternehmerschicht ein größeres politisches Gewicht bekommen hat und seit 1990 einen bedeutenden Anteil der unabhängigen Parlamentsmitglieder stellt.[20] Der Umstand aber, daß einige gesellschaftliche Gruppen nunmehr die Möglichkeit haben, ihre Interessen zu artikulieren, kann jedoch schlechterdings als eine Revitalisierung der zivilen Gesellschaft interpretiert werden: Vielmehr handelt es sich hierbei eher um das Gegenteil, nämlich um eine Manifestation der staatlichen Kontrolle über die Gesellschaft.

Zunächst sind über den ökonomischen Bereich und damit die Wirtschaftspolitik hinaus andere zentrale Bereiche wie die Innen-, Außen- und Sicherheits-

---

19 Dieser Flügel spaltete sich zu Beginn der siebziger Jahre von der „offiziellen" - das heißt von der von der damaligen UdSSR anerkannten - KP ab, nachdem diese mit knapper Mehrheit beschlossen hatte, sich der Nationalen Progressiven Front anzuschließen.
20 Zu den Parlamentswahlen von 1990 siehe Perthes 1992.

politik weiterhin tabuisiert. Aber selbst hinsichtlich der Wirtschaft können die Betroffenen zwar mehr oder weniger offen ihre Meinung äußern, in den Prozeß der Entscheidungsfindung sind sie jedoch nur marginal integriert. Es handelt sich also bestenfalls um eine Ausweitung des Prinzips der Konsultation, bei der die Betroffenen zwar ihre Interessen artikulieren, aber nicht gegen den Staat durchsetzen können. Aber selbst dieser doch sehr beschränkte Zugewinn an politischer Partizipation heißt nicht, daß die Gesellschaft Terrain vom Staat zurückerobern konnte. Denn weder die Gewerkschaften noch die Unternehmer haben ihre Autonomie als gesellschaftliche Akteure zurückgewinnen können: Sie sind nicht Subjekt, sondern Objekt eines Prozesses, der vom Regime aus machtpolitischen Gründen in Gang gesetzt worden ist und mitnichten darauf abzielt, die Gesellschaft, oder Teile von ihr, als autonomes Element in das politische System zu reintegrieren.

Die aktuelle Entwicklung in Syrien ist nichts anderes als eine politische Strategie des Regimes, sein Machtmonopol aufrechtzuerhalten. Vor diesem Hintergrund ist auch der Prozeß der wirtschaftlichen Liberalisierung zu sehen, der zentraler Bestandteil dieser machtpolitischen Strategie ist und nicht etwa aus der Einsicht in ökonomische Notwendigkeiten heraus initiiert worden ist. Schon seit 1963 bedeutet Wirtschaftspolitik in Syrien immer in erster Linie Politik mit und weniger für die Wirtschaft, und schon immer hat dabei die Bourgeoisie eine zentrale Rolle gespielt: Wie mit den Nationalisierungen der frühen Baʿth-Ära der oppositionellen Bourgeoisie die ökonomische Basis weitgehend entzogen worden war, versuchte Asad in den siebziger Jahren, mit einer begrenzten ökonomischen Liberalisierung - der ersten *infitah* - diese Konfrontation zu revidieren und zumindest einen Teil der Bourgeoisie für sich zu gewinnen, was ihm weitgehend auch gelang.

So sind auch bei der „zweiten *infitah*" ökonomische Gesichtspunkte dem Primat des Machterhalts untergeordnet. Das anvisierte Ziel ist nicht etwa eine Beteiligung gesellschaftlicher Kräfte an der Macht, sondern, ganz im Gegenteil, die Aufrechterhaltung des *status quo*, das heißt, die Kontrolle über die Gesellschaft und damit das Machtmonopol der Herrschenden zu sichern. Der gesellschaftliche Prozeß, den wir seit Ende der achtziger Jahre in Syrien beobachten können, berührt das Verhältnis zwischen Staat und Gesellschaft nur insofern, als das Regime seine soziale Basis zu erweitern resp. umzustrukturieren und sich vor allem ökonomisch zu legitimieren versucht. Diese Umorientierung des Regimes ist vor allem einer sich Mitte der achtziger Jahre zuspitzenden Wirtschaftskrise geschuldet, die zu einem Ressourcenmangel des syrischen Allokationsstaates führte. In Anbetracht des drohenden Staatsbankrotts sah sich das Regime nicht mehr in der Lage, soziale Gruppen durch eine populistische Verteilungspolitik an sich zu binden und darüber seine Legitimität zu sichern. Die Ineffizienz des öffentlichen Sektors, stagnierende Renteneinnahmen und ein akuter Devisenmangel zwangen den Staat Mitte der achtziger Jahre dazu, die Staatsausgaben drastisch zu kürzen und eine die Legitimität des Regimes erodierende Austeritätspolitik zu verfolgen. Stelleneinschränkungen im öffentlichen Dienst und eine dem Einkommen der staatlichen Angestellten davoneilende Inflation beschworen die Gefahr herauf, daß das Regime strategisch wichtige Gruppen (wie die städtische Mittelschicht) über kurz oder lang nicht mehr bedienen konnte; zudem war der Staat nicht mehr in der Lage, den Privatunternehmern dringend benötigte Devisen für den Import zur Verfügung zu stellen. In dieser Situation, so Raymond A. Hinnebusch, „... begann der Staat, einige seiner ökonomischen Verantwortlichkeiten abzustoßen, und dem Privatunternehmertum gegenüber mußten Konzessionen gemacht werden, damit es den ökonomischen Graben füllt."[21]

Dies bedeutet jedoch nicht, daß der Staat sich aus dem Wirtschaftsleben zurückziehen und den öffentlichen Sektor - dessen Ineffizienz maßgeblich die wirtschaftlichen Schwierigkeiten verursachte - als Entwicklungsmotor durch den privaten Sektor ersetzen will oder daß er gar die Wirtschaft dem freien Spiel der Marktkräfte überlassen will. Denn das Regime kann es sich nicht erlauben, die Kontrolle über die Ökonomie und damit über die Ressourcenverteilung mit all ihren politischen Konsequenzen zu verlieren. Die dem privaten Sektor zugedachte Aufgabe besteht darin, die Wirtschaft anzukurbeln und dadurch die Legitimitätsbasis des Regimes zu festigen. Als Gegenleistung werden den Privatunternehmern weitgehende - keine uneingeschränkten - ökonomische, aber nur minimale politische Zugeständnisse gemacht, die sich auf einen erleichterten Zugang zum Parlament und damit auf die Kooption in das formale politische System beschränken. Dies ist, so Joseph Bahout in einer Studie über die Privatunternehmer Syriens, die logische und letzte Konsequenz der 1970 von Asad begonnenen *infitah*:

Der Staat gewinnt gleich zwei Dinge: Zunächst erschafft er eine zusätzliche Kraft zur Unterstützung der ökonomischen Öffnung und stärkt auf diese Weise seine Position

---

21 Hinnebusch 1993, S. 253.

gegenüber dem Widerstand aus Arbeiter- und Gewerkschaftskreisen .... Und schließlich ersetzt er seine primäre Basis durch eine neue, auf die er sich stützen kann.[22]

Die Bourgeoisie hat sich jedoch noch nicht zu einem autonomen Element der Gesellschaft entwickeln können, fehlen ihr doch zentrale Voraussetzungen, nämlich die Wahrnehmung eines gemeinsamen Interesses, die Strukturierung einer kollektiven Artikulation, Organisation und Kohärenz: Sie ist ist zu heterogen, um kollekiv handeln zu können, und, so Bahout, als Klasse noch im Entstehen, so daß sie allenfalls als „prinzipieller Autonomiekandidat" anzusehen sei.[23]

Natürlich kann und wird sich wahrscheinlich die Unternehmerschicht langfristig zu einer kohärenten Klasse entwickeln, sich organisieren und somit eine autonome gesellschaftliche Kraft werden, die aufgrund ihrer ökonomischen Stärke als „zweites Machtzentrum"[24] neben dem Militär erwachsen könnte. Ein politischer Machtzuwachs dieses Teils der Gesellschaft würde in der Tat bedeuten, daß das Regime die vollständige Kontrolle über die Gesellschaft und damit sein absolutes Machtmonopol verlieren würde. Aber selbst wenn sich die Bourgeoisie unabhängig vom Staat organisieren könnte, würde kaum der Grundstein zur Rekonstituierung einer zivilen Gesellschaft gelegt, die gemeinhin als entscheidende Voraussetzung für eine Demokratisierung autoritärer politischer Systeme angesehen wird.

Wenngleich eine aufstrebende Bourgeoisie durchaus, wie im Europa des 19. Jahrhunderts, Wegbereiter einer zivilen Gesellschaft und einer Demokratisierung sein kann, scheint die syrische Bourgeoisie wenig prädestiniert für eine solche Vorreiterrolle zu sein. Wenig deutet darauf hin, daß ihr Konsolidierungsprozeß als Klasse in die Forderung nach mehr Autonomie vom Staat münden könnte. Denn zunächst ist der Aufstieg der Bourgeoisie nicht so sehr das Resultat einer gesellschaftlichen Entwicklung, sondern eher ein vom Staat gelenkter und kontrollierter Prozeß. Zudem investieren Teile der Staatsbourgeoisie das über die Jahre illegal erworbene Vermögen im privaten oder gemischten Sektor und verwandeln sich auf diese Weise in eine Privatbourgeoisie, und die Abkömmlinge hoher Offiziere und führender Repräsentanten des Regimes verzichten auf eine Karriere in Militär, Partei oder Staat und suchen stattdessen ihr Glück in der freien Wirtschaft.[25] Angesichts dieser Verzahnung von Staat und

---

22 Bahout 1994, S. 63.
23 Ibidem, S. 76 f.
24 Kienle 1994, S. 128.
25 Perthes 1994, S. 262.

- der gleichzeitig in das politische System kooptierten - Bourgeoisie ist zu erwarten, daß letztere einen Puffer zwischen Staat und Gesellschaft bilden und ähnlich wie die parasitäre Bourgeoisie, aber im Gegensatz zu dieser auf legale Art und Weise, eng mit dem Staat kooperieren wird.

Eine solche Entwicklung würde in der Tat das Entstehen zivilgesellschaftlicher Strukturen eher behindern als fördern. Und offenbar schätzt ein Großteil der syrischen Bourgeoisie die Annäherung an den Staat höher ein als die Unabhängigkeit von ihm und einen stabilen Staat höher als einen demokratisch legitimierten.[26] Der in einer libanesischen Zeitschrift veröffentlichte Appell eines syrischen Geschäftsmannes an Hafiz al-Asad, dem Umstand Rechnung zu tragen, daß „ökonomische Freiheit und politische Freiheit Zwillinge sind", und das politische System zu liberalisieren, bildet da nur eine Ausnahme.[27] Zu solchen Forderungen besteht, wie Jean Leca zu Recht meint, aus Sicht des privaten Sektors generell auch wenig Anlaß:

Der im Schatten des Staates (und dank des öffentlichen Sektors) wachsende private Sektor hat sicher ein Interesse an freien wirtschaftlichen Aktivitäten, an mehr Kredit- und Steuererleichterungen und am freien grenzüberschreitenden Handel. Warum aber sollte (der private Sektor) offen politisch aktiv werden, wenn er all dies zu für ihn geringeren Kosten erreichen kann, indem er mit der Bürokratie- und der Palastpolitik fest verbunden bleibt, wo informelle Netzwerke familiärer, regionaler und faktionaler Solidarität das Spiel bestimmen?[28]

Eine Demokratisierung wäre aus Sicht der Bourgeoisie nicht nur vernachlässigenswert, sondern hätte auch, zumindest für jenes in den siebziger Jahren entstandene parasitäre Segment, auch erhebliche Nachteile. Mit Blick auf die gesamte arabische Welt würde Burhan Ghaliun „keine Wette abschließen" darauf, daß „die kapitalistische Klasse auf Demokratie drängt; für sie heißt Demokratie nur eine verschärfte Kontrolle des Staates über die großen Profite... . Selbst wenn wir glauben, daß sie für die Verwirklichung der Demokratie arbeitet, versteht sie darunter doch nur ökonomische Liberalisierung."[29] Und auch die

---

26 Siehe dazu eine Vielzahl entsprechender Aussagen syrischer Unternehmer in: Bahout 1994. Nach Kienle (1994, S. 129) legen Kleinunternehmer zumindest auf eine „Herrschaft des Gesetzes" größeren Wert, da sie nicht oder nur peripher in einflußreiche Klientelnetze eingebunden sind und daher staatlicher Willkür stärker ausgesetzt sind als Großunternehmer mit ihren engen Beziehungen zum Staat.
27 Umran Adham, *risala ila al-ra'is al-Asad* (Brief an den Präsidenten al-Asad), in: *al-hawadith*, 22.03.1991.
28 Leca 1988, S. 197.
29 Ghaliun 1994, S. 128.

politische Opposition ist pessimistisch und glaubt nicht, daß mit den Wirtschaftsreformen die Weichen für eine demokratische Entwicklung gestellt werden; die Nationaldemokratische Sammlungsbewegung (*al-tajammuʿ al-watani al-dimuqrati*), in der die wichtigsten säkularistischen Oppositionsparteien zusammengeschlossen sind, interpretiert die *infitah* als einen Versuch, „die Herrschaft der parasitären Bourgeoisie zu legalisieren", und erwartet anstelle von Demokratie eine „Zunahme der Unterdrückung, weniger Freiheit und weiter abnehmenden Respekt vor den Menschenrechten".[30]

Aber nicht nur die Bourgeoisie selbst gibt nur wenig Anlaß zur Hoffnung, daß sich als Folge der „zweiten *infitah*" zivilgesellschaftliche Strukturen herausbilden und eine demokratische Perspektive eröffnet wird. Eine Entwicklung in dieser Richtung erscheint auch bei näherer Betrachtung des politischen Prozesses, der die Reform begleitet, ziemlich unwahrscheinlich, läßt er doch nur scheinbar gesellschaftlichen Pluralismus zu. Denn die Gewerkschaften als gesellschaftlicher Counterpart der Unternehmerschicht haben, wie sämtliche Volksorganisationen, kaum Aussicht, unter dem Asad-Regime ihre Unabhängigkeit wiederzuerlangen und frei von staatlicher Bevormundung als tatsächliche Interessenvertretung ihrer Mitglieder zu handeln. Das Primat des unbedingten und möglichst uneingeschränkten Machterhalts verbietet es geradezu, daß das Regime eine solche Entwicklung zuläßt. Denn anders als im Falle der Bourgeoisie, deren wachsender Einfluß ein zwar ungewünschter, aber unvermeidlicher Nebeneffekt einer letztlich regimestabilisierenden Politik ist, kann jegliches direkte oder indirekte Autonomiezugeständnis an die Gewerkschaften nur destabilisierend wirken. Deren Integration in die wirtschaftspolitische Debatte, in der sie für die Beibehaltung der führenden Rolle des öffentlichen Sektors plädieren, bedeutet also keineswegs, daß sie, wie die Bourgeoisie, so etwas wie „Autonomiekandidaten" sind.

Zunächst erfüllt die wirtschaftspolitische Debatte vor allem die Funktion eines gesellschaftlichen Druckablaßventils für den Unmut der - wohl nicht zu Unrecht - um ihre Arbeitsplätze bangenden staatlichen Arbeiter und Angestellten, die das Regime nicht einfach ignorieren kann. Das den Gewerkschaften, die hier tatsächlich die Interessen ihrer Mitglieder vertreten, zugestandene Mitspracherecht ist aber kaum mehr als ein Placebo; auf die prinzipiellen Entscheidungen haben sie noch weniger Einfluß als die Privatunternehmer, deren Interessen

---

30 *al-mawqif al-dimuqrati* (Der demokratische Standpunkt), Nr. 5, Juni 1991, S. 9.

sich, anders als die der Gewerkschaften, mit denen des Regimes überschneiden. Darüber hinaus verfolgt das Regime mit der Zulassung einer öffentlichen und vor allem konträr geführten Diskussion aber auch das Ziel, möglichst ein Gleichgewicht der Kräfte herzustellen. Die beiden Protagonisten sollen gegeneinander ausgespielt werden, damit keine Seite das Regime zu sehr unter Druck setzen und seine Entscheidungsfreiheit beschneiden kann. Die Bourgeoisie soll ein Gegengewicht gegen die Gewerkschaften bilden, damit sie die Wirtschaftsreform nicht gefährden, während die Gewerkschaften gegen die Bourgeoisie ins Feld geführt werden, damit deren Einfluß nicht zu groß wird.

Zivilgesellschaft von Asads Gnaden?

„Syria", glaubt Raymond A. Hinnebusch, „is ... undergoing a limited liberalization as the regime adapts its rule to a revival of civil society dictated by the exhaustion of statist development. ... government controls over society are being incrementally relaxed, and signs of a revival of civil society can be detected."[31] Wenngleich für die letzten Jahren zweifellos eine Verbesserung des innenpolitischen Klimas zu verzeichnen ist und mit Recht von einer „internal détente"[32] gesprochen werden kann, scheint Hinnebuschs Einschätzung doch etwas zu optimistisch zu sein. Von einem Wandel des Verhältnisses zwischen Staat und Gesellschaft kann nur schwerlich die Rede sein. Das Regime hat seine Kontrolle kaum gelockert, sondern übt diese angesichts der veränderten Rahmenbedingungen allenfalls etwas subtiler, aber immer noch effizient, aus.

Vor allem aber hat sich nichts an der Bereitschaft des Regimes geändert, der Formierung unabhängiger gesellschaftlicher Kräfte mit Repression zu begegnen, wie zahlreiche Beispiele belegen. So wurden die Führung und zahlreiche Mitglieder der im Jahre 1989 gegründeten Menschenrechtsorganisation Committees for the Defense of Democratic Freedoms and Human Rights in Syria (CDF: *lijan al-difaʿ ʿan al-hurriyyat al-dimuqratiyya wa huquq al-insan fi suriya*) um die Jahreswende 1991/92 inhaftiert, nachdem die Organisation inner-

---

31 Hinnebusch 1993, S. 244.
32 Kienle 1994, S. 115.

und außerhalb Syriens verstärkt Aufmerksamkeit gefunden hatte. Das gleiche Schicksal ereilte wenig später einige Intellektuelle, die sich in zwei öffentlichen Kommuniqués gegen den mit syrischer Beteiligung geführten Feldzug gegen den Irak aussprachen und diesen „kriminellen Krieg" verurteilten.[33] Und auch jeglicher Versuch, aus dem politischen System heraus dem syrischen Leviathan Zugeständnisse abzuringen, wird allem Anschein nach mit Gewalt unterdrückt: Weil sie für eine politische Liberalisierung eingetreten waren, wurden Anfang 1993 in der nordsyrischen Stadt Raqqa gleich 30 Mitglieder der Ba'th-Partei, darunter ein Kandidat für den Posten des lokalen Parteisekretärs, verhaftet und zum Teil gefoltert.[34]

Im Falle der Ba'th-Partei Raqqas handelt es sich noch um den gravierendsten Versuch, aus dem bestehenden politischen System - bzw. aus der „politischen Gesellschaft" im Sinne Gramscis - heraus eine Reform in Gang zu setzen. Zwar sind detaillierte Informationen über die Hintergründe der Vorgänge nicht verfügbar; das rigorose Vorgehen gegen die Parteigenossen und die Verhaftung eines örtlichen Spitzenfunktionärs legen jedoch die Vermutung nahe, daß deren politische Positionen das bestehende Machtgefüge in Frage stellen und vor allem auch über die lokale Organisation hinaus in der gesamten Partei Zustimmung finden oder doch zumindest finden könnten. Die Verhaftung dieser doch recht ansehnlichen Zahl von Parteimitgliedern kann in Anbetracht des Aufsehens, das eine solche Aktion innerhalb der Partei erregen muß, nur als Warnung an eventuell vorhandene oder vom Regime vermutete liberale Strömungen verstanden werden.

Dieser Vorfall in einem politisch unbedeutenden Parteizweig mag bemerkenswert sein und auf die Existenz liberaler Strömungen hinweisen, die aber allenfalls als latent zu betrachten sind und sich, wie eben in Raqqa, politisch nur schwach manifestieren. Zeichnet sich eine solche Entwicklung in der Ba'th-Partei zumindest schemenhaft ab, sind in den Volksorganisationen und in den Gewerkschaften ähnliche Tendenzen nicht auszumachen. Ein intern ausgelöster Prozeß in den abhängigen Organisationen oder gar in der Ba'th-Partei, der auf einen Autonomiegewinn hinauslaufen würde, wäre aber für die Herausbildung einer Zivilgesellschaft gerade in Syrien von herausragender Bedeutung; die auf

---

33 Eines der beiden Kommuniqués wurde von 52 Journalisten und Schriftstellern, das andere von sechs Rechtsanwälten unterzeichnet; beide Kommuniqués finden sich in: *al-mauqif al-dimuqrati*, Nr. 1, Februar 1991.
34 Pressemitteilung der CDF vom 05.04.1993.

diese Weise entstehenden zivilgesellschaftlichen Organisationen könnten auf ein immenses logistisches Potential zurückgreifen, das nicht nur dem Staat entrissen, sondern nunmehr gegen dessen Omnipotenzansprüche angewendet werden könnte.

Aber nicht nur aufgrund der äußerst geringen Intensität dieses Selbstreinigungsprozesses der „politischen Gesellschaft" ist eine skeptische Beurteilung der Entwicklung eher angebracht als eine optimistische. Die in Syrien ohnehin verschwindend geringe Zahl formal unabhängiger Organisationen und Vereine, zumindest ein quantitatives Kriterium für eine Zivilgesellschaft, verringerte sich von 609 im Jahre 1975 auf 504 im Jahre 1990[35] und dürfte sich seitdem, wenn überhaupt, nur geringfügig erhöht haben; sogar die Gründung von Parteien, die sich vorbehaltlos zu Asad bekennen, wird rigoros unterbunden.[36] Die Medien sind nach wie vor staatlich kontrolliert, und sogar der NPF, auf die das Regime gerne als Beleg für den in Syrien herrschenden Pluralismus verweist, wird bis heute die Herausgabe einer eigenen Zeitung verweigert. Keine Organisation, keine gesellschaftliche Gruppe und kein gesellschaftliches Segment hat sich bisher vom Staat emanzipieren und dessen Allmacht einschränken können.

Die begrenzten politischen Freiräume, die sich im Rahmen der „zweiten *infitah*" manifestieren, sind nicht gegen den Staat durchgesetzt, sondern von ihm gewährt worden, können also jederzeit wieder entzogen werden. Die Institutionen einer Zivilgesellschaft aber können nur aus der Gesellschaft heraus und nicht *par ordre du mufti* entstehen, so daß sie nicht mehr Objekt der Macht, sondern deren Subjekt ist, und nicht mehr vom Staat durchdrungen wird, sondern diesen selbst durchdringt. Davon aber ist Syriens verstaatlichte Gesellschaft noch weit entfernt, und die Versuche, dieses Ziel zu erreichen, waren bislang zu zaghaft. Der syrische Leviathan wird bislang weder herausgefordert noch zeigt er Ermüdungserscheinungen; daran wird sich wohl erst dann etwas ändern, wenn der personifizierte Leviathan, Hafiz al-Asad, von der politische Bühne abtritt.

---

35 Hinnebusch 1993, S. 251. In Ägypten (Einwohnerzahl um 1990/91: ca. 56 Mio., Syrien: ca. 12 Mio.) beispielsweise belief sich diese Zahl im Jahre 1991 auf annähernd 13.000 (al-Sayyid 1993, S. 231).
36 So geschehen bei den Parlamentswahlen im Mai 1990.

Literatur

Bahout, Joseph 1994: Les entrepreneurs syriens. Economie, affaires et politique; o.O. (Beirut: Centre d'Etudes et de Recherches sur le Moyen Orient Contemporain - CERMOC).
Carré, Olivier/Michaud, Gérard (d.i. Michel Seurat) 1983: Les Frères Musulmans, 1928-1982; Paris.
van Dam, Nikolaos 1995: *al-sira'a 'ala al-sulta fi suriya - al-ta'ifiyya wa al-iqlimiyya wa al-'asha'iriyya fi al-siyasa 1961-1994* (Der Machtkampf in Syrien - Konfessionalismus, Regionalismus und Tribalismus in der Politik 1961-1994); Kairo.
Diamond, Larry 1994: Toward Democratic Consolidation; in: Journal of Democracy, Vol. 5, No. 3 (July), S. 4-17.
Ghaliun, Burhan 1994: *al-dimuqratiyya al-'arabiyya: judhur al-azma wa afaq al-namu* (Die arabische Demokratie: Die Wurzeln der Krise und Fortschrittsperspektiven); in: *markaz dirasat al-wahda al-'arabiyya* (Studienzentrum zur arabischen Einheit) (ed.), *al-khiyar al-dimuqrati* (Über die demokratische Alternative), Beirut, S. 109-168.
Hinnebusch, Raymond A. 1989: Peasant and Bureaucracy in Ba'thist Syria; Boulder/Col.
Hinnebusch, Raymond A. 1990: Authoritarian Power and State Formation in Ba'thist Syria. Army, Party, and Peasant; Boulder/Col.
Hinnebusch, Raymond A. 1993: State and Civil Society in Syria; in: Middle East Journal, 47-2, S. 243-257.
Ibrahim, Sa'd al-Din; Salama, Ghassan; al-Harmasi, 'Abd al-Baqi; al-Naqib, Khaldun 1988: *al-mujtama' wa al-dawla fi al-watan al-'arabi* (Gesellschaft und Staat im arabischen Vaterland); Beirut.
Kienle, Eberhard 1994: The Return of Politics? Scenarios for Syria's Second *Infitah*; in: Ders. (ed.), Contemporary Syria. Liberalization between Cold War and Cold Peace, London, S. 114-131.
Leca, Jean 1988: Social Structure and Political Stability. Comparative Evidence from the Algerian, Syrian, and Iraqi Case; in: Adeed Dawisha/I. William Zartman (eds.), Beyond Coercion. The Durability of the Arab State (Vol. 3), London, S. 164-202.
Lobmeyer, Hans Günter 1994: *Al-dimuqratiyya hiyya al-hall?* The Syrian Opposition at the End of the Asad Era; in: Eberhard Kienle (ed.), Contemporary Syria. Liberalization between Cold War and Cold Peace, London, S. 81-96 und S. 162-166.
Lobmeyer, Hans Günter 1995: Opposition und Widerstand im ba'thistischen Syrien; Hamburg (im Erscheinen).
Perthes, Volker 1990: Staat und Gesellschaft in Syrien 1970-1989, Hamburg.
Perthes, Volker 1992: Syria's Parliamentary Elections. Remodeling Asad's Political Base; in: Middle East Report, No. 174, S. 15-18 und S. 35.

Perthes, Volker 1994: The Private Sector, Economic Liberalization, and the Prospects of Democratization. The Case of Syria and Some Other Arab Countries; in: Democrats without Democracies etc., S. 243-269.

al-Sayyid, Mustapha K. 1993: A Civil Society in Egypt?; in: Middle East Journal, Vol. 47, No. 2, S. 228-242.

Gülistan Gürbey

Politische und rechtliche Hindernisse auf dem Wege der Herausbildung einer Zivilgesellschaft in der Türkei

Das Verhältnis zwischen dem politischen System und der Zivilgesellschaft nimmt eine besondere Stellung im Rahmen der Diskussion über die Herausbildung einer Zivilgesellschaft in der Türkei ein. Im Zentrum dieser Diskussion steht die Frage nach den rechtlichen und politischen Schranken im politischen System der Türkei, die der Herausbildung einer Zivilgesellschaft entgegenstehen. Diese Schranken sind in zwei Teilbereiche einzuteilen: die ideologischen Grundlagen der türkischen Rechts- und Staatsordnung und das Kräfteverhältnis zwischen der militärischen und der zivilen Autorität im politischen System der Türkei. So werden im ersten Teil die wesentlichen Grundzüge des türkischen Nationalismusverständnisses sowie die darausfolgenden rechtlichen und verfassungsmäßigen Vorschriften behandelt, die die Demokratisierung und Pluralisierung der Gesellschaft in erheblichem Maße einengen. Damit ist auch die Frage nach einer demokratisch-zivilen Lösung der Kurdenfrage und den rechtlichen Schutzmechanismen für die Kurden verknüpft.

Im zweiten Teil wird auf die Rolle und Bedeutung der zivilen und militärischen Autoritäten als grundlegende Entscheidungszentren im politischen System eingegangen. Dabei wird der Schwerpunkt auf die Stellung, Funktion und Rolle des Nationalen Sicherheitsrates im politischen System und auf das Kräfteverhältnis zwischen dieser Institution, dem Parlament und der Regierung gelegt. Im Mittelpunkt steht die Frage, inwiefern die Existenz von zwei Autoritäten im politischen System zum einen die Entstehung einer pluralistischen Demokratie und zum anderen die Herausbildung und das Agieren einer Zivilgesellschaft beeinflußt.

Die ideologischen Grundlagen der türkischen Staats- und Rechtsordnung

Das „kemalistische Nationenkonzept"

Die Türkische Republik ist auf den Grundlagen des zerfallenen Osmanischen Reiches entstanden, das eine ethnische, sprachliche und religiöse Vielfalt aufwies. Mit der Gründung des türkischen Nationalstaates wurde versucht, diese Vielfalt zu einer einzigen Nation zusammenzufassen, indem der Begriff „Türkisch" zum entscheidenden Element wurde. Noch in den Anfängen der Staatswerdung sprach man von der „Nation der Türkei"; mit der Verfassung von 1924 wurde der Begriff „türkische Nation" als staatsrechtliche Bezeichnung des Souveräns aufgenommen.[1]

Ein strikter türkischer Zentralismus, ein strenger Staatsnationenbegriff sowie ein extremer Nationalismus sind die wesentlichen Merkmale der türkischen Staatsideologie, die nach dem Staatsgründer Mustafa Kemal Atatürk auch als „Kemalismus" bezeichnet wird. Diese stehen der Bevölkerungsstruktur der Türkei entgegen, die eine ethnische, sprachliche und religiöse Vielfalt aufweist.

Die Grundlage des kemalistischen Nationenkonzeptes bildet der Begriff der Staatsnation. Aufgrund des sogenannten nationalen Pakts (*Misaki Milli*) wurde eine Nation in den Grenzen des neuen Staates geschaffen, die als „türkisch" bezeichnet wurde, die jedoch ausdrücklich alle anderen ethnisch differenzierbaren Gruppen auf anatolischem Boden umfassen sollte. Ein gemeinsames Nationalgefühl mußte noch entwickelt werden. Die kulturellen Grundlagen des Begriffs „Türkentum", ein kulturnationaler Identifizierungsversuch, mußten erst noch geschaffen werden.

Das Nationenbild Atatürks geht von der Einheit der Nation aus. Der Kemalismus mit seinen sechs Grundsätzen (Republikanismus, Nationalismus, Laizismus, Populismus, Etatismus und Reformismus) bildet seit Aufnahme dieser Prinzipien in die Verfassung von 1924 die Staatsideologie der Republik. Zentrales Element dieser Ideologie ist der Nationalismus, und dieser wirkt sich

---

[1] Vgl. dazu Oran 1988, S. 98-101.

entscheidend auf die normative Gestaltung der Verfassungs- und Rechtsordnung aus. In Artikel 2 der Türkischen Verfassung von 1982 (TV 1982) wird das nationalistische Element mit den Begriffen „nationale Solidarität", „Nationalismus Atatürks" und mit dem Verweis auf die Grundprinzipien in der Präambel (die Präambel ist gemäß Artikel 176/TV 1982 Bestandteil des Verfassungstextes) eingeführt.[2]

Das Prinzip des Nationalismus erhält in der Präambel eine stark ideologisierte Überhöhung. Die Nation ist als ideelles Element sozial und kulturell integrierender Faktor der Staats- und Gesellschaftsordnung und zugleich Grundlage und Rechtfertigung ihrer Einheit.

Die Bestimmung des Staatsvolkes erfolgt nach einem formalen Begriff des „Türken" als Staatsangehörigem, wobei auf eine nähere Spezifizierung nach ethnischen, rassischen, sprachlichen oder sonstigen Gesichtspunkten verzichtet wird. In Artikel 66/TV 1982 wird festgelegt:

„Jeder, den mit dem Türkischen Staat das Band der Staatsangehörigkeit verbindet, ist Türke."

Der verfassungsrechtliche Nationen-Begriff knüpft an die Staatsangehörigkeit an. Das auf der Nation der Staatsangehörigen aufbauende kemalistische Nationalismus-Konzept steht ethnischem und kulturellem Anderssein rechtlich und faktisch ablehnend gegenüber. Dieses Konzept schreibt die nationale und kulturelle Homogenität vor, schließt eine Heterogenität der Gesellschaft aus und läuft der Demokratisierung und Pluralisierung der Gesellschaft zuwider. Minderheiten bleiben der geltenden Auslegung des Artikel 66/TV 1982 zufolge rechtlich inexistent. Eine Ausnahme bilden nur die nichtmuslimischen Minderheiten.

---

2 Vgl. zur Türkischen Verfassung von 1982, ihrer Vorgeschichte und deutschen Übersetzung Rumpf 1983/1, S. 105-174. Bei den nachfolgenden Auszügen der Verfassung beziehe ich mich ebenfalls auf die Übersetzung von Rumpf.

Der Grundsatz von der „unteilbaren Einheit von Staatsgebiet und Staatsvolk"

Hinzu kommt eine zweite Komponente, die für die Demokratisierung und Pluralisierung der Gesellschaft sowie den Demokratisierungsprozeß in der Türkei sehr bedeutend ist: Das kemalistische Nationalismusprinzip kann nicht losgelöst von dem Grundsatz der unteilbaren Einheit von Staatsvolk und Staatsgebiet und dem Begriff der „nationalen Kultur" gesehen werden. Als materielles Element taucht es in der Verfassung von 1961 (Artikel 3) auf und wird in Artikel 3/TV 1982 erneut aufgenommen und ist mit der Anordnung „Türkisch als Amtssprache" (TV 1961) bzw. „Türkisch als Sprache des Staates" (TV 1982) verbunden. Artikel 3/TV 1982 lautet:

„Der Staat Türkei ist ein in seinem Staatsgebiet und Staatsvolk unteilbares Ganzes. Seine Sprache ist Türkisch."

Die Formel von der unteilbaren Einheit von Staatsgebiet und Staatsvolk spielt im Zusammenhang mit der Frage nach dem Minderheitenschutz (hier: die Kurdenfrage) in der Türkei eine zentrale Rolle. Zu fragen ist, ob dieser Grundsatz schon berührt ist, wenn eine kulturelle Autonomie oder wenn Selbstverwaltungsrechte eingeräumt werden. Er ist unbestimmt, wenn es gilt, den durch dieses Prinzip begrenzten Schutzbereich von Grundrechten festzustellen bzw. zu konkretisieren. Insgesamt enthält der Grundsatz die Einheit der Ausübung souveräner Herrschaftsgewalt sowohl nach außen im Sinne völkerrechtlicher Souveränität als auch nach innen im Sinne der Ausübung von Souveränität im Namen der einen Nation. Als allgemeines Rechtsprinzip ist er in der Präambel, in Artikel 3 Absatz 1, Artikel 13 Absatz 1, Artikel 14 (Grundrechtmißbrauch) und in zahlreichen Grundrechtsvorschriften, in den Bestimmungen über die Parteien (Artikel 68/TV 1982), über die Universitäten (Artikel 130/TV 1982) sowie Radio und Fernsehen (Artikel 133 /TV 1982) enthalten. Ausschlaggebend ist, daß die Grundrechte und -freiheiten zum Schutze der unteilbaren Einheit von Staatsgebiet und Staatsvolk beschränkt werden können. Zum Schutz der unteilbaren Einheit von Staatsgebiet und Staatsvolk wird die Staatssicherheitsgerichtsbarkeit (Artikel 143/TV 1982) eingeführt.

Desweiteren spiegelt sich dieser Grundsatz konsequent auf der Gesetzesebene in zahlreichen Vorschriften wieder:

- Strafgesetzbuch-Artikel 125: Todesstrafe für diejenigen, die mit oder ohne Gewalt Teile des Staatsgebietes aus dem Staatsverband herauszulösen oder der Herrschaft der Zentralgewalt zu entziehen versuchen;[3]
- Artikel 8 des Antiterrorgesetzes (ATG)[4] stellt die Propaganda gegen die unteilbare Einheit von Staatsgebiet und Staatsvolk unter Strafe. Das ATG stellt ein Beispiel für das rechtspolitische Dilemma der Türkei dar, einerseits das Strafrecht zu lockern, um den Erfordernissen einer europäischen Menschenrechtsordnung näher zu kommen, und andererseits den absolutistischen Herrschaftsanspruch eines zentralistischen Staates und seiner Ideologie zu sichern. Diese eigenartige Mischung zwischen Liberalisierung und rechtswidriger Handhabung hat zu einer Beschneidung wichtiger Grundrechte des Bürgers geführt. Das Gesetz soll den Prozeß demokratischer Bewegung und individueller und organisierter öffentlicher Meinungsbildung kanalisieren.

Im ATG ist der Begriff „Terror" (Artikel 1 Absatz 1 ATG)[5] weitgefaßt; eine einheitliche universale Definition wird nicht geliefert. Die Straftaten werden jedoch in zwei Gruppen aufgeteilt: terroristische Straftaten und solche zur Unterstützung des Terrors. Insbesondere die Gesetze zur Bekämpfung der zweiten Gruppe führen zu einer Einschränkung der Meinungs- und Pressefreiheit. Mit Artikel 23 ATG wird zwar die kommunistische (Artikel 140, 141, 142 türkisches Strafgesetzbuch) und die antilaizistische (Artikel 163 türkisches Strafgesetzbuch) Propaganda aufgehoben. Linke oder islamistische Propaganda stellt nun keine Straftat mehr dar, falls die Propagandahandlung selbst kein Gewaltelement enthält. Die Gesinnungsdelikte im Zusammenhang mit derartigen politischen und ideologischen Vorstellungen sind aufgehoben.

Der Artikel 8 ATG bietet aber ausreichend Handhabe, „separatistische" Tendenzen schon im Vorfeld der propagandistischen Aktivität zu erfassen.

---

3 So lief die angestrengte Anklage gegen die im März bzw. Juli 1994 inhaftierten kurdischen Abgeordneten der „Partei der Demokratie" (DEP) zunächst unter Berufung auf den Paragraph 125 des türkischen Strafgesetzbuches. Anfang Dezember 1994 wurden die acht Abgeordneten (sieben DEP-Abgeordnete und ein Unabhängiger) allerdings nach Paragraph 168 und 169 des Strafgesetzbuches wegen Unterstützung bzw. Mitgliedschaft in der verbotenen kurdischen Arbeiterpartei (PKK) zu dreieinhalb (zwei), siebeneinhalb (einer) und zu fünfzehn Jahren (fünf) verurteilt. Die zwei zu dreieinhalb Jahren verurteilten Abgeordneten wurden inzwischen freigelassen.
4 Vgl. dazu Tanör 1991, S. 153-174, und Insan Haklari Dernegi 1991, S. 7 ff.
5 Siehe dazu ebd., S. 159-164.

Schriftliche und mündliche Propaganda, Versammlungen und Demonstrationen, die mit welchen Mitteln, Zielen und Ideen auch immer die Zerstörung der unteilbaren Einheit von Staatsgebiet und Staatsvolk zum Ziel haben, sind verboten. Der Artikel 8 ATG gewinnt somit im Zusammenhang der Auseinandersetzung mit der Kurdenfrage eine erstrangige Bedeutung, da zur Zeit u.a. durch diese Bestimmung überwiegend pro-kurdisch Engagierte von politischer Verfolgung betroffen sind. Die zahlreichen Vorschriften des ATG, die gegen die Erfordernisse einer demokratischen Gesellschaftsordnung und die Menschenrechte verstoßen, verhindern u.a. eine offene Auseinandersetzung mit der Kurdenfrage, da jede Diskussion per se Gefahr läuft, als Propaganda gegen die unteilbare Einheit von Staatsgebiet und Staatsvolk verfolgt zu werden. Tatsächlich beziehen sich heute Prozesse wegen Meinungsdelikten fast ausschließlich auf die Kurdenfrage.

Der Schutz des genannten Grundsatzes durchzieht die gesamte Gesetzgebung. Artikel 82 Parteiengesetz verbietet den Parteien, regionalistische Ziele und Interessen zu verfolgen und erschwert damit beispielsweise die parteipolitische Förderung föderalistischen Gedankenguts. Sie dürfen keine Programme und Satzungen verabschieden, die gegen den Grundsatz verstoßen. Sie stehen unter permanenter Kontrolle der Generalstaatsanwaltschaft und werden, wenn sie diesen Geboten nicht entsprechen, vom Verfassungsgericht verboten.[6] Durch diese Bestimmungen wird der politische Handlungsspielraum von politischen Parteien eingeengt, so daß sie ihrer Vermittlerfunktion zwischen Gesellschaft und Politik nur begrenzt gerecht werden können.

Artikel 5 Ziffer 1 Vereinsgesetz verstärkt das ohnehin in der Verfassung enthaltene Verbot des politischen Streiks (Artikel 54 Absatz 7/TV 1982), indem er die Durchführung von Streiks und Aussperrungen zu Lasten der Einheit von Staatsgebiet und Staatsvolk verbietet. Vereine, öffentlich-rechtlich organisierte, berufsständische Organisationen, Arbeitgeber- und Arbeitnehmerverbände dürfen keine politischen Ziele verfolgen, sich nicht politisch betätigen und keine politischen Parteien unterstützen. Den negativsten Punkt hinsichtlich der Vereins- und Gewerkschaftsfreiheit enthält Artikel 7 Absatz 4 ATG, wonach im Falle der Feststellung einer „Unterstützung des Terrors" bei Aussetzung ihrer Aktivitäten und ihrer Schließung durch Gerichtsbeschluß das gesamte Ver-

---

6 So wurden die pro-kurdische „Arbeiterpartei des Volkes (HEP)" und ihre Nachfolgepartei „Partei der Demokratie" (DEP) verboten.

mögen dieser Vereinigungen eingezogen werden kann.

Das Gesetz über Rundfunk und Fernsehen formuliert die Aufgabe, diese Einheit zu schützen. Dazu verpflichten ebenfalls das Hochschulgesetz (sogar auf Kosten der Wissenschaftsfreiheit), das Pressegesetz und das Gesetz über Versammlungen und Demonstrationen.

Der Begriff der „nationalen Kultur" taucht in der TV 1982 auf; die Verwalterin der nationalen Kultur ist die „Hohe Atatürk-Gesellschaft für Kultur, Sprache und Geschichte" (Artikel 134/TV 1982). In der Präambel wird u.a. festgelegt, daß keine Ansicht oder Meinung geschützt werden darf, die „gegen die geschichtlichen und geistigen Werte des Türkentums" verstößt. Der verfassungsrechtliche Begriff der nationalen Kultur faßt alle denkbaren kulturellen Varianten zu einer Einheit zusammen und schließt damit den Schutz eigenständiger Minderheitskulturen aus.

Die Sprachenregelung[7] erlaubt dem Gesetzgeber eine integrative Sprach- und Kulturpolitik, die sich auch gegen eigenständige Sprach- und Kulturelemente von Minderheiten richten kann. Das Sprachenverbotsgesetz von 1983 signalisierte eine neue Sprachenpolitik als tragende Säule einer integrativen Türkisierung, denn Artikel 3 enthielt die Klausel, daß Türkisch die Muttersprache aller türkischen Staatsbürger ist. Dieses Gesetz konnte erst nach langwierigen Debatten durch Artikel 23 ATG am 12. April 1991 aufgehoben werden. Die Ideologisierung des Türkentums verfolgte die Aufhebung jeglicher anderer kultureller Identität, was im Sprachenverbotsgesetz in bislang einmaliger Deutlichkeit seinen Ausdruck fand. Das Parteiengesetz verbietet in Artikel 81, auf die Pflege anderer Sprachen als des Türkischen hinzuwirken, ebenso das Vereinsgesetz (Artikel 6 Absatz 1). Das Gesetz über Fremdsprachenunterricht verlangt für die Zulassung von Fremdsprachenunterrricht durch den Ministerrat die Stellungnahme des Nationalen Sicherheitsrates.

Das Verfassungsprinzip der unteilbaren Einheit von Staatsgebiet und Staatsvolk wirkt sich auf die organisatorische Struktur der türkischen Staats- und Verfassungsordnung aus. Die Türkei ist ein zentralistischer Einheitsstaat;

---

7   Artikel 26 Absatz 3/TV 1982 - Verbot der Meinungsäußerung in einer durch Gesetz verbotenen Sprache; Artikel 28 Absatz 2/TV 1982 - Verbot der Veröffentlichungen in einer durch Gesetz verbotenen Sprache. Diese Bestimmungen laufen seit der Aufhebung des Sprachenverbotsgesetzes nunmehr leer aus, jedoch kommt insgesamt aufgrund der einzelnen Bestimmungen, wie z.B. im Parteiengesetz und Vereinsgesetz, eine klare Privilegierung der türkischen Sprache zum Ausdruck, deren Gebrauch darüberhinaus in verschiedenen Zusammenhängen auch zur Pflicht gemacht worden ist.

Regionalismus und Föderalismus gelten als nicht vereinbar mit diesem Grundsatz.

Aufgrund dieser vorherrschenden Grundrechte- und Autoritätsauffassung des Staates ist das Individuum in erster Linie Funktion des Staates und seiner Ideologie. Der Demokratisierungsprozeß sowie das Recht auf freie Meinungs- und Gedankenäußerung werden durch diesen Rahmen, der in verfassungsrechtlicher und rechtlicher Hinsicht gesetzt wird, in erheblichem Maße eingeschränkt. Dies wirkt sich wiederum negativ auf die Entstehung einer Zivilgesellschaft aus. Insgesamt weitet die zentralistische Homogenisierungspolitik den innergesellschaftlichen Machtradius des Staates aus, der als eine absolute Ordnung allen gesellschaftlichen Kräften und Normen vor- und übergeordnet ist. Eine erhöhte Einschränkung des Freiraumes des Bürgers sowie eine Absenkung des Grades der Politisierung, Demokratisierung und Pluralisierung von Gesellschaft und öffentlichem Leben sind die weiteren Folgen der verfassungsrechtlichen und rechtlichen Bestimmungen und Vorschriften, die versuchen, den Weg für das gesamte politische und soziale Leben in möglichst vielen Einzelheiten vorzuschreiben.

Die Frage des rechtlichen Schutzes von Minderheiten

Die Bevölkerungsstruktur der Türkei steht dem strikten türkischen Zentralismus, der auf einem strengen Staatsnationenbegriff und einem extremen Nationalismus als einem der wesentlichen Merkmale der Staatsideologie des Kemalismus beruht, entgegen. Mindestens 47 verschiedene ethnisch, sprachlich oder religiös differenzierbare Gruppen sowie weitere Untergruppen sind mit empirischen Mitteln feststellbar.[8] Darunter stellen die Kurden die größte sprachliche und ethnische Bevölkerungsgruppe dar.

Das türkische Recht kennt den staats- bzw. völkerrechtlichen Begriff der Minderheit nur im Zusammenhang mit den Minderheitenklauseln des Lausanner Friedensvertrages von 1923 (Artikel 37-42).[9] Sie beziehen sich lediglich auf die nichtmuslimischen Minderheiten (Griechen, Armenier, Juden). Die Unter-

---

8 Vgl. hierzu ausführlicher Andrews 1989.
9 Siehe zu den Minderheitsklauseln des Lausanner Friedensvertrages Rumpf 1993, S. 186-188, und Meray 1973, S. 154 ff.

scheidung erfolgt auf religiöser Ebene. Der heute international geltende Minderheitenbegriff, der neben der religiösen vor allem auch die rassische bzw. ethnische und sprachliche Minderheit umfaßt, wird von der Türkei unter Berufung auf das strikte Prinzip der Staatsnation nicht akzeptiert.

Der Begriff der Minderheit kommt in der türkischen Verfassung nicht vor, dagegen häufig die Begriffe Nationalismus, national und nationalistisch. Auf der Gesetzesebene erscheint der Begriff der Minderheit im Zusammenhang mit „Verboten der Schaffung von Minderheiten", so z.B. im Parteiengesetz (Artikel 81). Die politischen Parteien dürfen nicht behaupten, daß auf dem Gebiet der Türkei Minderheiten existieren, die auf Unterschieden in der nationalen oder religiösen Kultur, der Konfession, Rasse oder Sprache beruhen. Sie dürfen nicht das Ziel verfolgen, durch Pflege, Entwicklung und Verbreitung anderer Sprachen und Kulturen als der türkischen Sprache und Kultur auf dem Gebiet der Türkei Minderheiten zu „schaffen" und die „Integrität der Nation zu zerstören". Eine ähnliche Vorschrift findet sich in Artikel 5 Ziffer 6/Vereinsgesetz.

Artikel 10/TV 1982 beinhaltet eine Ausdifferenzierung des Gleichheitssatzes nach Sprache, Rasse, Geschlecht, politischer Meinung und Religion entsprechend den völkerrechtlichen Regeln zum Schutz der Menschenrechte. In der Türkei wird dies jedoch als Versuch verstanden, die „Schaffung einer ethnischen Gruppe" zu unterbinden. Wer die Existenz einer Minderheit definiert, schafft eine ethnische Gruppe. Auf Gesetzesebene wird somit die Existenz bestimmter Minderheiten aus der Welt zu schaffen versucht, indem man die kollektive Artikulierung ihrer Existenz untersagt und das Entstehen der subjektiven Identität einer Minderheit durch Förderung ihrer Kultur und Sprache verbietet.

Die türkische Rechtsordnung erweist sich gegenüber jeglichem Anschluß an internationales Minderheitenrecht, sei es auf UNO- oder auf Europaebene, als verschlossen. Im politischen System sind keine rechtlichen Mechanismen für einen Schutz sowie keine Möglichkeiten für eine Interessenvertretung von Minderheiten gegeben. Nicht nur politische Parteien, sondern auch zivile Organisationen, die sich mit der kurdischen Kultur und Politik beschäftigen und Alternativen zur staatlichen Politik aufbauen, haben aufgrund der zahlreichen restriktiven gesetzlichen Bestimmungen kaum noch Überlebenschancen. Somit sind die Möglichkeiten für die Entstehung einer kurdischen Zivilgesellschaft und damit einhergehend die Aussichten auf eine demokratisch-zivile Lösung der

Kurdenfrage sehr gering, was sich wiederum hemmend auf die Herausbildung und das Agieren einer Zivilgesellschaft in der Türkei auswirkt.[10]

Das Kräfteverhältnis zwischen militärischer und ziviler Autorität im politischen System

Die Stellung des „Nationalen Sicherheitsrates"

Das Militär verfügt über einen besonderen Stellenwert im politischen System der Türkei, was auf verschiedene Gründe zurückzuführen ist. Die osmanische Staatskonzeption war untrennbar verknüpft mit der Existenz einer starken Armee als zentralem Instrument osmanischer Politik und Grundlage der gesamten Sozialstruktur. Der Republikgründer Atatürk war ein Angehöriger des Militärs. Die Fortsetzung der alten Verquickung von Militär und Politik zeichnet sich insbesondere duch die zentrale Rolle des Militärs als „politischer Ordnungskraft" aus. Das Militär ist als stabilisierendes Element und als Hüter und Korrektor kemalistischer Grundsätze zu einem außerordentlichen Faktor der türkischen Politik geworden.[11]

Der Einflußbereich des Militärs in der Politik wird durch verfassungsrechtliche Mechanismen unterfüttert. Es erhält institutionell im sogenannten „Nationalen Sicherheitsrat" (NSR) eine abgesicherte Position. Dieses Gremium wird nach der ersten Militärintervention vom 27. Mai 1960 in die Verfassung von 1961 (Artikel 111) aufgenommen. Dadurch wird die „verdeckte Teilhabe" der Militärs an der politischen Machtausübung rechtlich untermauert. Gleichzeitig kennzeichnet diese Entwicklung den Übergang des Staatsverständnisses der „nationalen Verteidigung" zu einem Staatsverständnis der „nationalen Sicherheit". Die „Politik der nationalen Sicherheit" weist ein breites Spektrum von militärisch-sicherheitspolitischen bis hin zu erzieherischen und gesundheit-

---

10 Siehe dazu ausführlicher den Beitrag von Heidi Wedel in diesem Band.
11 Vgl. zum Verhältnis von Militär, Politik und Demokratie in der Türkei Heper 1987, S. 52-64; Özdemir 1989, S. 55-77; derselbe 1989, S. 70-90; Bozdag 1991, S. 175.

lichen Aufgaben auf.¹² Sie umfaßt in der Praxis nicht nur die Verteidigung der inneren und äußeren Sicherheit des Staates, sondern auch alle Aspekte des gesellschaftlichen Lebens, einhergehend mit einer stark ideologisierten Überhöhung des Staates.

Der Nationale Sicherheitsrat (NSR) besteht aus zivilen und militärischen Komponenten. Die zivilen Mitglieder sind: der Ministerpräsident, der Außenminister, der Innenminister und der Verteidigungsminister. Die militärischen Mitglieder sind: der Generalstabschef und die Generalbefehlshaber der vier Teilstreitkräfte (Land-Luft-Marine-Gendarmerie). Den Vorsitz im NSR führt der Staatspräsident, wobei er nach Absprache mit dem Ministerpräsidenten und dem Generalstabschef die Tagesordnung festlegt und den NSR einberuft. Den besonderen Erfordernissen der Tagesordnung entsprechend können zu den Sitzungen die betroffenen Minister und Personen herbeigerufen und ihre Ansichten eingeholt werden; diese haben jedoch kein Stimmrecht. Die Sitzungen des NSR finden in der Regel einmal im Monat statt. Die Beschlüsse des NSR werden durch die Mehrheit der Stimmen gefaßt; bei Stimmengleichheit entscheidet die Stimme des Staatspräsidenten. Um die Stimmenmehrheit zu erzielen, sind die zivilen Mitglieder auf die Stimme des Staatspräsidenten angewiesen.

Der Artikel 118/TV 1982 legt die Aufgaben des NSR fest:

„Der Nationale Sicherheitsrat teilt dem Ministerrat zur Fassung von Beschlüssen bezüglich der Bestimmung, Festlegung und Anwendung der nationalen Sicherheitspolitik und zur Gewährleistung der notwendigen Koordination seine Ansichten mit. Die Beschlüsse zu Maßnahmen, die zu treffen der Rat im Hinblick auf den Schutz der Existenz und Unabhängigkeit des Staates, der Einheit und Unteilbarkeit des Landes, des Wohls und der Sicherheit der Gemeinschaft für notwendig hält, werden vom Ministerrat mit Vorrang berücksichtigt."

Dementsprechend hat der NSR zwei wichtige Aufgabenbereiche: Zum einen den Schutz und die Verteidigung der „nationalen Sicherheit" gegen innere und äußere Gefahren und zum anderen die Bestimmung, Festlegung und Anwendung der „nationalen Sicherheitspolitik", die im Sinne der kemalistischen Staatsdoktrin auf der Idee der unteilbaren Einheit von Staatsgebiet und Staats-

---

12 Siehe dazu Özdemir 1989, S. 107 ff.

volk basiert.[13] Grundlegend ist, daß der Aufgabenbereich sehr umfangreich ist und seine Grenzen nicht klar gezogen sind. In diesen Aufgabenbereich fallen nicht nur die Sicherheitspolitik, sondern auch Fragen des gesamten gesellschaftlichen Lebens. Der Begriff der nationalen Sicherheit wurde mit der Formel vom „Wohl und der Sicherheit der Gemeinschaft" in seinem Gültigkeitsbereich ausgeweitet. Außerdem wurde den Entscheidungen des NSR, die vom Ministerrat „mit Vorrang zu berücksichtigen sind", eine gewisse politische und moralische Bindungswirkung verliehen. Erwähnenswert ist, daß die Beschlüsse des NSR vom Ministerrat bisher nicht abgelehnt wurden, sondern ihnen gefolgt wurde.

Der Verfassungsrechtler und inzwischen zurückgetretene türkische Außenminister Mümtaz Soysal kommt hinsichtlich der Funktion des NSR zu folgendem Ergebnis:

„Dadurch, daß der Nationale Sicherheitsrat ein Organ ist, das in Themen der nationalen Sicherheit eher in der Lage ist, anhand spezieller Informationen Ansichten mitzuteilen, ist es auch natürlich, daß diese Ansichten vom Ministerrat "mit Vorrang berücksichtigt werden". Die eigentliche Gefahr hierbei ist, daß der Begriff der „nationalen Sicherheit" in einer sehr weit gefaßten und fast alle Themen, die in den Verantwortungsbereich der Regierung fallen, umfassenden Weise gehandhabt wird und aufgrund dieser weitgefaßten Interpretation ein neues gemischtes Entscheidungsorgan geschaffen wird, das beinahe dem Ministerrat parallel [geschaltet] ist, aber keine politische Verantwortung trägt."[14]

Die Entscheidungen des NSR werden durch den Ministerpräsidenten dem Ministerrat zur vorrangigen Überprüfung unterbreitet. Diese werden zu Beschlüssen bzw. Entscheidungen des Ministerrats umgewandelt und dem Parlament weitergeleitet. Dem Parlament kommt die Aufgabe zu, das Maßnahmenpaket, das im NSR beschlossen und der Regierung unterbreitet wurde, mit Gesetzeskraft zu versehen. Der parlamentarische Widerstand wird geschwächt, weil die Regierung am Parlament vorbei Rechtsverordnungen mit Gesetzeskraft verabschieden kann. Der NSR scheint heute die Form einer Art „Über-Kabinett" zu haben.

---

13 Es sei angemerkt, daß die Vorschrift im Gesetz über den inneren Dienst der Streitkräfte, die der Armee die Aufgabe zuweist, „die Republik zu schützen und für ihre Sicherheit zu sorgen", bisher bei allen militärischen Eingriffen (1960, 1971, 1980) zur Legitimierung mit herangezogen wurde.
14 Zitiert nach Soysal 1986, S. 346.

Das Generalsekretariat des NSR koordiniert zum Zwecke der Gewährleistung der nationalen Sicherheit und der Verwirklichung der dazu notwendigen Aufgaben und Aktivitäten die Zusammenarbeit zwischen dem NSR und der Exekutive. Der Generalsekretär des NSR, der immer ein hoher Militär ist und sein muß, wird auf Vorschlag des Generalstabschefs und des Ministerpräsidenten durch einen Beschluß des Ministerrats ernannt. Das Generalsekratariat informiert zugleich die Öffentlichkeit über die getroffenen Entscheidungen und hat das Recht auf Einholung von geheimen und nicht geheimen Informationen aus allen Ministerien, Institutionen des öffentlichen und privaten Sektors.

Da die Protokolle der Sitzungen des NSR geheim sind und das Generalsekretariat die Öffentlichkeit informiert, verstärkt sich zunehmend der Eindruck, daß es sich hierbei nicht nur um ein Organ handelt, das dem Ministerrat beratend zur Seite steht, sondern eher um eine Art „Exekutivrat". Schließlich darf ein Beratungsorgan keine Kontakte mit der Öffentlichkeit aufnehmen. Die Frage ist, wer für die Entscheidungen und Verhaltensweisen eines solchen Gremiums verantwortlich ist, dessen Aufgabenbereich mit weitreichenden Befugnissen ausgestattet ist.[15]

Der NSR als „Planungs- und Kontrollorgan" spielt bei der Festlegung und Anwendung von Zielen und Mitteln der Politik eine aktive und bestimmende Rolle und ist dem Parlament in keiner Weise verantwortlich.

„Der Nationale Sicherheitsrat, der einen besonderen Stellenwert im politischen System der Türkei besitzt, ist nicht ein Teil der zivilen Autorität, sondern ein Apparat, der geschaffen wurde, damit die Militärs die zivile Autorität kontrollieren können. Der Nationale Sicherheitsrat ist das höchste Planungs- und Kontrollorgan der militärischen und zivilen Eliten."[16]

Der weitgefächerte Aufgabenbereich und die Funktionsweise des NSR weisen daraufhin, daß die militärische Autorität ein wichtiges Entscheidungszentrum im politischen System der Türkei ist. Da alle militärischen und zivilen Geheimdienstinformationen im militärischen Generalstab gespeichert und ausgewertet werden und der Zugang zu Geheimdienstinformationen seitens der zivilen Regierung verhältnismäßig gering ist, hat das Militär eine „kontrollfreie" Macht über das politische System in der Hand, die sie auf zwei Wegen ausübt: Beobachtung und Intervention.[17]

---

15 Siehe dazu insbesondere ebd. S. 279, und Yayla 1985, S. 45.
16 Zitiert nach Özdemir 1989, S. 241.
17 Ebd., S. 317-320.

„Den Kern des Verständnisses des Militärs von der nationalen Sicherheit bildet der Schutz des kemalistischen Republikregimes gegenüber „inneren" und „äußeren" Feinden. Solange die Regierungen in diesem Sinne ein Verständnis von der nationalen Sicherheit bevorzugen und umsetzen, tritt auch kein Gegensatz zwischen der Regierung und dem Militär in Erscheinung. Wenn aber das Militär sieht, daß die bestehende Regierung sich von diesem Verständnis entfernt oder die Regierungspolitik so interpretiert, dann wird die Regierung durch das Militär von ihrer Pflicht entbunden."[18]

Folglich sind im politischen System der Türkei zwei Entscheidungszentren festzumachen: die zivile Autorität (in Form des Ministerrates und des Parlamentes) und die militärische Autorität (institutionell in Form des NSR). Der Ablauf der Entscheidungsprozesse weist auf ein Kräfteverhältnis hin, das zuungunsten der zivilen Autorität gelagert ist. Die Kritiker des NSR plädieren für die völlige Abschaffung dieses Gremiums, da es aufgrund seiner Stellung und Rolle im Gegensatz zu den Grundsätzen von parlamentarisch-demokratischen Systemen steht, zu denen sich auch die Türkei rechnet. Die Existenz der militärischen Autorität im politischen System be- und verhindert die Pluralisierung und Demokratisierung nicht nur der Politik, sondern auch die der Gesellschaft und steht somit der Herausbildung und dem Agieren einer Zivilgesellschaft entgegen.

Die Funktion des Parlamentes, der Regierung und der politischen Parteien

Angesichts der besonderen Stellung und Rolle des NSR und somit der militärischen Autorität sowie des Ablaufes der Entscheidungsprozesse im politischen System der Türkei spielen das Parlament, die Regierung und die Parteien eine zweitrangige Rolle. Der politische Handlungsspielraum dieser Institutionen wird dadurch erheblich eingeschränkt. Das Parlament kann seine Kontrollfunktion nur in begrenztem Maße erfüllen. Gleichzeitig wird es als politisches Diskussionsforum wenig genutzt. Andererseits hindern die rechtlichen Barrieren, die Zersplitterung im parteipolitischen Spektrum sowie die innerparteilich schwach ausgeprägten demokratischen Strukturen die Parteien daran, auf die Anforderungen in der Gesellschaft zu reagieren und diese in den politischen

---

18 Zitiert nach Bozdag 1991, S. 178.

Entscheidungsprozeß einzubeziehen.[19] Die Partizipation sowohl des Parlamentes als auch der Öffentlichkeit an den politischen Entscheidungsprozessen ist schwach. Dadurch, daß die Regierung die Beschlüsse des NSR mit Vorrang zu berücksichtigen hat, ist es für sie kaum möglich, sich kritisch damit auseinanderzusetzen oder Alternativen zu erarbeiten.[20] Die Kompetenz der Politikbildung und ihrer Umsetzung sowie des Regierens wird zwischen der zivilen Regierung und dem NSR aufgeteilt, was jedoch in parlamentarisch-demokratischer Hinsicht außerordentlich fraglich ist. Die alte Verquickung zwischen Politik und Militär setzt sich auf diese Weise fort. Ihre Überwindung ist aber eine conditio sine qua non für den Demokratisierungsprozeß und für die Herausbildung einer Zivilgesellschaft.

Resümee

Zusammenfassend ist hervorzuheben, daß angesichts der dominanten Stellung der militärischen Autorität und der ideologischen Grundlagen der türkischen Staats- und Rechtsordnung, die sich in den restriktiven rechtlichen und gesetzlichen Bestimmungen niederschlagen, in der Türkei noch nicht einmal die zivilen Institutionen des politischen Systems frei agieren können, eine bürgerliche Gesellschaft im Sinne einer funktionierenden parlamentarischen Demokratie noch nicht völlig ausgebildet ist. Dies erschwert die Herausbildung einer Zivilgesellschaft außerhalb des politischen Systems, da diese nicht nur mit den zivilen politischen Institutionen, sondern auch mit der von den Militärs konzipierten Politik konfrontiert ist.

Die Staatsideologie des Kemalismus wirkt der Zivilisierung und Pluralisierung der Gesellschaft entgegen, da sie zum einen die Homogenität der „türkischen Nation" postuliert und zum anderen die Artikulation von Pluralität und

---

19 Siehe dazu ausführlicher Heper/Landau 1991, und Finkel/Sirman 1990.
20 Ein prägnantes Beispiel ist die Kurdenpolitik in der Türkei, die primär vom NSR konzipiert und von der Regierung umgesetzt wird. Das Versagen der zivilen Politiker ist mit verantwortlich dafür, daß die Kurdenfrage nach wie vor zu einem militärischen Problem erklärt und ihre politische Lösung noch fern ist.

von Interessengegensätzen in der Gesellschaft nicht zuläßt. Dies zeigt sich heute insbesondere an der Kurdenfrage. Hinzu kommen die zahlreichen restriktiven rechtlichen und gesetzlichen Vorschriften, die nicht nur das Agieren der zivilen politischen Institutionen einengen und das Entstehen eines pluralistisch-demokratischen Systems behindern, sondern auch Ansätze einer größeren gesellschaftlichen Pluralität und Partizipation einschränken. Davon sind insbesondere die zivilen Organisationen in ihrem Handlungsspielraum und Aktionsfeld betroffen, die sich dennoch innerhalb des engen verbliebenen Rahmens als Alternativen zur staatlichen Politik zu engagieren versuchen. Fast unmöglich ist dies heute für die pro-kurdisch Engagierten, da sie rechtlich und faktisch überwiegend politischer Verfolgung ausgesetzt sind. Demzufolge sind auch die Möglichkeiten für die Ausbildung einer kurdischen Zivilgesellschaft kaum noch vorhanden, was sich wiederum negativ auf die Herausbildung einer Zivilgesellschaft in der Türkei auswirkt. Die Überwindung der rechtlichen und gesetzlichen Schranken, die einen offenen demokratischen Dialog und einen Pluralismus be- und verhindern, stellt eine Voraussetzung für die Herausbildung einer Zivilgesellschaft dar. Ebenso ist die Überwindung der militärischen Autorität, die heute ein grundlegender Bestandteil des politischen Systems ist und eine außerordentliche Funktion innehat, nicht nur für die Pluralisierung und Demokratisierung der Politik und die Etablierung eines wirklich pluralistisch-liberalen politischen Systems, sondern auch für die Entstehung und Erhaltung sowie den Ausbau von „Inseln einer Zivilgesellschaft"[21] in der Türkei eine unabdingbare Bedingung. Denn in einem politischen System, in dem das Kräfteverhältnis zugunsten der militärischen Autorität gelagert ist, wird es langfristig nicht möglich sein, „Inseln einer Zivilgesellschaft" zu erhalten und auszubauen.

---

21 Siehe den Beitrag von Heidi Wedel in diesem Band.

Literatur

Andrews, Peter A. (Hg.): Ethnic Groups in Turkey, Wiesbaden, 1989.
Bozdag, Ümit: Ordu-Siyaset Iliskisi, Atatürk ve Inönü Dönemleri (Das Verhältnis zwischen Militär und Politik, Die Ära von Atatürk und Inönü), Ankara, November 1991.
Finkel, Andrew/Sirman, Nükhet (Hg.): Turkish State, Turkish Society, London/New York, 1990.
Heper, Metin: The State, the Military, and Democracy in Turkey, in: The Jerusalem Journal of International Relations, 9 (1987) 3, S. 52-64.
derselbe/Landau, Jacob (Hg.): Political Parties and Democracy in Turkey, London/New York, 1991.
Insan Haklari Dernegi (Menschenrechtsverein) (Hg.): Terörle Mücadele Yasasi ve Insan Haklari (Das Gesetz zur Bekämpfung des Terrors und die Menschenrechte), Istanbul, Mayis (Mai) 1991.
Meray, S. L.: Lozan Baris Konferansi, Tutanak ve Belgeler (Friedensvertrag von Lausanne, Protokolle und Dokumente), Ankara, 1973, Serie I, Band I.
Oran, Baskin: Atatürk Milliyetciligi, Resmi Ideoloji disi bir Inceleme (Der Nationalismus Atatürks, Eine Untersuchung außerhalb der offiziellen Ideologie), Ankara, 1988.
Özdemir, Hikmet: Devlet Krizi, T.C. Cumhurbaskanligi Secimleri (Die Staatskrise, die Präsidentschaftswahlen in der Republik Türkei), Istanbul, 1989.
derselbe: Rejim ve Asker (Regime und Militär), Istanbul, Mayis (Mai) 1989.
Rumpf, Christian: Die Verfassung der Republik Türkei, in: Beiträge zur Konfliktforschung, Köln, 1983/1, S. 105-174.
derselbe: Minderheiten in der Türkei und die Frage nach ihrem rechtlichen Schutz, in: Zeitschrift für Türkeistudien, Leverkusen, Jg. 6, Heft 2, 1993, S. 173-209.
Soysal, Mümtaz: Anayasanin Anlami (Die Bedeutung der Verfassung), Istanbul, 1986.
Tanör, Bülent: Gedanken zum türkischen Gesetz Nr. 3713 zur Bekämpfung des Terrors („Antiterrorgesetz"), in: Zeitschrift für Türkeistudien, Leverkusen, Jg. 4, Heft 2, 1991, S. 153-174.
Yayla, Yildizhan: Idare Hukuku (Verwaltungsrecht), Istanbul, 1985.

Heidi Wedel

Ansätze einer Zivilgesellschaft in der Türkischen Republik - Träger der Demokratisierung oder neue Eliteorganisation?

„Die Lösung ist organisierte Partizipation" - Unter diesem Motto organisierten Anfang Februar 1994 29 Vereine, Stiftungen, Interessengruppen und losere Zusammenschlüsse, die sich als „zivile Organisationen" im Sinne von Organen der Zivilgesellschaft bezeichnen, einen „Stadt und Demokratie Gipfel". Dieser Gipfel zielte darauf ab, durch eine Organisation der Gesellschaft in die Stadtpolitik einzugreifen, die offensichtlich nicht in der Lage ist, die anstehenden Probleme zu lösen. Es ging explizit nicht darum, Druck auf die Regierung auszuüben, damit diese ihre Politik verändert, sondern es sollte aus der Gesellschaft heraus eine Alternative zur staatlichen Politik, hier der Kommunalpolitik, angeboten werden.

Ähnliche Bestrebungen gibt es auch in anderen politischen Bereichen: von der Makroebene verschiedener Demokratieplattformen, die ebenfalls aus verschiedenen Organisationen bestehen und sich allgemein für Demokratisierung, Organisationsfreiheit, Menschenrechte und eine friedliche Lösung des türkisch-kurdischen Konfliktes einsetzen, bis hin zur Mikroebene einzelner Vereine mit spezifischer Zielsetzung, wie z.B. den Verein zum Schutz obdachloser Kinder und Jugendlicher in Istanbul.

Angesichts der Vielzahl der Vereine ergibt sich der Eindruck, daß sich hier eine Zivilgesellschaft entwickelt, die von dem Bewußtsein getragen wird, daß nicht nur die Staatsvertreter, sondern auch die Bürger die Verantwortung haben, zur Lösung der umfassenden Probleme der Türkischen Republik beizutragen. Dieses neue Bürgerverständnis wird z.T. in Kooperation mit dem Staat, z.T. in Opposition zu ihm umgesetzt, indem konkrete politische, soziale, ökologische und ökonomische Alternativen zur staatlichen Politik aufgebaut werden.

Diese neue politische Zielsetzung, bei der es nicht in erster Linie um die Übernahme der Macht und das Ersetzen der Staatsideologie des Kemalismus durch eine andere Ideologie, sondern um einen Aufbau von demokratischen, ökologischen und sozialen Inseln neben der staatlichen Macht durch Ausweitung der Partizipation geht, wobei durchaus auch die Verwirklichung umfassender gesellschaftlicher Ziele (Frieden, Demokratie, Menschenrechte, Ökologie, soziale Gerechtigkeit) vorgesehen ist, kennzeichnet für mich die Träger von Zivilgesellschaft, im folgenden auch zivile Organisationen genannt. Unter diesen Organisationen gibt es jedoch eine große Bandbreite bezüglich ihres Verhältnisses zum Staat, ihrer Träger und Anhängerschaft, ihrer Organisationsform, ihrer internen Demokratie und Pluralität sowie ihres Partizipationsverständnisses. Neue soziale Bewegungen sind ein Teil der sich konstituierenden Zivilgesellschaft, aber auch einzelne Interessenorganisationen, Stiftungen, Vereine, Plattformen und Kreise und andere mehr oder weniger strukturierte Zusammenschlüsse.

Dieses für die Türkische Republik neue Phänomen, gekennzeichnet v.a. durch ein anderes Verhältnis zur Macht, ist angesichts der immer wieder betonten fehlenden Tradition einer Zivilgesellschaft im Vorderen Orient erstaunlich: So war das Osmanische Reich geprägt von einer totalen Spaltung zwischen Staat und Gesellschaft, wobei der Staat nicht nur die Politik monopolisierte und versuchte, alle potentiellen anderen Machtquellen zu kontrollieren, sondern selbst die Ökonomie regulierte.[1] Bis heute ist die politische Kultur der Türkischen Republik stark beeinflußt von einem patrimonialen Staatsverständnis, nach dem die absolute Macht des Staates nicht hinterfragt wird, jedoch vom Staat erwartet wird, daß er für die Wohlfahrt seiner Untertanen sorgt.[2] Dieses Verständnis und die Kluft zwischen Staat und Gesellschaft wurden nach der Gründung der Republik von der kemalistischen modernisierenden Elite fortgesetzt. Der Kemalismus wirkte außerdem hemmend auf die Herausbildung einer Zivilgesellschaft, weil er eine Homogenität der „türkischen Nation" postulierte und dementsprechend die Artikulation von Pluralität und Interessensgegensätzen in der Gesellschaft nicht zuließ, was sich heute v.a. an der Kurdenfrage zeigt.

Vor diesem Hintergrund wirft das Phänomen der allmählichen Entwicklung einer Zivilgesellschaft in der Türkischen Republik viele Fragen auf:

---

1   Mardin 1969, S. 259 f.
2   Tachau 1984, S. 57.

1) Was waren die Bedingungen, unter denen sich diese Ansätze einer Zivilgesellschaft in den 80er Jahren entwickelten?
2) Wie kann das konkrete Verhältnis dieser gesellschaftlichen Organisationen zum Staat beschrieben werden? Welche Möglichkeiten, aber auch Probleme ergeben sich daraus?
3) Inwieweit lassen es die interne Organisation dieser Vereinigungen, ihr Politikverständnis und ihre Aktionsformen zu, die zivilen Organisationen als neue demokratische Inseln innerhalb einer nicht sehr demokratischen Staats- und Gesellschaftsformation zu verorten?
4) Inwieweit versuchen diese Organisationen, ihr neues Verständnis aktiven Bürgertums nach außen zu strahlen und zu verbreiten? Geht es ihnen darum, breite Teile der Bevölkerung einzubeziehen oder sollen nur bestimmte Gruppen partizipieren? Werden evtl. bestimmte Teile der Bevölkerung durch die Organisationen selbst aus diesem Bereich der Partizipation ausgegrenzt, oder wird zumindest deren Ausgrenzung hingenommen?
5) Wie wirkt die Militarisierung der Politik, d.h. die Eskalation der Gewalt in der Kurdenfrage, auf die Vertreter der Zivilgesellschaft, und wie verhalten sie sich dazu?

Im folgenden soll der Versuch unternommen werden, erste Antworten auf diese Fragen zu entwickeln. Die Ausführungen stützen sich dabei überwiegend auf Erfahrungen aus einer langjährigen intensiven Beschäftigung mit politischen Entwicklungen in der Türkischen Republik sowie Informationen, die durch Interviews mit Vertretern und Vertreterinnen von zivilen Organisationen und teilnehmende Beobachtung von Veranstaltungen und Sitzungen, v.a. während eines Forschungsaufenthaltes in Istanbul 1993/94, gewonnen wurden.

Entstehungszusammenhänge in den 80er Jahren[3]

Die völlige Zerschlagung der Opposition nach dem Militärputsch vom 12.9.1980, die damit verbundene politische Verfolgung eines Großteils der politisch aktiven Menschen und die starke Einschränkung der politischen Partizipationsmöglichkeiten, die nur sehr langsam erweitert wurden, erzwangen organisatorisch, personell und inhaltlich eine Neukonstitution der politischen Opposition. Die alten Parteien und Organisationen blieben bis 1991 verboten, einige von ihnen hatten sich inzwischen unter neuem Namen, aber z.T. auch mit veränderter politischer Zielrichtung und Zusammensetzung neu gegründet. Viele der alten politischen Führer und Aktivisten standen nicht mehr zur Verfügung, weil sie infolge politischer Verfolgung ums Leben gekommen, inhaftiert, ins Exil gegangen, durch Folter abgeschreckt und eingeschüchtert oder unter Politikverbot gestellt waren.

Die Einschränkung der politischen Partizipationsmöglichkeiten durch die neue Verfassung und die Gesetze sowie durch die drohende Repression ließen eine einfache Neugründung unter neuem Namen in vielen Fällen nicht zu. Es mußte nach neuen, manchmal unpolitisch scheinenden und oft informellen Organisationsformen (z.B. als Firma, Stiftung, informeller Kreis etc.) gesucht werden, um innerhalb des engen verbliebenen Spielraums politisch aktiv werden zu können. So kann die Abkehr von den oft straff hierarchisch durchorganisierten Oppositionsstrukturen der 70er Jahre einerseits als Reaktion auf die repressiven Rahmenbedingungen erklärt werden.

Auch die Abkehr von dem Ziel der politischen Machtübernahme durch „Revolution", das die Linke in den 70er Jahren verfolgt hatte, war zum einen durch die neuen Bedingungen der 80er Jahre erzwungen, weil bei realistischer Betrachtung offensichtlich war, daß dieses Ziel in absehbarer Zeit nicht erreicht werden würde. Jedoch kann das neue Politikverständnis nicht nur durch einen erzwungenen Verzicht auf weitergehende Ziele erklärt werden. Wenn auch nicht freiwillig, so boten dennoch das „Zwischenregime", wie die türkische Linke die Phase nach dem Militärputsch bezeichnet, und die damit verbundenen

---

3   Da ich die neuen sozialen Bewegungen als Teil der sich formierenden Zivilgesellschaft verstehe, sind auch die Entstehungszusammenhänge der Zivilgesellschaft teilweise mit den Entstehungsgründen der neuen sozialen Bewegungen, wie ich sie an anderer Stelle beschrieben habe, identisch. Vgl. Wedel 1993, S. 441 f., und Wedel 1994', S. 128 f.

langen Jahre der Haft und des Exils Anlaß und Gelegenheit, kritisch über die eigene politische Vergangenheit nachzudenken. Ein Überdenken orthodox marxistischer oder stalinistischer Positionen wurde zudem durch den Zusammenbruch der Sowjetunion und das Scheitern des Realsozialismus gefördert.

So kann ein Teil der theoretisch-wissenschaftlichen Vertreter des Zivilgesellschaftskonzepts einem neuen links-alternativen Spektrum zugeordnet werden. Auch unter den aktiven Trägern von zivilen Organisationen überwiegen Menschen, die als Altlinke oder ehemalige Linke bezeichnet werden können. Die starke Zunahme derartiger Organisationen kann mit der politischen Teilliberalisierung im April 1991 erklärt werden, als die berüchtigten Paragraphen des Strafgesetzbuches, nach denen bis dato linke Propaganda und Aktivitäten verfolgt worden waren, abgeschafft und zahlreiche politische Gefangene aus der Haft entlassen worden waren. Dadurch gewannen die türkische Linke und ihre ehemaligen und heutigen Anhänger neue Spielräume, die allerdings immer noch durch das gleichzeitig verabschiedete Antiterrorgesetz begrenzt sind. Daß sich ihre Aktivitäten heute oft innerhalb der zivilen Organisationen abspielen kann unterschiedlich motiviert sein:

– positiv: ein verändertes Politikverständnis im oben erwähnten Sinne, daß schon heute gesellschaftliche Veränderung angestrebt wird, anstatt auf die Machtübernahme zu warten, und eine Kritik stalinistischer Methoden;
– negativ: eine realistische Einschätzung des geringen Potentials, das eine auf „Revolution" ausgerichtete Bewegung heute mobilisieren könnte;
– die Wahl weniger politisch wirkender Organisationen, um politische Repression zu vermeiden.

Auch die ökonomische Entwicklung der 80er Jahre verstärkte in mehrfacher Hinsicht die Entstehung ziviler Organisationen. Gesamtgesellschaftlich verbreitete sich parallel zur Liberalisierung der bisher stark regulierten und klientelistisch geprägten Wirtschaftspolitik auch liberales Gedankengut, das das Engagement und die Leistung des Individuums, Effektivität und Effizienz betont. Die Kombination von Wirtschaftsliberalismus und politischem Liberalismus wird z.B. von dem Arbeitgeberverband TÜSİAD (Türk Sanayicileri ve İş Adamları Derneği - Verein der türkischen Industriellen und Geschäftsleute), der

Neuen Demokratiebewegung des Jungunternehmers Cem Boyner[4], der wiedergegründeten Demokratischen Partei DP von Aydın Menderes und dem Wirtschaftswissenschaftler und Kolumnisten Mehmet Altan vertreten.[5] Von diesem Spektrum wird Zivilgesellschaft eher im Sinne einer bürgerlichen Gesellschaft befürwortet, wie sie in der Türkischen Republik erst allmählich entsteht.

Bei den individuellen Trägern der von mir beobachteten zivilen Organisationen ist oft eine Kombination aus politischen und ökonomischen Gründen für ihr Engagement festzustellen: So sind heute viele der Altlinken als Selbständige in der freien Wirtschaft aktiv, weil sie als politisch Verfolgte oder Mißliebige keine abhängige Beschäftigung aufnehmen konnten, als Linke nach dem Putsch ihre Stellung an der Universität oder in der staatlichen Verwaltung verloren hatten oder weil sie aufgrund der hohen Inflation, die das Realeinkommen der Lohn- und Gehaltsempfänger stark senkte, nur noch in der Selbständigkeit eine Chance sahen, ein angemessenes Einkommen zu erlangen. Mit der veränderten ökonomischen Aktivität und Situation, sprich dem Aufstieg in die Mittelschicht, veränderten sich natürlich auch ihre politischen Interessen und Zielsetzungen. Das System wird nicht mehr als Ganzes als Gegner empfunden, denn es soll jetzt auch erworbenes Eigentum und Positionen garantieren. Außerdem sind einige von ihnen direkt beruflich und ökonomisch von den bestehenden Problemen, z.B. der ungeplanten Stadtentwicklung, betroffen. Sie sind deshalb einerseits ökonomisch an Lösungen interessiert, weisen andererseits dazu oft als Architekten, Stadtplaner und Ingenieure auch die notwendige Kompetenz auf.

Während sich früher die Erwartungen meist auf den Staat konzentrierten oder auf Kader, die den bestehenden Staat ersetzen sollten, und umfassende Ideologien alle Probleme lösen sollten, macht heute das Ausmaß schwerwiegender Probleme zunehmend deutlich, daß deren Bewältigung nur durch eine Vielzahl von Akteuren und Strategien möglich ist:

– Die Tatsache, daß unter der Koalitionsregierung aus den früheren Hauptoppositionsparteien, die im November 1991 mit dem Versprechen eines Demokratisierungsprogramms die Regierung übernahm, keine konkreten

---

4 Diese Initiative hat sich am 22.12.94 als Partei konstituiert. Zu ihren Gründungsmitgliedern gehören liberale Manager, Linke, kurdische und islamische Intellektuelle. Sie gilt im In- und Ausland, unter Türken wie Kurden, als Hoffnungsträger der Demokratisierung und der Entwicklung einer Zivilgesellschaft.
5 Siehe z.B. die Interviews mit Mehmet Altan und Aydın Menderes in Sever/Dizdar 1993.

Schritte zur Demokratisierung erzielt wurden und sich die Menschenrechtssituation sogar verschlechterte, macht den Bedarf an politischem Druck aus der Gesellschaft deutlich.
- Zwar erfolgte eine „Anerkennung der kurdischen Realität" kurz nach der Regierungsübernahme 1991, faktisch beschränkt sich jedoch die staatliche Kurdenpolitik auf die „militärische Lösung".
- Weder gelang es den an der Regierung beteiligten Wirtschaftsexperten, die ökonomische Krise aufzuhalten, noch den beteiligten Sozialdemokraten, eine weitere Verschlechterung der sozialen Situation der Unterschichten zu verhindern.
- Die ökologischen Probleme, v.a. die Verseuchung der Trinkwasserquellen und die Luftverschmutzung, treten zunehmend ins Bewußtsein der Bevölkerung.
- Auch auf der kommunalen Ebene ist angesichts der rasanten und völlig ungeplanten Stadtentwicklung, z.B. dem Zuzug von täglich ca. 1.000 Menschen täglich nach Istanbul, deutlich, daß die staatlichen Stellen überfordert sind.

Die Übernahme von neuer gesellschaftlicher Verantwortung entspringt also einem neuen politischen Bewußtsein, einer neuen Wirtschaftsideologie, veränderten politischen und ökonomischen Konstellationen und einer umfassenden gesellschaftlichen Krise, die vom Staat allein nicht gelöst werden kann.

Die Träger von Zivilgesellschaft und ihr Partizipationsverständnis

Neue soziale Bewegungen als Teil der Zivilgesellschaft

So sind im letzten Jahrzehnt neue soziale Bewegungen, wie z.B. die Menschenrechts-, Frauen- und Umweltbewegung, entstanden, die erfolgreich versuchen, eine Öffentlichkeit und ein neues Bewußtsein zu den jeweiligen Problembereichen zu schaffen, und denen es gelang, zu Massenaktionen zu mobilisieren oder eine große Zahl von Menschen an sich zu binden. Die Frauenbewegung hatte ihre Hochphase bezüglich der Massenmobilisierung in den späten 80er Jahren, als 4.000 Unterschriften gesammelt wurden (1985), 3.000 Frauen in Istanbul gegen die Mißhandlung von Frauen demonstrierten (1987) und sich 25.000 Unterzeichnerinnen in Istanbul für Frauenhäuser einsetzten (1990). Der Menschenrechtsverein İHD hat in der Türkischen Republik ca. 22.000, in Istanbul ca. 1.400 Mitglieder. Die Umweltplattform SOS Istanbul verweist auf 3.000 Menschen in ihrem Umfeld.[6] Von ihnen wird eine Erweiterung der Anhängerschaft ausdrücklich angestrebt und eine Selbstorganisation der Betroffenen begrüßt.

Diese Bewegungen sind von einer starken internen Pluralität in politischer und sozialer Hinsicht geprägt. Sie umfassen einerseits professionelle Experten des jeweiligen Gebiets[7], aber auch eine große Zahl von Betroffenen (Familienangehörige der Gefangenen, Bewohner und Bewohnerinnen von Stadtteilen mit großen Umweltproblemen). Der Menschenrechtsverein İHD versucht, die interne politische Heterogenität positiv umzusetzen, indem es innerhalb der regionalen Zweigstellen themenbezogene Kommissionen gibt, die relativ unabhängig zu ihren jeweiligen Interessensschwerpunkten arbeiten können.[8] Aus den Aktivitäten und internen Diskussionen hat sich heute ein sehr breites, pluralistisch angelegtes und das Individuum berücksichtigendes Menschenrechtsverständnis herausgebildet, das folgendermaßen beschrieben wird: Partei zu ergreifen für „die unterdrückten und ausgebeuteten Nationen und Klassen, für das unterdrückte Geschlecht und für das unterdrückte Individuum".[9]

Die politische Heterogenität kann zwar durch die Notwendigkeit interner Diskussion manchmal politisches Handeln erschweren oder verlangsamen, impliziert aber in Verbindung mit der Bemühung um basisdemokratische Strukturen auch einen demokratischen Prozeß der Kompromißfindung und der

---

6 Vgl. Neusel 1994, S. 139 f., sowie Interviews mit İHD und SOS Istanbul.
7 Z.B. sind ca. ein Zehntel der 1.400 Mitglieder des İHD in Istanbul Anwältinnen und Anwälte (120) bzw. Ärztinnen und Ärzte (15-20).
8 Z.B. gibt es in Istanbul Kommissionen, die sich speziell mit Arbeiterrechten, Kinderrechten, Kurden, Frauenrechten oder Gesundheitsfragen beschäftigen und z.T. unterschiedliche politische Positionen vertreten.
9 Tätigkeitsbericht der Istanbuler Zweigstelle des İHD vom 18.9.1994, S. 4. Bei den Diskussionen auf der Jahreshauptversammlung am selben Tag wurde deutlich, daß sich kleinere Gruppen innerhalb der Zweigstelle schwertun mit den Menschenrechten von Individuen, wenn es sich dabei um Islamisten oder Kapitalisten handelt. Die „rote Liste", die sich gegen das klassenübergreifende „bürgerliche" Menschenrechtsverständnis des alten und neuen Vorstandes wandte, erhielt jedoch nur 23 von 428 Stimmen.

friedlichen internen Konfliktlösung.[10] So können diese Bewegungen in Hinblick auf ihr Politikverständnis und ihre Organisationsformen als demokratische Inseln in einer noch stark autoritären Gesellschaft verstanden werden. Ihre Aktivitäten zielen einerseits auf Öffentlichkeitsarbeit und den politischen Protest gegen staatliche Maßnahmen oder Gesetze. Indem z.B. schwerwiegende Menschenrechtsverletzungen wie Folter, politischer Mord, Dorfzerstörungen etc. dokumentiert werden, konnte der Öffentlichkeit vor Augen geführt werden, daß der Staat gegen seine eigenen Gesetze und von ihm ratifizierte Abkommen verstößt und deshalb aus der Gesellschaft heraus kontrolliert werden muß. Dieses neue Bewußtsein stellt einen fundamentalen Bruch mit der oben erwähnten patrimonialen politischen Kultur dar und bildet ein Fundament für ein neues, demokratischeres Politikverständnis.

Die neuen sozialen Bewegungen bemühen sich aber auch darum, im Rahmen der derzeitigen Möglichkeiten konkrete Lösungen von Problemen anzubieten, und zeigen den Bürgerinnen und Bürgern Wege auf, wie sie ihre Rechte einklagen und erweitern bzw. durch Solidarität ihre Situation verbessern können, z.B. durch ökologische Maßnahmen in besonders gefährdeten Gebieten, Rechtsberatung für mißhandelte Frauen oder politisch Verfolgte, Rehabilitation von Folteropfern oder Gesundheitsmaßnahmen für kurdische Flüchtlinge. Da diese soziale Selbsthilfe jedoch gleichzeitig staatliche Mißstände aufzeigt, kann sie die Legitimität des Staates in Frage stellen.[11]

Es handelt sich also bei diesen neuen sozialen Bewegungen um Zivilgesellschaft im Sinne einer Form der Opposition, die innerhalb der bestehenden Gesellschaft demokratische, soziale und ökologische Inseln aufbaut, die sich politisch von den staatlichen Strukturen abgrenzen. Dabei stehen die sozialen Bewegungen in unterschiedlichem Maße in Opposition zum Staat. Während der Menschenrechtsverein selbst zunehmend staatlicher Repression ausgesetzt ist,[12]

---

10 Eren Keskin vom IHD in Istanbul betonte im Interview, daß der IHD dazu beigetragen hat, daß sich bei den Auseinandersetzungen innerhalb der Linken langsam eine „Menschenrechtskultur" ausbreitet. Wedel 1994ᵇ.
11 So wurde die Gründung der Türkischen Menschenrechtsstiftung TIHV zunächst verboten, weil in ihrer Satzung als Ziel die Rehabilitation von Folteropfern aufgeführt wurde. Da es keine Folter in der Türkei gebe, so die gerichtliche Argumentation, brauche man auch kein Rehabilitationszentrum für Folteropfer.
12 Vgl. amnesty international: Verteidiger der Menschenrechte in Gefahr, Hamburg/London, 1994.

tritt die Umweltbewegung nach Protestaktionen in Verhandlung mit der Stadtverwaltung und erhielt die Frauenbewegung sogar Unterstützung von der sozialdemokratischen Stadtregierung in Form von Räumlichkeiten.

Soziale und politische Projekte

Die Frauenbewegung nimmt insofern eine mittlere Position innerhalb der zivilen Organisationen ein, als sie im Vergleich zu den anderen Bewegungen stärker von Expertinnen getragen wird und einen weniger starken Basisbezug hat. Nach einer großen Kampagne gegen die Mißhandlung von Frauen in der Familie in den späten 80er Jahren[13] besteht diese Bewegung heute eher aus personell begrenzten Institutionen und Organisationen, die z.T. sehr professionell arbeiten und von hochqualifizierten Frauen getragen werden.

Allerdings wurden in Izmir sowie nach dem Wahlsieg der Islamisten bei den Kommunalwahlen im März 1994 auch in Istanbul und Ankara politisch heterogene Frauenplattformen gegründet, die versuchen, auf konkrete politische Entscheidungsprozesse Einfluß zu nehmen. Sie mobilisieren Frauen für den Erhalt der bestehenden Frauenrechte und für deren Ausweitung zu wirklicher Gleichberechtigung. Mobilisierung ist ihnen wichtig, weil sie die Gefahr sehen, daß Frauen evtl. keinen breiten Widerstand gegen eine mögliche Rücknahme der Rechte leisten, weil diese ihnen vom Staat gewährt und nicht durch eine breite Bewegung erkämpft wurden. Im Unterschied zu den kemalistischen Frauenvereinigungen, die v.a. ihre Dankbarkeit gegenüber Atatürk für die Reformen zum Ausdruck bringen, setzt sich die Istanbuler Frauenplattform explizit von dem kemalistischen und islamistischen Verständnis einer auferlegten Einheitsidentität ab und fordert die Möglichkeit einer individuellen Identitätsbestimmung.[14]

---

13 Siehe oben.
14 Aus der Grundsatzerklärung der Istanbuler Frauenplattform vom 22.6.1994: „Wir befürworten eine Gesellschaft, in der Menschen mit ihren unterschiedlichen Identitäten zusammenleben können, in der die Individuen je nach ihren Vorstellungen existieren und diese umsetzen können, ohne daß in ihr Recht, sich frei auszudrücken, eingegriffen wird. Wir lehnen es ab, daß den Menschen eine bestimmte politische, sexuelle, kulturelle, religiöse oder ethnische Identität auferlegt wird. ... Die bisherige Umsetzung des Laizismus durch die zentrale Autorität stellt keinen echten Laizismus dar, genausowenig, wie Laizismus nur durch die Bestimmungen in der Verfassung garantiert werden kann. Eine Garantie des Laizismus ist nur möglich, wenn ein Pluralismus verwirklicht wird, der garantiert, daß unterschiedliche Glaubensrichtungen und

In Istanbul gibt es außerdem Frauenorganisationen, die zusammen mit Frauen aus der Unterschicht Projekte entwickeln und versuchen, die betroffenen Frauen und ihre Erfahrungen in die Projektplanung und Projektdurchführung einzubeziehen. So z.B. die Frauenarbeitsstiftung (Kadın Emeğini Değerlendirme Vakfı), deren Mitarbeiterinnen sich selbst der Oberschicht zuordnen, die aber Kinderläden in einkommensschwachen Vierteln von Stadtmigrantinnen aufbauen wollen, bei denen die Eltern an der Kinderbetreuung und der Leitung des Ladens beteiligt und traditionelle Spiele und Spielzeuge aus der jeweiligen Herkunftsregion einbezogen werden sollen. Dabei arbeiten sie z.T. mit internationalen Organisationen oder den Stadtverwaltungen zusammen.

In dieser Art gibt es auch außerhalb der Frauenpolitik Vereine mit sozialer Zielsetzung, die versuchen, fehlende staatliche Sozialpolitik durch eigenen ehrenamtlichen Einsatz zu ersetzen, z.B. der Verein zum Schutz obdachloser Kinder und Jugendlicher. Er wird von Expertinnen und Experten, überwiegend jungen Frauen, getragen, entwickelt aber seine Aktivitäten unter Einbeziehung der Betroffenen, hier klebstoffschnüffelnde obdachlose Kinder und Jugendliche. Letztere erstellen z.B. eine Zeitschrift, in der sie ihre Probleme und Träume darstellen - eine neue Form von Öffentlichkeitsarbeit einerseits, Problemverarbeitung andererseits. Der Verein distanziert sich explizit von den staatlichen Kinderverwahranstalten, versucht aber, kommunale Unterstützung für seine Arbeit zu erhalten.

Die politischen und sozialen Projekte in dieser Kategorie werden also z.T. in Kooperation oder Arbeitsteilung mit staatlichen Stellen, i.d.R. aber auch mit einer neuen, alternativen inhaltlichen Ausrichtung betrieben.

Interessengruppen und elitäre Vereine

Als dritte Gruppe innerhalb der zivilen Organisationen können diejenigen bezeichnet werden, die fast nur noch aus Expertinnen und Experten bestehen und einen Basisbezug gar nicht anstreben. Dies trifft sowohl auf einige feministische Kreise, die überwiegend wissenschaftlich aktiv sind, einen Teil der Bürgerrechtsbewegung, die explizit das Konzept der Zivilgesellschaft befürwortet (z.B. Helsinki Citizens Assembly), als auch auf zahlreiche stadtpolitische

---

Identitäten nebeneinander existieren können." Dieses Flugblatt wurde verboten. Es stellt einen fundamentalen Bruch mit kemalistischen Vorstellungen dar.

Organisationen zu. Sie können als eine Art Gegenelite zum Staat bezeichnet werden und arbeiten z.T. in Konkurrenz zu staatlichen Stellen. Manchmal sind die Grenzen zum Staat auch fließend, wenn z.B. der Vorsitzende der Vereinigung der Kommunalregierungen der Marmara-Region, Fikret Toksöz, auch die Kommunalregierungen als Teil der Zivilgesellschaft bezeichnet, weil sie im Widerspruch zur Zentralregierung stünden.

Die feministischen Forschungseinrichtungen und Helsinki Citizens Assembly sind trotz ihrer elitären Trägerschaft wichtig für die Herausbildung einer Zivilgesellschaft, weil sie große Beiträge zu einem neuen politischen Bewußtsein geleistet haben, das die Rechte des Individuums im Gegensatz zu der ausschließlichen Konzentration auf die Interessen des Staates, der „Nation" und von bestimmten sozialen Gruppen in den Vordergrund stellt. Kemalistische Dogmen werden hinterfragt, indem anstelle der Modernisierung von oben „trotz des Volkes für das Volk" Konzepte wie Pluralismus und individuelle Freiheit in den Mittelpunkt gestellt werden. Für die feministische Forschung steht das Recht von Frauen auf Selbstbestimmung im Vordergrund, während z.B. Mitglieder von Helsinki Citizens Assembly (z.B. Murat Belge und Mete Tunçay) entscheidend zu einer freiheitlichen Neuinterpretation des Laizismusverständnisses beigetragen haben, die kemalistische Frontstellung westlich orientierter „Fortschritt" versus „islamische Reaktion" überwanden und einen Dialog mit liberalen Islamisten aufgenommen haben. So schufen diese Gruppen theoretische Voraussetzungen für die Entstehung von Zivilgesellschaft.

Die stadtpolitischen Gruppen sind dagegen eher in der praktischen Politik aktiv. Für sie scheint Zivilgesellschaft hauptsächlich eine Verlagerung von Kompetenzen vom Staat in die Gesellschaft zu bedeuten. So fordert z.B. der Architekt Korhan Gümüş, der Mitglied in drei zivilen Organisationen ist, daß die zivilen Organisationen nicht nur auf der repräsentativen, sondern auch auf der „konstruktiven" Ebene vertreten sein müssen, weil die heutigen Entscheidungsorgane nicht effektiv und effizient arbeiten würden. Deshalb müßten die Funktionen und Grenzen des öffentlichen Apparats neu bestimmt werden. V.a. „ehrenamtlich ohne Gewinnabsichten arbeitende Organisationen, die qualifizierte Arbeitskraft mobilisieren können, wie Stiftungen, Vereine und Initiativen", könnten sehr gut konkrete städtische Projekte übernehmen.[15]

---

15 Gümüş 1994, S. 151.

Die Mitglieder der Organisationen in dieser dritten Sparte, oft Interessengruppen,[16] gehören einerseits politisch zur Gruppe der Ex- oder Altlinken, was an ihrem Sprachstil, aber auch gewissem Kaderverhalten deutlich wird. Es werden Statements abgegeben, ohne daß ein echter Dialog miteinander stattfindet, obwohl das Ziel die Organisation eines Demokratiegipfels ist. Das Vokabular ist noch von linken, z.T. auch radikalen Begriffen durchsetzt, wenn es um die Kritik des Staates geht. Oft jedoch fällt der aktive Einsatz weit hinter den Verbalradikalismus der Äußerungen zurück. So ist bei einigen Teilnehmern nicht ganz deutlich, ob sie von der Notwendigkeit ihres Engagements überzeugt sind oder sich eher als Exlinke verpflichtet fühlen, noch etwas zu machen, sich selbst ins Gespräch zu bringen und den Kontakt zu alten Genossen zu pflegen.

Andererseits gehören diese Leute ökonomisch zu den Gruppen der Mittelschicht, die beruflich von den jeweiligen Problemen betroffen sind und als Selbständige der Idee eines ökonomischen Liberalismus nahestehen. Sie kritisieren den Staat, weil er seine Aufgaben nicht professionell und effizient genug erfülle, und erheben den Anspruch, selbst besser zu arbeiten. Deshalb fordern sie für sich selbst stärkere Partizipationsmöglichkeiten an den Entscheidungen und der Durchführung von Projekten. Ihr Verhältnis zum Staat könnte man als Konkurrenz einerseits, als Wunsch nach Integration andererseits bezeichnen.

Bei dieser Gruppe, die sich explizit als Teil der Zivilgesellschaft sieht, ist Zivilgesellschaft trotz der z.T. radikalen Sprache kein Konzept der radikalen Opposition und des Aufbaus von Inseln einer neuen Gesellschaftsvision im alten System. Stattdessen geht es um den Aufbau einer mittleren Ebene, die in die staatlichen Strukturen integriert werden soll, sich aber von der gesellschaftlichen Basis deutlich abgrenzt.[17] In diesem Sinne wird der Begriff „Populismus"

---

16 Die folgenden Ausführungen beruhen überwiegend auf Informationen, die bei teilnehmender Beobachtung der Vorbereitung und Durchführung des eingangs erwähnten „Stadt und Demokratie Gipfels" zwischen September 1993 und Februar 1994 gewonnen wurden.
17 Die Organisationen, die sich zum „Stadt und Demokratie Gipfel" trafen, bezeichnen sich als „demokratische Massenorganisationen". Der Begriff der „Masse" impliziert m.E. jedoch - selbst wenn dies nicht bewußt so konzipiert ist - , daß nicht selbständige, aktive, heterogene Individuen gemeint sind, sondern eben eine undefinierbare homogene Masse, die von ihren Kadern bewegt wird. Vgl. zur Problematik der „Masse" Touraine 1991, S. 263.
Bei dem „Stadt und Demokratie Gipfel" konnten oder wollten die Organisationen noch nicht einmal ihre eigene Basis mobilisieren. So entsprach der Zeitpunkt des Gipfels (3 Tage mitten in der Woche) allein den Möglichkeiten von Selbständigen und Akademikern, abhängig Beschäftigte waren rein organisatorisch ausgegrenzt.

zu einem Schimpfwort.[18] Populismus wird als die Anbiederung an die Forderungen des Volkes verstanden, z.B. in Form von Wahlgeschenken. Wenn auch eine derartige Kritik an den Parteien ihre Berechtigung hat, wird durch die Form, wie sie vorgetragen wird, deutlich, daß es ihren Vertretern hauptsächlich um Besitzstandswahrung geht. Dies kann so weit gehen, daß diese Organisationen zum Schutz der Interessen ihrer Klientel die Forderung nach mehr Staat aufstellen. Insofern passen sie nur teilweise zum Konzept der Zivilgesellschaft.

Diese Haltung wurde beim „Stadt und Demokratie Gipfel" v.a. bei der „*Gecekondu*"-Frage deutlich[19]: Ohne soziologisch und bezüglich ökologischer Folgen zu differenzieren, was von materialistisch denkenden Menschen erwartet werden könnte, wurde bei den Podiumsdiskussionen behauptet, daß es *Gecekondus*, die aus einem sozialen Bedürfnis gebaut würden, nicht mehr gebe. Stattdessen wurde unter Verwendung von marxistischem Vokabular die These vertreten, daß alle illegalen Bauten aus „Renteninteresse" erstellt und ein Verbrechen gegen die Stadt und die Umwelt darstellen würden, was strafrechtlich geahndet werden solle.[20] Wenn auch die Kritik an den ökologisch und stadtplanerisch fatalen Folgen des unkontrollierten Bauens berechtigt ist, müßte doch differenziert auf die verschieden motivierten und unterschiedlich schädlichen Bauten reagiert werden. Außerdem wurde in der Debatte immer wieder deutlich, daß sich die Redner hauptsächlich ästhetisch und kulturell gestört fühlen und einem Istanbul der städtischen westlich orientierten Mittelschicht, das durch die rasante Urbanisierung verlorenging, nachtrauern, also ihre eigene schichtspezifische Kultur vom Einfluß der Unterschichten ländlichen Ursprungs abschirmen wollen.

Dieser inhaltlichen Abgrenzung entspricht auch eine Ausgrenzung der betreffenden Gruppen aus der hier angestrebten Partizipation. So waren z.B. keine Organisationen der Stadtmigranten zum „Stadt und Demokratie Gipfel" eingeladen. Die Ausweitung der Partizipationsmöglichkeiten wird, wie in dem Zitat von Korhan Gümüş, nur für eine Elite hochqualifizierter Professioneller gefordert und meint nicht die Organisation der gesamten Stadtbevölkerung z.B. in

---

18 Z.B.: Ziel des Stadt und Demokratie Gipfels sei nicht „populistische Partizipation", sondern „organisierte Partizipation".
19 *Gecekondus* sind die „über Nacht gebauten" Häuschen von Stadtmigranten und werden ohne Baugenehmigung auf besetztem Boden gebaut, ohne daß zur Zeit des Hausbaus Infrastruktur vorhanden wäre.
20 Der Jurist Tului Sönmez forderte als Strafe für *Gecekondu*-Bau sogar den Ausschluß von öffentlichen Dienstleistungen und dem aktiven und passiven Wahlrecht.

Stadt- und Stadtteilräten, die von einigen linken Parteien und Organisationen propagiert wurden. Die Organisationen, die in diese Kategorie fallen, sind überwiegend Interessengruppen (Architektenkammer, Juristenvereinigung, Ärztekammer, Journalistenvereinigung etc.). Obwohl sie sich explizit als zivile Organisationen bezeichnen, läßt sich vermuten, daß die von ihnen angestrebte Organisation der Zivilgesellschaft v.a. eine Stärkung ihrer eigenen Position bedeutet und nur solange oppositionell ist, bis sie in die Machtstrukturen integriert sind. Ihr Verhältnis zum „Volk" ähnelt dem des türkischen Staates. Sie setzen aber neue Akzente durch ihre Betonung des gesellschaftlichen, nichtstaatlichen Engagements.

Es hat sich gezeigt, daß in allen drei Kategorien Angehörige der Mittelschicht eine wichtige Rolle spielen, jedoch in je unterschiedlichem Maße ihren Einfluß in der Organisation und die angestrebte Partizipationsausweitung mit ihrem Klientel bzw. anderen Teilen der Bevölkerung zu teilen bereit sind. Basisdemokratie und interner Pluralismus werden v.a. in den sozialen Bewegungen, aber auch in den sozial ausgerichteten Projekten als Ziel verfochten und angestrebt. Die versuchte interne Demokratie korrespondiert bei ihnen oft mit einem sehr kritischen oppositionellen Verhältnis zum Staat, was sich in den politischen Inhalten und der Wahl der Aktionsformen widerspiegelt. Die elitär orientierten Gruppen dagegen sehen sich eher im Wettstreit mit staatlichen Institutionen und versuchen, als kompetente Mitstreiter anerkannt zu werden, während sie die unteren Schichten der Bevölkerung von der Partizipationsausweitung ausgrenzen.

Grenzen des Handlungs- und Wirkungsrahmens der Zivilgesellschaft

Obwohl die drei Kategorien ein recht unterschiedliches Verhältnis zum Staat haben, unterliegen sie doch auch gemeinsamen Problemen und Grenzen ihres Einflusses. Selbst den elitären Gruppen fällt es schwer, sich als Organisation Gehör zu verschaffen. Nur wenige Medien berichten über die Aktivitäten von zivilen Organisationen oder selbst ihre Gipfeltreffen, da die meisten Medien als reine Sprachrohre des Staates sowie einiger bekannter Intellektueller fungieren.

Während das Konzept der Zivilgesellschaft nahelegt, daß größere Gruppen von aktiven, verantwortungsbewußten Bürgerinnen und Bürgern sich organisieren, um auf Politik und gesellschaftliches Leben Einfluß zu nehmen, scheinen Politiker, Medien und auch die Öffentlichkeit in der Türkischen Republik noch zu stark auf Persönlichkeiten (meist als Intellektuelle bezeichnet) statt Gruppen fixiert zu sein. Deshalb versuchen die verschiedenen zivilen Organisationen, neue, Aufsehen erregende Aktionsformen zu entwickeln oder die Massenmedien zu nutzen, um doch noch eine breitere Öffentlichkeit zu erreichen.[21]

Alle drei Gruppen von zivilen Organisationen unterliegen zudem den restriktiven rechtlichen Bestimmungen, in denen sich die autoritäre Staatsideologie niederschlägt, z. B. dem Vereinsgesetz.[22] Hier nur einige konkrete Auswirkungen: Das Vereinsgesetz erfordert einen hohen bürokratischen Aufwand, der viel Arbeitskapazitäten absorbiert, und schreibt eine hierarchische Organisationsstruktur vor, die ja von einigen Organisationen prinzipiell abgelehnt wird. Es enthält so viele Einzelbestimmungen, daß jeder Verein jederzeit wegen Verstoßes dagegen geschlossen werden kann.[23] Diese Gefahr wird noch durch die sehr dehnbar auslegbare Formulierung, daß Vereinen jegliche „politische" Zielsetzung verboten ist, erhöht.[24]

Der Staat monopolisiert jedoch nicht nur bestimmte Politikbereiche, sondern dem patrimonialen Verständnis entsprechend auch das Angebot von sozialen Dienstleistungen. So entsteht das Problem, daß bestimmte soziale Aufgaben, wie z.B. die Unterbringung von obdachlosen Kindern, nicht von staatlichen Institutionen erfüllt werden, weil diesen die Mittel oder der Wille dazu fehlen,

---

21 Als Beispiele für neue Formen von Öffentlichkeitsarbeit können folgende Aktionen genannt werden: Der İHD versuchte z.B., über „öffentliches Plakatekleben" und Straßenfestivals neue Personenkreise anzusprechen. Die Frauenbewegung nutzt zudem das Fernsehen, um auf Hilfsangebote für mißhandelte Frauen gezielt aufmerksam zu machen. Einige Feministinnen mieteten am 8. März 1994 die historische Tramway in Istanbul, statteten sie mit Plakaten und lila Bändern aus und fuhren so die belebteste Fußgängerzone lang. Helsinki Citizens Assembly (HCA) plante Wurfsendungen, um die Bürgerinnen und Bürger über ihre Rechte und Möglichkeiten zu informieren, und organisierte nach dem Brandanschlag auf ein Hotel mit alewitischen Intellektuellen und Künstlern in Sivas 1993 einen Flugblattabwurf vom Helikopter. Interviews mit Eren Keskin, Taciser Belge und Yelda.
22 Siehe dazu den Aufsatz von Gürbey in diesem Bande.
23 Z.B. muß von jeder Sitzung ein Protokoll angefertigt werden, in dem namentlich das Abstimmungsverhalten aufgeführt werden muß. Dies gilt auch für die Abstimmung jedes einzelnen Flugblattes, das zudem von der Polizei genehmigt werden muß.
24 So wurde z.B. die türkische Sektion der Internationalen Vereinigung der Ärzte gegen den Atomkrieg IPPNW in der Türkei verboten, weil die Frage von Atomkriegen ein Aspekt der Außenpolitik sei, welche in den alleinigen Zuständigkeitsbereich des Staates falle.

andererseits aber den Gruppen, die diese Aufgaben ehrenamtlich übernehmen wollen, dieses Recht abgesprochen wird. Einer Übernahme von sozialen Aufgaben durch die Zivilgesellschaft in Form von Selbsthilfe und sozialer Hilfe sind dadurch enge Grenzen gesetzt.

Die Vereine sind außerdem mit einer starken Ressourcenknappheit konfrontiert, in finanzieller Hinsicht u.a. wegen des Verbots, im Ausland Spenden einzuwerben, personell wegen der geringen Zahl von Interessierten und langen Wegen in Istanbul, wo allein die Organisation des Alltagslebens sehr anstrengend und zeitaufwendig ist. Deshalb beschäftigt sich jeder Verein mit seinem eigenen, oft sehr abgegrenzten Gebiet, und es stehen kaum Kapazitäten für Koordination und Vernetzung mit anderen Initiativen frei, was wiederum die Außenwirksamkeit und Einflußnahme verringert. Die durch das Vereinsgesetz bedingten Probleme werden dadurch zu umgehen versucht, daß vielfältige Organisationsformen durchgespielt oder miteinander verknüpft werden.

Ein weiteres Problem der Organisationen liegt in einem der oben dargestellten Entstehungsgründe: Als die offene Gründung ideologisch ausgerichteter linker, islamistischer oder kurdischer Organisationen nicht möglich war, wurden zivile Organisationen von manchen Beteiligten als ein Ersatzbetätigungsfeld betrachtet, das weniger gefährdet oder zumindest legal war. Diese Ersatzfunktion kann auch genutzt werden, wenn politische Organisationen als solche zu wenig Menschen mobilisieren können. Dies führt einerseits dazu, daß basisdemokratische Strukturen gefährdet werden, indem die Vertreter bestimmter ideologischer Richtungen versuchen, Vorstandsposten zu monopolisieren oder im Proporzverfahren zu besetzen. Andererseits können sich manche Mitglieder nicht wirklich mit den Zielen der jeweiligen Organisation identifizieren oder versuchen, die Organisation für andere politische Ziele zu nutzen.

Mit diesem Problem gehen die Organisationen unterschiedlich um: die elitär orientierten nehmen nur sehr restriktiv neue Mitglieder auf (z.B. der HCA), während soziale Bewegungen versuchen, die ideologisch orientierten Mitstreiter durch interne Diskussionsprozesse zu integrieren und für die eigentlichen Ziele zu gewinnen (z.B. der İHD). Die erste Reaktion ist mit einer Einschränkung interner Pluralität verbunden, während die zweite sich einschränkend auf die Handlungsfähigkeit und Glaubwürdigkeit der Öffentlichkeitsarbeit bezüglich der eigentlichen Ziele der Organisation auswirken kann.

Selbstbeschränkung einerseits und Ausgrenzung bestimmter politischer Richtungen, Personengruppen und politischer Inhalte andererseits hängen auch mit der berechtigten Angst vor Repression zusammen, der zivile Organisationen ausgesetzt sein können. Da die Repression seit der Teilreform der Strafgesetzbuches und der Verabschiedung des „Antiterrorgesetzes" im April 1991 faktisch überwiegend Kurden und pro-kurdisch Engagierte betrifft, muß bezüglich der Möglichkeit des Aufbaus einer Zivilgesellschaft in der Türkischen Republik meines Erachtens entlang der Kurdenfrage differenziert werden. Deshalb werde ich abschließend darstellen, wieso eine kurdische Zivilgesellschaft heute fast unmöglich ist und wie sich diese Spaltung auf die Perspektiven einer türkischen Zivilgesellschaft auswirkt.

Behinderung kurdischer Zivilgesellschaft und ihre Wechselwirkung mit der türkischen Zivilgesellschaft

Die bisherige Darstellung ziviler Organisationen bezog sich v.a. auf das Vereinsleben in Istanbul, wo das Zentrum dieser Aktivitäten lokalisiert werden kann. Die erwähnte bewußte Ausgrenzung von bestimmten Problemfeldern und Personengruppen bei manchen zivilen Organisationen äußert sich hier besonders stark bei der Kurdenfrage. Selbst bei Veranstaltungen von Menschenrechts- und Bürgerrechtsorganisationen, aber auch beim „Stadt und Demokratie Gipfel" mußte immer wieder beobachtet werden, daß diese Frage entweder ausgeblendet oder, wenn angesprochen, geflissentlich überhört wurde oder daß gereizt bis aggressiv auf die Verwendung des Wortes Kurdistan oder auf kurdische Beiträge reagiert wurde.

Eine Erklärung dafür liegt in dem in der türkischen Gesellschaft und auch in der Linken verwurzelten türkischen Nationalismus als Teil der kemalistischen Modernisierungsideologie. Mit dieser Ideologie versuchte bei der Gründung der Republik (1923) eine Kaderelite aus Militärs und Bürokraten, einen modernen europäisch orientierten unabhängigen Nationalstaat aufzubauen. Der Kemalismus weist jedoch ideologisch und in seiner Umsetzung viele Elemente auf, die bis heute einer Demokratisierung entgegenstehen: während die Leugnung der Existenz von Klassenwidersprüchen v.a. durch die Verfassung von 1961 und die Streichung des Straftatbestandes der Kommunismuspropaganda aus dem Strafgesetzbuch 1991 revidiert wurde, gibt es bis heute heftige Diskussionen über die türkische Form des Laizismus, die von starken Eingriffen des Staates in religiöse Praktiken, Äußerungen und Organisierung geprägt ist und als ein Grund für die Entstehung von islamistischen Gegenbewegungen gesehen werden muß. Gerade Vertreter des Zivilgesellschaftskonzepts haben einiges dazu beigetragen, daß diese Frage heute stärker im Sinne von Meinungs-, Glaubensfreiheit und Pluralismus diskutiert wird.[25]

Die Grenzen einer konsequenten Vertretung dieser politischen Werte werden jedoch noch schneller erreicht, wenn es um das türkische Nationalismuskonzept geht, nach dem alle Bürger der Türkischen Republik unabhängig von ihrer tatsächlichen ethnischen Zugehörigkeit zu Türken erklärt wurden. Jegliche Anerkennung der Existenz eines kurdischen Volkes, seiner Sprache und Kultur gilt demnach als Gefährdung der „Einheit der Nation" und der „Unteilbarkeit des Staatsgebietes". Selbst politisch engagierte Menschen haben diesen Nationalismus so verinnerlicht, daß es ihnen schwerfällt, selbstverständlich von der Existenz eines kurdischen Volkes im Staatsgebiet der Türkischen Republik auszugehen und sich als Menschenrechtler und Feministinnen in gleichem Maße gegen Menschenrechtsverletzungen an Kurden zu wenden, wie sie das selbstverständlich bei Türken machen würden. Diese Gefühle werden mit der Ablehnung von Nationalismus (gemeint ist dann kurdischer) begründet, ohne den eigenen Nationalismus, die Angst vor dem Verlust von Staatsgebiet oder gewohnten „Rechten" des Türkentums, kritisch zu reflektieren.[26]

Ein weiterer Grund für das fehlende Engagement ist die berechtigte Angst vor Repression. Spätestens seit 1987 ist das Staatsgebiet der Türkischen Republik rechtlich gespalten, indem nur noch kurdische Provinzen unter Ausnahmezustand gestellt blieben, was in vielerlei Hinsicht eine stärkere Einschränkung politischer Organisation und Meinungsfreiheit und größere staatliche Willkür gegen die Bevölkerung bedeutet. Diese rechtliche Spaltung wurde auch von der Reform der Strafprozeßordnung 1992 bezüglich der Höchstdauer des polizeilichen Gewahrsams und damit der Länge der Foltergefahr übernommen. 1991 wurde im Gegensatz zu kommunistischer und islamistischer Propaganda der Vorwurf der „separatistischen Propaganda" nicht gestrichen, sondern sogar in das „Anti-Terror-Gesetz" übernommen, so daß sich heute Prozesse wegen

---

25 Z.B. Murat Belge und andere Mitglieder des HCA sowie v.a. Çetin Özek in Devlet ve Din, Istanbul, 1983. Vgl. Wedel 1991.
26 Allerdings setzte sich z.B. seit 1993 eine Gruppe von türkischen und kurdischen Feministinnen mit der Frage ihres eigenen Rassismus auseinander, veröffentlichte Anzeigen mit dem Text „Ich schäme mich meines Türkinnentums" und übertrug die SOS Rassismus Kampagne auf den Kontext der Türkischen Republik.

Meinungsdelikten fast ausschließlich auf die Kurdenfrage beziehen. Außerdem blieb der Art. 125 des Türkischen Strafgesetzbuches erhalten, nach dem „separatistische Aktivitäten" (Zerstörung der Einheit der Nation und des Staatsgebietes) mit der Todesstrafe belegt werden. Diese Anklage wird weiterhin häufig gegen Kurdinnen und Kurden erhoben, z.B. auch gegen die Abgeordneten der pro-kurdischen Demokratie Partei DEP, deren Immunität im März bzw. im Juni 1994 aufgehoben wurde und denen nach dem Verbot der Partei am 16.6.94 das Mandat entzogen wurde. Wenn sogar durch Wahlen legitimierte Volksvertreter mit Hilfe dieses Artikels am politischen Engagement gehindert werden, haben natürlich auch Vereine jeglicher Ausrichtung, die sich mit kurdischer Kultur und Politik beschäftigen, kaum noch Überlebenschancen. Diese Situation, die sich in Kurdistan noch krasser auswirkt, gilt aber auch für Istanbul. So wurden z.B. alle bisher gegründeten kurdischen Frauenvereine schon wieder geschlossen. Selbst die Heimatvereine der Migranten sind immer wieder dem Verbot ihrer Veranstaltungen ausgesetzt.

Vor dem Hintergrund der Tatsache, daß sich politische Verfolgung heute rechtlich und praktisch fast ausschließlich auf Engagement in der Kurdenfrage bezieht, wollen es viele Türkinnen und Türken nicht riskieren, ihre gerade erst neu gewonnenen Möglichkeiten, sich zu organisieren und politisch zu äußern, wieder zu verlieren oder sogar gefoltert und inhaftiert zu werden, weil sie sich für die Rechte von „anderen", nämlich von Kurden, einsetzen. Insofern ist die mit den Gesetzen angestrebte Entsolidarisierung zwischen türkischer und kurdischer Opposition wirksam geworden. Auch in dieser Hinsicht ist zu betonen, daß es andererseits auch einige Menschen- und Bürgerrechtler gibt, die sich trotz der Risiken auch für die Rechte von Kurdinnen und Kurden einsetzen.

Die menschenrechtsverletzenden Methoden der Arbeiterpartei Kurdistans PKK führen in der türkischen Öffentlichkeit und sogar bei Teilen der gesellschaftlichen Opposition leicht dazu, daß die Gewalt der PKK mit der des Staates gleichgesetzt oder sogar als schwerwiegender dargestellt wird, und erschweren es der Menschen- und Bürgerrechtsbewegung, ihre legitimen Anliegen bezüglich der kurdischen Bevölkerung, die oft mit der PKK gleichgesetzt wird, in die Öffentlichkeit zu bringen. Teile der türkischen zivilen Organisationen scheinen in dem bewaffneten Kampf der PKK die Hauptursache der Gewalt und eine Gefährdung ihrer eigenen Bemühungen um eine Zivilisierung und Demokratisierung der Gesellschaft und in seinem ethnischen Charakter einen Widerspruch zu ihren Versuchen der Pluralisierung zu sehen.

Tatsächlich führt die Eskalation der Gewalt des Staates und der PKK zu einer Polarisierung zwischen türkischer und kurdischer Bevölkerung und zu einer Militarisierung des Denkens, Sprechens und Handels. Sie steht einerseits einem offenen demokratischen Dialog, konsequentem neutralen Einsatz für Menschenrechte und Pluralismus und somit der Ausbildung einer Zivilgesellschaft entgegen, macht diese aber andererseits umso notwendiger. Die Erkenntnis, daß die zur Zeit v.a. gegen Kurdinnen und Kurden gerichtete Repression jederzeit auch auf andere gesellschaftliche Gruppen ausgedehnt werden kann und die mühsam errungenen Positionen einer Zivilgesellschaft wieder gefährdet werden können, setzt sich bei einigen Teilen der Opposition zunehmend durch. Auf die Dauer wird es nicht möglich sein, Inseln einer Zivilgesellschaft in einem politischen System zu erhalten oder auszubauen, in dem sich zunehmend die militärische Autorität durchsetzt. Um einer weiteren Eskalation der Gewalt zwischen den kämpfenden Parteien und deren Übergreifen auf die Bevölkerung entgegenzusteuern, ist es heute umso wichtiger, zivile Alternativen zu entwikkeln und zu propagieren und die pluralismusfeindliche offizielle Ideologie zu überwinden. Dazu gehört auch, daß es möglich werden muß, daß auch Kurdinnen und Kurden sowie pro-kurdisch Engagierte Ansätze einer Zivilgesellschaft aufbauen können, nicht zuletzt damit es gegebenenfalls Gesprächspartner für eine friedliche, demokratische Lösung des Konflikts gibt.

Literatur

amnesty international: Verteidiger der Menschenrechte in Gefahr, Hamburg/London, 1994.
Gümüş, Korhan: Sivil Toplum Örgütleri Önemli [Die Organisationen der Zivilgesellschaft sind wichtig], in: İstanbul Dergisi, Nr. 8 (Januar 1994), S. 151.
Mardin, Şerif: Power, Civil Society and Culture in the Ottoman Empire, in: Comparative Studies in Society and History, Bd. 11 (Juni 1969), S. 258-281.
Neusel, Ayla: Aufstand im Haus der Frauen - Die neue Frauenbewegung in der Türkei, in: Später, Jörg (Hg.): ... alles ändert sich die ganze Zeit - Soziale Bewegung(en) im „Nahen Osten", Freiburg, 1994, S. 135-144.
Sever, Metin/Dizdar, Cem (Hg.): 2. Cumhuriyet Tartışmaları [Die Diskussionen über die „2. Republik"], Ankara, 1993.
Tachau, Frank: The Political Culture of Kemalist Turkey, in: Landau, Jacob M. (Hg.): Atatürk and the Modernization of Turkey, Leiden, 1984, S. 57-76.

Touraine, Alain: What does Democracy Mean Today?, in: International Social Science Journal, Nr. 128 (Mai 1991), S. 259-268.

Wedel, Heidi: Der türkische Weg zwischen Laizismus und Islam - Zur Entwicklung des Laizismusverständnisses in der Türkischen Republik, Opladen, 1991.

dies.: Die Entstehung von neuen sozialen Bewegungen in der Türkei nach dem Militärputsch von 1980, in: Massarat, Mohssen u.a. (Hg.): Die Dritte Welt und Wir - Bilanz und Perspektiven für Wissenschaft und Praxis, Freiburg, 1993, S. 441-448.

dies.: Vom Motor der Demokratisierung zum Opfer der eskalierenden Gewalt? Der Menschenrechtsverein in der Türkischen Republik, in: Später, Jörg (Hg.): ... alles ändert sich die ganze Zeit - Soziale Bewegung(en) im „Nahen Osten", Freiburg, 1994[a], S. 128-134.

dies.: „In der türkischen Gesellschaft gibt es keine Tradition des Protests" - Ein Gespräch mit der Rechtsanwältin Eren Keskin vom Menschenrechtsverein in Istanbul, in: Frankfurter Rundschau, 12. 12. 1994[b], S. 10.

Interviews

Barınacak Yeri Olmayan Çocuk ve Gençleri Koruma Derneği (Verein zum Schutz obdachloser Kinder und Jugendlicher): Fatma Özballı, 10.1.1994.
Helsinki Citizens Assembly (HCA): Taciser Belge, 14.12.1993.
İnsan Hakları Derneği (İHD, Menschenrechtsverein): Eren Keskin (Rechtsanwältin, 2. Vorsitzende der Zweigstelle Istanbul), 25.10.1993; Ercan Kanar (Rechtsanwalt, 1. Vorsitzender der Zweigstelle Istanbul), 25.10.1993; Zeynep Baran (Mitglied des Vorstandes der Zweigstelle Istanbul), 30.9.1993.
İstanbul Kadın Platformu (Istanbuler Frauenplattform): Şirin Tekeli 8.7.94, Asuman Bayrak 16.9.94, Nezahat Altan 4.10.94.
Kadın Emeğini Değerlendirme Vakfı (Frauenarbeitsstiftung): Şengün Akçar, 11.9.1993.
Kent ve Demokrasi Kurultayı (Stadt und Demokratie Gipfel): Korhan Gümüş (Architekt), 7.12.1993; Celal Beşiktepe (Ingenieur), 5.1.1994.
Marmara ve Boğazları Belediyeler Birliği (Vereinigung der Kommunalregierungen der Marmara-Region): Fikret Toksöz (Generalsekretär), 7.1.1994.
SOS İstanbul Çevre Gönülleri Platformu (SOS Istanbul Plattform der Umweltfreiwilligen): Türksen Başer Kafaoğlu (Sprecherin), 8.1.1994.
Ulusal Demokratik Kadınlar Derneği (Nationaler Demokratischer Frauenverein): Gruppeninterview, 30.9.1993.
Yelda (Feministin, Mitglied des İHD und des Vereins der Gewaltgegner Şiddet Karşıtları Derneği, Mitarbeiterin der Türkischen Menschenrechtsstiftung TİHV, aktiv im feministischen Zentrum Mor Çatı etc.): zahlreiche Gespräche.

Asghar Schirazi

Gegenkultur als Ausdruck der Zivilgesellschaft in der Islamischen Republik Iran

Dieser Aufsatz stellt den Versuch dar, verschiedene Erscheinungsformen einer inoffiziellen Gegenkultur, die gegen die offizielle und islamistisch-legalistisch ausgerichtete Kultur agiert und von den herrschenden Islamisten im Iran bekämpft wird, kurz zu beschreiben, um sodann auf die Frage eingehen zu können, inwieweit diese Gegenkultur zu den Elementen der Zivilgesellschaft in diesem Lande gerechnet werden kann.[1] Diese Problemstellung gründet sich auf folgende theoretische Prämissen:

1. In autoritär geführten Gesellschaften kann das Bestehen der Zivilgesellschaft nicht an denselben Kriterien gemessen werden, die für die demokratischen Gesellschaften üblich sind. Mit anderen Worten: das Fehlen solcher Erscheinungsformen der Zivilgesellschaft wie Vereine, Parteien, Gewerkschaften usw. kann in einer diktatorisch beherrschten Gesellschaft nicht von vornherein bedeuten, daß hier von einer Zivilgesellschaft keine Rede sein kann. Was hier zu beachten ist, sind Potentiale zivilgesellschaftlicher Aktivitäten, die nicht in Erscheinung treten und sich nicht entwickeln können, aber nur deswegen, weil sie es nicht dürfen.
2. Ist die autoritäre Herrschaft Träger einer Ideologie oder einer bestimmten Kultur, und macht sie es sich zur Aufgabe, diese Ideologie oder Kultur der Gesellschaft aufzuzwingen, so kann sich die Zivilgesellschaft als eine, möglicherweise in sich differenzierte, Gegenideologie bzw. Gegenkultur manifestieren; diese birgt in sich die Fähigkeit, Grundlagen für eine auch

---

1 Damit ist bereits gesagt, daß es nicht die Absicht dieses Beitrages ist, alle Elemente der Zivilgesellschaft im Iran zu besprechen.

politisch aktiv werdende Zivilgesellschaft zu bilden, die aktuell wird, sobald die Bedingungen dafür gegeben sind.
3. Wenn auch in einer Demokratie Staat und Gesellschaft nicht immer einander entgegenstehen, sondern sich oft gegenseitig ergänzen, kann diese Koexistenz in einer unter den Bedingungen der Diktatur stehenden Gesellschaft nicht erwartet werden. Hier treten Staat und Gesellschaft vielfach als Gegensätze in Erscheinung. Dieser Gegensatz kann sich bis zur Grenze eines permanenten Konfliktes zwischen den beiden steigern, der erst dann beendet wird, wenn der autoritäre Staat zusammenbricht.
4. Die Erscheinungsformen der Gegenkultur sind nicht immer Bestandteile einer Zivilgesellschaft. Dies kann zwar der Fall sein, wenn sie in der Lage sind, sich frei zu entfalten, d.h. wenn die Diktatur sich auflöst.

Betrachtet man rückblickend die iranische Geschichte unter autoritären Herrschaftsformen - wir beschränken uns hier nur auf das zwanzigste Jahrhundert - findet man viele Zeugnisse für die Existenz potentieller zivilgesellschaftlicher Strukturen, die sich immer wieder entfaltet haben, sobald der autoritäre Druck nachgelassen oder vorübergehend seine Dominanz verloren hat. Vereine sind entstanden, Parteien haben sich gebildet, Presseorgane sind wie Pilze aus dem Boden geschossen, und Toleranz und Gemeingefühl haben sich verbreitet. Auf ideologischer Ebene sind gegen den offiziellen Monarchismus gerichtete politische Ideologien wie Liberalismus, Kommunismus und Islamismus hervorgetreten, die mehr oder weniger offen propagiert worden sind.

Die islamistisch-legalistische Kulturpolitik

Aus der breiten Palette unterschiedlicher politischer Bewegungen, die den Kampf gegen die traditionelle Autokratie führten, ging bekanntlich der legalistische Islamismus siegreich hervor. Aus Gründen, die hier nicht diskutiert werden können, gelang es ihm, die Revolution am Ende der siebziger Jahre in eine islamische zu verwandeln; schließlich errichtete der legalistische Islamismus eine ideologisch legitimierte autoritäre Hierokratie², die sich bis heute hält. Von seinem ideologisch begründeten Anspruch her ist dieser hierokratische Staat totalitär, weil er sich als alleinige Entscheidungsinstanz auf allen Ebenen des sozialen, aber auch des privaten Lebens ansieht. Selbst wenn er, wie in der Wirtschaft, Individuen bzw. Staatsbürgern manche Freiräume zubilligt und sie z.B. als Privateigentümer anerkennt, macht er diese Zugeständnisse unter dem Vorbehalt der Rücknahme, sobald dies der Meinung der Herrschenden nach im Interesse der Staatsordnung geschieht. Die Freiräume basieren nicht auf einem Recht der Bürger, sondern auf der „Gnade Gottes", die jederzeit zurückgenommen werden kann.

Grundlage dieses Anspruchs bildet die Behauptung, daß dieser Staat auf der Scharia (dem islamischen Rechtssystem) aufgebaut sei, die ihrerseits ein geschlossenes Ganzes bilde, das Lösungen für alle Probleme des menschlichen Lebens unabhängig von Ort und Zeit bereithalte. Die Kenner der Scharia, d.h. die islamischen Rechtsgelehrten, beanspruchen für sich selbst dieselbe Machtvollkommenheit wie für die Scharia und fühlen sich berechtigt, andere soziale Gruppen von der Beteiligung an der Macht auszuschließen.

Diesem Anspruch entsprechend ließ der hierokratische Staat bald nach der Machtergreifung fast alle zivilgesellschaftlichen Aktivitäten politischer Art unterdrücken und Tausende ihrer Vertreter ins Exil, Gefängnis oder in den Untergrund schicken oder gar hinrichten. Oppositionelle Parteien wurden verboten, selbständige Vereine und Berufsverbände aufgelöst, die Presse unterdrückt und unerwünschte Öffentlichkeit für unzulässig erklärt. Sie wurden entweder durch ihre staatlich-islamischen Pendants ersetzt oder ersatzlos gestrichen. Nach der Beendigung des achtjährigen iranisch-irakischen Krieges (1980-1988) und besonders nach dem Tode Khomeinis machte sich zwar eine leichte Lockerung dieser Politik bemerkbar; die politischen Vorstellungen jedoch, die die Monopolherrschaft der Legalisten rechtfertigen, bestimmen weiterhin das Verhalten der Mächtigen in diesem Staat.³

Charakteristisch dafür ist in besonderem Maße die seit der Etablierung der „Statthalterschaft der Rechtsgelehrten" (*welayat-e faqih*)⁴ betriebene Kulturpoli-

---

2 Unter Hierokratie wird in diesem Beitrag die Herrschaft der sozialen Schicht der Geistlichkeit verstanden. Dabei treten religiöse Elemente in den Hintergrund und dienen fast ausschließlich der Legitimierung der Herrschaft.
3 Auf die Auswirkungen dieser Lockerung werden wir in diesem Artikel eingehen.
4 So bezeichnen die herrschenden Legalisten den Charakter ihres Staates. Offiziell trägt er jedoch die Bezeichnung „Islamische Republik".

tik. Als Vertreter der Religion betrachten die Befürworter der *welayat-e faqih* diese als historisches Produkt einer Kulturrevolution, welche im Februar 1979 den Wechsel der Macht bewirkt hat und deshalb den kulturellen Charakter dieser Macht hervorhebt.[5] Besonders viel Kraft verwenden sie darauf, die Dominanz und die Respektierung der islamischen Kulturwerte und Kulturbilder sicherzustellen. Darin erblicken sie das Zeichen für die Legitimation ihrer Macht.

Dieser Anspruch kommt auch in einer Art Manifest zum Ausdruck, das 1992 vom Obersten Rat für Kulturrevolution in der Islamischen Republik unter dem Titel „Grundsätze der Kulturpolitik des Landes" herausgegeben wurde. In einer für uns wesentlichen Passage wird auf folgende "Besonderheiten" der Kulturpolitik der Islamischen Republik aufmerksam gemacht:

„Kulturpolitik ist die Politik der islamischen Revolution. Islamische Revolution bedeutet, daß die islamische Kultur in allen privaten und sozialen Angelegenheiten die Basis und den Grundsatz bildet. Daher darf nicht vergessen werden, daß die islamische Revolution in Wirklichkeit eine Kulturrevolution ist. Aus diesem Grund müssen, wenn nicht alle, so doch die meisten, die besten und die wesentlichsten Anstrengungen und Kräfte für die Entwicklung und Dynamisierung der Kultur in allen privaten und gesellschaftlichen Angelegenheiten aufgewendet werden."

Das Manifest stellt zudem fest, daß „... die Gedanken und Gesichtspunkte des Imam Khomeini, genauso wie in den wirtschaftlichen und gesellschaftlichen Bereichen, auch in Bereichen der Gnostik, der Kultur und der Kunst wegweisend sind" und die Kultur- und Kunstpolitik des Landes bestimmen würden. Daher hätten die Äußerungen des Imams im Bezug auf Arten der Musik, des Films, der Filmserien, des Sports und auf andere ähnliche Fragen die Funktion eines Wegweisers. Auf die Gedanken des Imams bezugnehmend und an die Adresse der Träger der Gegenkultur gerichtet, stellt das Manifest fest, daß die islamische Ordnung jedem, der die islamischen Werte gefährde, mit aller Entschlossenheit entgegentrete.[6]

Die Kulturpolitik des „echten mohammedanischen Islam" mit ihrem monopolistischen Anspruch durchzusetzen ist den Machthabern im Iran trotz aller Anstrengungen nicht ganz gelungen. Während der ganzen nachrevolutionären Zeit leisteten die Träger der Gegenkultur gegen diese Politik Widerstand,

---

5   „Die islamische Revolution", so der Staatspräsident Rafsanjani, „ist ihrem Wesen nach vor allem eine kulturelle und spirituelle Revolution." (Kayhan 14.10.1991)
6   Siehe Gesetzbuch 1371 (1992/93), Beschlüsse des Obersten Rates der Kulturrevolution, S. 26 ff.

verteidigten ihre Selbständigkeit weitgehend und konnten den Kampf gegen die offizielle Kultur auf vielen Gebieten zumindest partiell gewinnen. Bevor wir aber diesen Kampf im einzelnen darstellen, möchten wir auf den wesentlichen Grund für die mangelnde Durchsetzungskraft der offiziellen Kultur hinweisen, der gleichzeitig die Stärke der Gegenkultur deutlich macht.

Dieser Grund liegt in der Tatsache, daß es der Scharia, auf die sich die herrschenden Islamisten auch bei ihrer Kulturpolitik beziehen, versagt bleiben muß, Lösungen für die Vielzahl der Probleme der gegenwärtigen Gesellschaften anbieten zu können. Erstens ist die Scharia das Produkt von längst vergangenen Gesellschaftsformen, deren Probleme mit den gegenwärtigen selten übereinstimmen. Zweitens war sie als ein Rechtssystem mit vorwiegend privatrechtlichem Charakter selbst in den alten Gesellschaften nicht in der Lage, öffentlich-rechtliche Fragen abzudecken. Drittens hat sie es in der neueren Geschichte nicht geschafft, sich den Erfordernissen der gegenwärtigen islamischen Gesellschaften anzupassen und sich dementsprechend zu wandeln. Eine auf diese Basis gestützte politische Ordnung kann daher kaum imstande sein, eine Kulturpolitik zu konzipieren, die die Fähigkeit besäße, die entsprechenden Bedürfnisse der Gesellschaft zu befriedigen bzw. den Weg für ihre Befriedigung frei zu halten. Vielmehr reagieren ihre Träger und Wächter auf diese Bedürfnisse und auf die zu ihrer Erfüllung von anderen Seiten bereitgestellten Mittel in einer widersprüchlichen, meist defensiven und zugleich oft auch konsumptiven Form.

Religiöse Gegenkultur

Wir beginnen die Darstellung der Gegenkultur und ihrer einzelnen Audsdrucksformen mit der Religion. Hier begegnen wir einer Reihe von Anschauungen und Praktiken, die in mehr oder weniger eindeutiger Form gegen das von den herrschenden Legalisten vertretene Religions- und Islamverständnis gerichtet sind.

Das offizielle Islamverständnis der herrschenden Legalisten zeichnet sich durch eine reduktionistische und ideologisierende Interpretation aus, in der die Scharia den Hauptbestandteil der Religion bildet und mit der die Statthalterschaft der islamischen Rechtsgelehrten (*welayat-e faqih*) legitimiert wird, eine

Herrschaft, die der Verwirklichung der Scharia dienen soll. In den Jahrzehnten vor der Revolution von 1979 äußerten sich, von säkularistisch eingestellten Menschen abgesehen, auch verschiedene den modernen Interpretationen des Islam zugeneigte Intellektuelle bzw. Geistliche gegen dieses Islamverständnis. Mystik und Volksreligion stellten weitere von dem legalistischen Islam in unterschiedlichem Maße abweichende Glaubensformen dar. Seit der Politisierung des Islam legalistischer Prägung stieß dieser auf Widerspruch selbst der quietistischen Kreise unter den Rechtsgelehrten.[7]

Diese Bewegungen genießen in der nachrevolutionären Zeit umso mehr Zuspruch, je deutlicher die Unfähigkeit der herrschenden Legalisten zu Tage tritt, den Staat zu führen. Indizien dieser Unfähigkeit äußern sich u.a. in der Verarmung großer Bevölkerungsteile, in der Verbreitung von Korruption und Willkür, in der Unterdrückung politischer Rechte, in zunehmender Kriminalität, im Versagen des Ausbildungssystems, in einer Abnahme sozialer Solidarität usw. Entsprechend breit und intensiv ist die Abwendung der Menschen von den zur Macht gelangten religiösen Autoritäten und den von ihnen vertretenen Vorstellungen von der Religion. Obwohl sich unter den gegebenen Umständen derartige Bewegungen nicht quantifizieren lassen, kann jeder Beobachter der Szene feststellen, daß seit der Revolution a) das Interesse für volksreligiöse Erscheinungen gestiegen ist, b) die Neigung zu mystischen Interpretationen der Religion besonders unter den Akademikern gewachsen ist, c) die vorislamische Religion der Iraner, der Zoroastrismus, an Popularität gewonnen hat und d) nicht zuletzt der Glaube vieler Menschen an den Islam an Festigkeit verloren hat.

Innerhalb der religiösen Akademien lehnten viele, darunter einige Großayatollahs wie Schari`atmadari, Khounsari, Kho'i und Qomi den im Sinne der absoluten *welayat-e faqih* interpretierten Islam schon seit der Entstehung der neuen Macht ab, wofür sie mit einer Art Exkommunikation[8], Verhaftung, Hausarrest, Unterrichtsverbot oder gar Hinrichtung bestraft wurden. Viele, die sich früher aus religiösen oder politischen Gründen zu religiös-politischen Führung der Revolution bekannten, distanzieren sich heute mehr oder weniger von ihr. Der Glaube an das Lösungspotential der Scharia ist selbst in den religiösen Akademien erschüttert worden.

---

7 Diese Haltung repräsentierte schon vor der Revolution kein Geringerer als der Großayatollah Borujerdi gegenüber der islamistischen Gruppe Fada'iyan-e Eslam.
8 Dem Großayatollah Schari`atmadari wurde nicht nur die Würde der *marja`iyat* (Instanz der Nachahmung für die Gläubigen) aberkannt, sondern auch verboten, das Gewand der Geistlichkeit zu tragen.

Unter den Islamisten haben sich diejenigen Personen und Kreise am meisten von den herrschenden Legalisten entfernt, die aufgrund ihrer epistemologischen und modernen theologischen Gedanken den Legalismus einer scharfen Kritik unterwerfen und so den Weg für neue Interpretationen des Islam freimachen. Sie heben die Rolle der Vernunft, der Wissenschaften und der Wissenschaftler bei der Lösung sozialer und selbst religiöser Probleme hervor. Sie bezeichnen Gott und den Propheten Mohammed nicht als Gesetzgeber, sondern als Verkünder der Basiswerte der Gesetzgebung, die nicht Sache der Rechtsgelehrten, sondern der Menschen insgesamt sei. Sie erklären, daß das zeitgemäße und damit wahre Verständnis der Religion von der Kenntnis der modernen Wissenschaften abhänge. Damit entwerfen sie eine neue Vorstellung von Religion, die der herrschenden fast gänzlich widerspricht.

Große Relevanz für unsere Analyse besitzen die politischen Schlüsse, die diese Islamisten aus ihrer Sicht der Religion sowie aus der Unwissenheit ziehen, die sie diesbezüglich den Rechtsgelehrten unterstellen. Indem deren Anspruch auf Herrschaft in Frage gestellt wird, nähern sie sich demokratischen Norm- und Ordnungsvorstellungen an und entwerfen eine Staatsform, die der Philosoph Abdolkarim Sorusch „religiöser demokratischer Staat" nennt.[9] Zur Verifikation dieser Schlußfolgerung wird auf die praktizierte Staatsleitung durch die herrschende Geistlichkeit hingewiesen, die sie für die umfassende Krise, in der sich die iranische Gesellschaft befindet, verantwortlich machen.[10]

Die hervorragendsten Vertreter dieser Kritik sind zweifelsohne der Geistliche Mohammad Mojtahed Shabestari und der Philosoph Abdolkarim Sorush.[11] Sie stehen im Mittelpunkt eines einflußreichen Kreises, dessen Ansichten in zahlreichen Schriften, vornehmlich in den Zeitschriften Kayan, Iran-e Farda und Zanan, publiziert werden.

---

9   Sorush 1993.
10 Siehe z.B. den Leitartikel der Zeitschrift Ayne-ye Andishe, Nr. 6/7 (1992), oder Behazin in der von der Zeitung Salam veranstalteten Gesprächsrunde (Salam 9.12.1991).
11 Die von Shabestari und Sorush veröffentlichten Beiträge sind zu zahlreich, um hier genannt werden zu können. Der Autor bespricht sie in seinem Buch zum Thema „Entwicklung der Verfassung in der Islamischen Republik Iran", das in Kürze in englischer Sprache bei I.B. Tauris, London, publiziert wird. Eine kurze Darstellung der Ansichten der beiden Autoren liefert außerdem Borqe'i 1992.

Universitäre Gegenkultur

Gegenkulturelle Aktivitäten und Strömungen lassen sich auch im universitären Bereich, vor allem im Bereich der Sozialwissenschaften, feststellen. Sie richten sich gegen den Versuch des islamischen Staates, die Universitäten zu beherrschen und die Sozialwissenschaften zu islamisieren. Hierzu eröffneten die herrschenden Legalisten bereits im Frühjahr 1980 eine Kampagne, die zuerst zur Schließung der Universitäten am 18.4.1980 und dann zur Bildung von Institutionen führte, die den oben genannten Zielen dienen sollen. Dazu gehören beispielsweise der Universitäre Heilige Krieg (*jahad-e daneshgahi*), der Oberste Rat der Kulturrevolution (*shoura-ye ali-ye enqelab-e farhangi*), das Büro für die Kooperation zwischen den Universitäten und den Religiösen Akademien (*daftar-e hamkari-ye houze wa daneshgah*), das Büro für die Vertretung des Imams in den Fakultäten (*daftarha-ye namayandegi-ye emam in den daneshkadehha*) und das Büro für die Auswahl der Professoren (*daftarha-ye gozinesh ostadan*). Im Rahmen dieser Kampagne, die von Anfang an unter dem Motto der „islamischen Kulturrevolution" stand, sind außerdem die Büros für die Auswahl der Studienbewerber, die islamischen Studentenvereine und nicht zuletzt die islamischen Ordnungskräfte an den Universitäten ins Leben gerufen worden.

Für die Führer des islamischen Staates bildeten die Universitäten, wie Khomeini es nannte, „Orte der Verziehung durch das vergangene Regime"; sie führten, so Khomeini, zur „Abhängigkeit des Landes gegenüber dem Westen", unterdrückten „die islamische Erziehung" und bildeten so die Quelle für alle Mißstände im Lande. Die meisten Schläge, die die Gesellschaft erleide, so Khomeini weiter, bekäme sie von Seiten der Intellektuellen mit Universitätsabschluß. Daraus schloß er konsequenterweise, daß die Universitäten zu islamisieren seien und zu Orten werden müßten, an denen die erhabenen islamischen Wissenschaften gelehrt würden. Dafür sei eine grundlegende Revolution in den Universitäten notwendig.[12]

Khomeinis Auffassung von den Universitäten und ihrer Funktion sowie von der Art und Weise ihrer Revolutionierung wurden in der Folgezeit von verschiedenen Seiten und an verschiedenen Orten immer wieder zitiert und bildeten den

---

12 Khomeini 1987, S. 338 ff.

Gegenstand einschlägiger Resolutionen, Beschlüsse, Gesetze, Satzungen usw.[13] Fragt man, wie sich die herrschende Geistlichkeit die Universitäten in ihren geheimen Wünschen vorstellte, so findet man die Antwort in einer Artikelserie von Ayatollah Ahmad Azari Qomi zum Thema religiöse Akademien und Universitäten, in der er mit Bedauern feststellt, daß der Unterricht in den universitären Fachrichtungen „infolge satanischer Verführungen" nicht mehr wie in den alten Zeiten alleinige Sache der religiösen Akademien sei.[14] Diese Entwicklung rückgängig zu machen schien aber vielen nicht realistisch. Das war wohl der Grund dafür, daß Khomeini, und mit ihm viele seiner Anhänger, nicht die Islamisierung der Wissenschaften zu ihrem Ziel erklärten, sondern die der Universitäten.[15]

Von dieser Differenzierung werden die Sozialwissenschaften allerdings ausgenommen. Hier bildet die Islamisierung das eigentliche Ziel der Kulturrevolution an den Universitäten. Ayatollah Ha'eri Shirazi geht sogar so weit, Religion und Sozialwissenschaften gleichzusetzen.[16] Azar Qomi verlangt, daß, wenn nicht alle, so doch die humanwissenschaftlichen Fakultäten der Universitäten den religiösen Akademien angeschlossen werden.[17] Einer der Gründe dafür, daß die Sozialwissenschaften eine Sonderbehandlung erfahren, liegt darin, daß sie bei einer Nichtislamisierung als Gefahr empfunden werden. „Von den Begegnungspunkten zweier Kulturen", heißt es in einem Zeitungsbeitrag, „bieten die Humanwissenschaften den besseren Boden für die Kulturinvasion des Westens".[18]

Der Islamisierung der Universitäten bzw. der Humanwissenschaften dienten neben den oben genannten Institutionen Maßnahmen wie die Entlassung bzw. Verdrängung der für illoyal gehaltenen Angehörigen des Lehrkörpers und der Studentenschaft sowie die Bereitstellung von fast der Hälfte der Studienplätze an Bewerber, die für regimetreu gehalten werden. Besondere Beachtung findet in diesem Zusammenhang der Versuch, Universitäten unter die Kontrolle der religiösen Akademien zu stellen. Dieser Versuch wurde unter dem Motto

---

13 Gesetzbuch 1987/88, S. 22 ff.
14 Resalat 16.-22.12.1990.
15 Auf diese Unterscheidung legte Khomeini Wert. Siehe seine Rede vor den Angehörigen der islamischen Studentenvereine (Kayhan 22.4.1980).
16 Er sagt zwar Humanwissenschaften, aber im Sprachgebrauch der Geistlichkeit sind damit hauptsächlich Sozialwissenschaften gemeint. (Siehe auch Resalat 1.5.1994).
17 Resalat 19.12.1990.
18 Olum-e ensani wa daneshgaha (Humanwissenschaften und Universitäten), von Mohammad Jawad Salmanpur, in: Resalat 4.1.1993.

wahdat-e houze wa daneshgah (Einheit der religiösen Akademien und der Universitäten) kurz nach der Schließung der Universitäten eingeleitet und führte zur Gründung des Kooperationbüros der beiden Institutionen. Auf diese Einheit sind von Anfang an große Hoffnungen gesetzt worden.

Im Rahmen des Versuchs, diese befohlene Einheit in die Tat umzusetzen, wurde der sogenannte *ma`aref-e eslami* (islamischen Wissenschaften) in den Unterrichtsplan aller Fakultäten als Pflichtfach aufgenommen. Mit besonderem Nachdruck wurde diese Maßnahme in den sozialwissenschaftlichen Fakultäten verfolgt. Sie stellte in gewissem Sinne den ersten Schritt zur Islamisierung der entsprechenden Fächer dar. Das Studium der philosophischen Grundlagen der Sozialwissenschaften, die Abfassung der Resultate in Form von Manuskripten und schließlich die Fertigstellung von zwei Büchern über die „Einleitung in die islamische Soziologie" sowie über „Gesellschaft und Geschichte aus der Sicht des Koran" stellten die weiteren Schritte in dieser Richtung dar.[19] An einer Stelle wurde die Soziologie als „Wissenschaft der Gesellschaft und deren Wandlungen unter der Kontrolle des herrschenden Rechtsgelehrten" definiert.[20]

Diesen Versuchen stellten sich von Anfang an nicht nur unterschiedliche Bewegungen entgegen, sondern auch viele objektive Hindernisse, deren Überwindung sich zunehmend als unmöglich erweisen mußte. Die Bevorzugung des revolutionären Bekenntnisses gegenüber dem Expertenwissen erwies sich bald als dermaßen verhängnisvoll, daß eine Revision dieses Grundsatzes von vielen Wortführern des islamischen Staates als unumgänglich angesehen wurde. Dies geschah besonders nach Ende des Krieges mit dem Irak, als es darum ging, sich über den Aufbau des Landes Gedanken zu machen. Als Mittel zur Lösung dieses Problemes besann man sich auf die ins Ausland geflüchteten bzw. ausgewanderten iranischen Experten und forderte sie auf, in die Heimat zurückzukommen, wo Arbeit und Pflicht auf sie warten würden. Der Sachzwang sorgte also dafür, daß die Rückkehr dieser Landsleute, die sehr oft als Träger der verschmähten westlichen Kultur bezeichnet wurden, und damit ihrer Kultur in Kauf genommen wurde.

Andere objektive Hindernisse für die Islamisierung der Universitäten und Wissenschaften liegen einerseits im Fehlen von Mitteln und Institutionen, die hierzu eingesetzt werden können, und andererseits im Charakter der zu kontrollierenden und zu islamisierenden Materie. Die religiösen Akademien, die mit

---

19 Näheres hierzu siehe Mahdi 1992.
20 Ebd., S. 67.

dieser Aufgabe betraut werden, befinden sich selber in einer Krise, weil sie es nicht geschafft haben, eine funktionierende und konsistente Verbindung zwischen dem Hauptstoff ihres Wissens, d.h. dem islamischen Recht, und der tatsächlichen Entwicklung des Rechtssystem im Lande herzustellen. Sie stehen selbst den Erfordernissen der Staatsleitung, die sie mittels ihres Rechtswissens beherrschen wollten, ohnmächtig gegenüber. Die fehlende Vertrautheit der Rechtsgelehrten mit den modernen Wissenschaften macht ihnen die Kontrolle über die Universitäten unmöglich.

Wie wenig die Kontrolle der religiösen Akademien über die Universitäten gediehen ist, geht aus Äußerungen hervor, die die Verantwortlichen hierzu gelegentlich machen. So gab Ayatollah Mohammad Taqi Sobhani am 24.2.1992 in der Tageszeitung Kayhan zu, daß die bis dahin unternommenen Schritte zur Herstellung der Einheit fruchtlos gewesen seien. Anders bringt der Hauptverantwortliche für die Islamisierung der Sozialwissenschaften, Ayatollah Mesbah Yazdi, seine Enttäuschung zum Ausdruck, indem er im Januar 1993, also dreizehn Jahre nach dem Beginn der Kulturrevolution, schreibt, daß die seit langem durch die Feinde des Islam für die Universitäten gehegten Pläne erfolgreich gewesen seien.[21] Mehr als tausend islamistische Studenten der Universität Amir Kabir in Teheran sahen sich noch im Juni 1994 veranlaßt, ein Kommuniqué zu unterzeichnen, in dem vor der Verbreitung der westlichen Kultur in den Universitäten gewarnt wurde.[22]

Nicht besser steht es um die Islamisierung der Sozialwissenschaften. Ayatollah Ha'eri Shirazi, der von der Identität der Humanwissenschaften mit dem islamischen Glauben überzeugt ist, bedauerte noch Anfang Mai 1994, daß sich die religiösen Akademien nach wie vor mit Geboten und Verboten beschäftigten, anstatt die Sozialwissenschaften aus dem Koran entgegenzunehmen und sie den Universitäten zur Verfügung zu stellen.[23] Nichts ist aber bezeichnender für das Scheitern dieses Vorhabens und zugleich für den Widerstand, den die Universitäten dagegen leisten, als der Hauptartikel in der ersten Nummer der von der Fakultät für Sozialwissenschaften der Universität Teheran herausgegebenen Zeitschrift, in dem der Singapurer Hosein Al-Atas die Diskussion über die Islamisierung der Sozialwissenschaften als eine Art Verbreitung von Irrtümern be-

---

21 Kayhan 25.1.1993.
22 Resalat 9.6.1994.
23 Resalat 1.5.1994.

zeichnet und sie für undurchführbar hält.²⁴

Die genannten objektiven Zwänge schaffen einen breiten Raum, in dem sich die Wissenschaftler und Studenten der Islamisierung entziehen können. Sie nutzen diesen Raum mehr oder weniger bewußt aus und pflegen dort die Gegenkultur auf der entsprechenden Ebene. So reduziert sich die Islamisierung auf die politische und sittenrechtliche Kontrolle der Dozenten/innen sowie Studenten/innen, was umso mehr auf Ablehnung stößt, je intensiver sie betrieben wird. Die Ablehnung kommt meistens in der Form zum Ausdruck, die von Verantwortlichen als „Gleichgültigkeit der Studenten" charakterisiert wird. Damit meinen sie die zunehmende Abneigung der Studenten, sich für die politischen Ziele der Herrschenden zu engagieren. Die zunehmende Isolation der islamischen Studentenvereine bringt diese Abneigung deutlich zum Ausdruck.²⁵ Es gibt aber auch in letzter Zeit zunehmend Proteste seitens der Studentenschaft, auf die die Ordnungskräfte allerdings hart reagieren.²⁶

Gegenkultur in der Kunst

Was aus Sicht der herrschenden Legalisten unter islamischer Kunst zu verstehen ist, geht deutlich aus einer Botschaft Khomeinis bei einer Veranstaltung am 29.9.1988 zur Würdigung von ausgewählten Künstlern hervor. Darin heißt es:

„Der Koran stimmt nur jener Kunst zu, die den echten Islam Mohammeds (...), den Islam der rechtgeleiteten Imame (...), den Islam der leidenden Armen, der Barfüßigen und der Gepeitschten in der bitteren und schmachvollen Geschichte der Entbehrungen Glanz verleiht. Allein jene Kunst ist schön und sauber, die die modernen Kapitalisten, den blutrünstigen Kommunismus und jenen Islam des Wohlstandes, des Glanzes, des Eklektizismus, des Kompromisses, der Niedertracht, der sorglosen Reichen, kurz, den amerikanischen Islam, schlägt (...)."²⁷

---

24 Al-Atas 1988.
25 Siehe hierzu Saqafi 1994.
26 In einem Interview mit der Zeitung Resalat (27.12.1994) bestätigt, wenngleich bagatellisierend, Hojjat ol-Eslam Mebahi, Repräsentant des herrschenden Rechtsgelehrten Khamene'i an der Freien Universität (*daneshgah-e azad*), daß die dortigen Studenten gegen die Durchsetzung der islamischen Kleidungsvorschriften Widerstand geleistet hätten.
27 Kayhan 30.9.1988.

Bei der gleichen Veranstaltung erklärte der damalige Staatspräsident und derzeitige „Führer" der Islamischen Republik[28] „die der heiligen Abwehr dienende Kunst" für die edelste in „unserer Geschichte". Er betonte, daß es die Pflicht der Künstler sei, „zusammen mit den Verantwortlichen der staatlichen Ordnung ihre Anstrengung auf dem Wege zur Erlangung der Ziele und Ideale der Revolution zu verdoppeln".[29]

Mit der „heiligen Abwehr" meinte der Präsident konkret den Krieg gegen den Irak. In die der Kriegsführung dienenden Propaganda einzustimmen, ihre Ziele gutzuheißen und ihre Ergebnisse zu verherrlichen stellt heute noch die erste Forderung der Sachwalter des Regimes an iranische Künstler dar. Andere Themen, mit denen sie sich beschäftigen sollen, sind die Anbetung der schiitischen Imame, die Beweinung ihres Todes, die Huldigung des Märtyrertodes und der Märtyrer, die Glorifizierung der Liebe zu Gott usw. In ihren Gedichten, Filmen, Musikstücken und Erzählungen sollen sie die islamischen Sittenvorschriften nicht nur beachten, sondern sie propagieren. Der fleischlichen Liebe sollen sie keine Beachtung schenken, der Fröhlichkeit keinen Anlaß geben, staatliche Verfehlungen und gesellschaftliche Mißstände nicht unnötig thematisieren und, was das wichtigste ist, sie dürfen sich nicht durch die Ideen des Humanismus und Liberalismus beeinflussen lassen. Sie sollen es hinnehmen, daß ihre Freiheit durch die Gebote der herrschenden Statthalter Gottes limitiert wird.

Um diese Vorstellungen von Kunst durchzusetzen, wendet das Regime zweierlei Mittel an. Einmal investiert es materielle und sonstige Mittel in die Förderung der entsprechenden Kunst und ihrer Produzenten. Außerdem wird nach Möglichkeit die Tätigkeit der unerwünschten Künstler eingeschränkt oder verboten. Zu dem letzteren Zweck werden einerseits die staatlichen Mittel der Unterdrückung, der Verfolgung und der Beschneidung finanzieller Einnahmequellen eingesetzt, und andererseits werden islamistische Künstler, Journalisten und Schlägertruppen eingesetzt, die gegen „ungehorsame" Künstler mit Wort und Tat vorgehen.

Khomeini verbot Musik bereits vor der Revolution in seinen Rechtsbüchern entsprechend der traditionellen Einstellung der Rechtsgelehrten.[30] Nach der Revolution dauerte es nicht lange, bis er sich der Vorteile bewußt wurde, die be-

---

28 Der „Führer" hat nach der Verfassung der Islamischen Republik das oberste Amt, das über alle Staatsgewalten steht und diese koordiniert.
29 Kayhan 30.9.1988.
30 Siehe z.B. Khomeini 1987-90, 2. Bd., S. 351, sowie 4. Bd., S. 223 und 485.

stimmte Arten der Musik für die staatlich-islamische Propaganda bieten konnten. So entschied er sich, im Rundfunk und im Fernsehen Musiksendungen zuzulassen unter der Bedingung, daß sie nicht der Vergnügung und der Fröhlichkeit dienten.[31] Sängerinnen dürfen nach wie vor nicht singen, es sei denn in Chören.

Auch Filmkunst mißbilligte die Geistlichkeit zunächst entsprechend ihrer allgemein ablehnenden Haltung gegenüber Phänomenen des modernen Lebens. Aber auch in diesem Fall besann sich die Führung des Staates bald der Vorteile dieser Kunst und revidierte ihre Haltung. Diese Revision besteht einerseits darin, die für antiislamisch gehaltenen in- und ausländischen Filme zu zensieren oder gar zu verbieten, und andererseits Mittel in die Produktion von proislamischen Filmen zu investieren. Die Zensur zielt, wenn man von rein politischen Vorbehalten absieht, darauf ab, aus Filmen jegliche Szenen zu entfernen, die den islamischen Sittenvorschriften widersprechen. Dabei werden manchmal groteske Mittel angewandt. So geschieht es, daß bei der Synchronisation ausländischer Filme Liebespaare zu Geschwistern werden und Whisky in Kaffee verwandelt wird.[32] Einmal mußte ein Schauspieler seine Filmpartnerin sogar heiraten, um mit ihr zusammen auftreten zu können.[33] Nach einer *fatwa* Khomeinis dürfen Schauspielerinnen nur von Maskenbildnern geschminkt und frisiert werden, die zu ihren nahen Verwandten gehören, d.h. vom Vater, Sohn, Bruder oder Ehemann.[34]

Denselben und ähnlichen Einschränkungen sind die Poeten und Schriftsteller unterworfen. Ein im Jahre 1988 vom Ministerium für Islamische Kultur ausgestelltes Dokument, in dem die Bestimmungen für die Buchproduktion enthalten sind, sieht für Autoren zwei Einschränkungen vor, nämlich in Form von Pflichten und ausdrücklichen Grenzen, die zu beachten sind. Zu den Pflichten gehört unter anderem die Bereitschaft, sich in die kulturelle Zielsetzung und Propaganda des Regimes einspannen zu lassen; und zu den Beschränkungen gehören zahlreiche verbotene Themen, wie z.B. die Vertretung anderer religiöser und sonstiger Anschauungen sowie die Ermunterung der Bevölkerung zu dem, was

---

31 Resalat 22.12.1987; Zeitschrift Houze, Nr. 28 (1988), S. 20.
32 Aus Protest gegen diese Verunstaltungen hat neulich die bekannte Stimmdoublerin Fahime Rastgar ihre Arbeit aufgegeben. Siehe die Zeitschrift Adine, Nr. 69 (1992), S. 8.
33 Zur Filmkunst in der Islamischen Republik Iran siehe Naficy 1992.
34 Resalat 22.12.1987.

von offizieller Seite als Aufruhr gegen das System interpretiert wird.[35]

Diesen Maßnahmen sind seit der Gründung der Islamischen Republik zahlreiche literarische Werke, Autoren und Verlage zum Opfer gefallen. Gelegentlich führten sie zu der Inhaftierung oder gar dem Tod von Autoren.[36] Viele zogen das Leben im Exil vor, um sich diesen Einschränkungen nicht unterziehen zu müssen. Die Schließung des Schriftstellerverbandes im Juni 1981 traf die iranische Literaturszene insgesamt.

Auf der informellen Seite bilden die autonomen Schriftsteller die Zielscheibe unterschiedlicher Vorwürfe und Beschimpfungen durch regimetreue Journalisten, Prediger und Kollegen. Es vergeht kein Tag, ohne daß in mehreren staatlichen Presseorganen mißliebige Autoren angegriffen werden. Nicht selten wird dabei zur Anwendung von Gewalt aufgerufen; dieser Aufforderung leisten dann öfters Gruppen der Hezbollah Folge. Ein Beispiel für derartige Angriffe bildet ein „Kommuniqué der Schriftsteller und Künstler zum Schutz der Werte und Errungenschaften der heiligen Abwehr", in dem mißliebige Kollegen als Theoretiker in Glanzschuhen", „politisch Durchgefallene", „Kulturexperten mit westlicher Denkstruktur" usw. tituliert werden; die Unterzeichnenden versprechen, daß sie „Ayatollah Khamene'i gehorchen und den milchigen Weg der Erde bis zur Galaxie der Menschlichkeit durchschreiten werden".[37]

Diesen Einschränkungen zum Trotz nutzen die meisten oppositionelle Künstler in der nachrevolutionären Zeit jede Gelegenheit dazu, ihre Art Kunst zu produzieren und zu publizieren. Kennzeichnend für diese Künstler, ihre Themen und ihre Produktionen ist das, was die Islamisten als nicht- oder antiislamisch deklarieren. Sie befassen sich mit dem Krieg entweder überhaupt nicht oder in einer den Herrschenden nicht genehmen Art. Stattdessen interessieren sie sich für solche Erscheinungen und Probleme des individuellen oder sozialen Lebens, über die die Islamisten lieber schweigen. Sie behandeln gesellschaftliche Anomalien, behördliche Verfehlungen und andere negative Seiten des Lebens unter der Herrschaft der Rechtsgelehrten. In vielen Werken setzen sie sich mit ihrem eigenen emotionalen Leben, ihren Enttäuschungen, ihrer Wut, ihren Hoffnungen und dergleichen auseinander. Von dem, was die Mullas repräsentieren und für

---

35 Siehe Middle East Watch 1993, S. 27 ff. Ähnliche Bestimmungen gelten für die Filmproduktion (ebd., S. 29 ff.).
36 Das bisher letzte Opfer derartiger Maßnahmen ist der Schriftsteller S`aidi Sirjani, der Ende November 1944 infolge schwerer Mißhandlungen im Gefängnis starb. Die Regierung gab seinen Tod am 27.11.1994 bekannt. Andere Beispiele siehe Middle East Watch 1993.
37 Kayhan 29.8.1991.

wertvoll halten, ist entweder nichts zu merken, oder die Künstler attackieren die Mullas offen oder verdeckt, aber meist auf provokante Weise. Der Schriftsteller Hushang Golshiri beschreibt z.B. die Wünsche eines bettlägerigen alten Mannes, der davon träumt, auf einem belebten Platz im Zentrum Teherans einer verbotenen Tanzveranstalltung beizuwohnen[38]. Die Schriftstellerin Mehrnush Parsipur spricht offen vom sexuellen Leben der ledigen Frauen[39], die Dichterin Simin Behbahani äußert symbolisch, aber für jeden verständlich, ihre Enttäuschung über die Liebe, die sie ursprünglich der Revolution entgegengebracht hatte, vor der sie sich jetzt aber ekelt und von der sie sich freimachen will.[40] Alle gemeinsam protestieren, wie im Oktober dieses Jahres, gegen die Zensur und fordern „die Verwirklichung der Gedanken- und Meinungsfreiheit" sowie die Wiederzulassung ihres Verbandes.[41]

Die unliebsamen Künstler sind gleichzeitig, daran besteht kein Zweifel, die populärsten. Ihre Romane und Gedichte sind die meistverkauften, so sie zu kaufen sind.[42] Die mißliebigen Filmemacher heimsen bei internationalen Filmfestivals viele Preise ein. Die Komponisten und Musiker werden am häufigsten gehört. Der Roman „Tuba und die Bedeutung der Nacht" von Mehrnush Parsipur erlebte in sechs Monaten drei Auflagen. Die Anthologie „Des Teufels Steine" von Monire Ravanipur wurde in zwei Wochen zweimal aufgelegt.[43]

Die Reaktion des Regimes auf die oppositionellen Künstler macht deutlich, wie groß deren Einfluß und Popularität ist. Der Leitartikler der Beilage der Tageszeitung Resalat, Akbar Nabawi, erkennt bei einer Bilanz der gegenwärtigen Kunst drei gegnerische Gruppen - „Versteller", „Geschäftemacher" und „Pessimisten"[44] - denen eine einzige Gruppe der „Wahrhaftigen" gegenüberstehe. Die Zeitung Kayhan stellte im Jahre 1991 fest, daß in der Kultur des Landes eine unislamische Atmosphäre herrsche, welche sich auch in den staatlichen Publikationen verbreitet habe.[45] In der gleichen Zeitung brachte am 12.3.1992

---

38 Golshiri 1994.
39 Zanan bedun-e mardan (Frauen ohne Männer), Teheran 1989.
40 „Oh, ich liebte, was für ein Tier, in was für einem Alptraum, in was für einem Fieberwahn...", in: Adine, Nr 69 (1994), S. 52.
41 Für den Wortlaut dieses ursprünglich von 134 Schriftstellern unterzeichneten Kommuniqués siehe Ligareport, Nr. 14 (1994), S. 6 f.
42 Die Zeitschrift Adine veröffentlicht seit kurzem in jeder Nummer eine Liste der meistverkauften literarischen Werke. Sie basiert auf der Befragung von zehn großen Buchhandlungen. Siehe z.B. die Nummer 96 (1994), S. 7.
43 Middle East Watch 1993, S. 79 ff.
44 Rawaq, Beilage zu Resalat 24.11.1994.
45 Kayhan 9.3.1991.

die Autorin Zahra Rahnaward ihr Bedauern zum Ausdruck, daß die westliche Intellektualität wachse, womit sie die der oppositionellen Intellektuellen meinte. Das oben zitierte Kommuniqué der regimetreuen Schriftsteller und Künstler beklagt, daß die „durchgefallenen" Künstler heute sogar in manchen staatlichen Kunst- und Kulturzentren und in manchen regierungsabhängigen Zeitschriften wieder Stellung bezogen hätten.

Gegenkultur in oppositionellen Zeitschriften

Gegenkulturelle Aktivitäten religiöser, wissenschaftlicher und künstlerischer Art finden ihren Ausdruck in Filmen, Büchern, Audiokassetten, Veranstaltungen und hauptsächlich in den autonomen Zeitschriften, die besonders nach dem Tode Khomeinis in relativ großer Zahl auf dem Markt erschienen. Die bekanntesten unter ihnen sind Adine (Freitag), Gardun (Himmelgewölbe), Donya-ye Sokhan (Welt des Wortes), Goftegu (Dialog), Kiyan (Grundlage), Jame'e-ye salem (Gesunde Gesellschaft), Iran-e Farda (Iran von Morgen), Film (Film), Zanan (Frauen), Farhang wa Touse'e (Kultur und Entwicklung), Negah-e Nou (Neuer Blick).[46] Sie sind von unterschiedlicher Qualität und vertreten diverse antilegalistische Positionen. Manche haben einen eher speziellen Charakter, während andere Zeitschriften Beiträge zu unterschiedlichen, meist jedoch literarischen Themen anbieten. Viele zeichnen sich durch ihr Schweigen gegenüber religiösen Fragen aus, während andere ihre Tätigkeit auf die Entwicklung und Äußerung von islamisch-reformistischen Positionen konzentrieren. Diese Zeitschriften lassen sich vom Inhalt her wie folgt charakterisieren:

1. Sie sind stark von der heute weltweit herrschenden westlich dominierten Kultur beeinflußt oder vertreten sie - so wie sie sie verstehen - fast vorbehaltlos. Diese Aussage trifft mit Einschränkungen selbst für viele der Zeitschriften zu, die von unterschiedlichen staatlichen Stellen oder regimetreuen Trägern finanziert oder herausgegeben werden.
2. Das Regime, die Regierung und die staatliche Wirtschafts-, Sozial-, Kultur- und Erziehungspolitik wird meist allgemein-theoretisch, oft aber auch kon-

---

46 Siehe hierzu Farhang 1994.

kret und spezifisch kritisiert. Aus Angst vor Zensur und Verfolgung trägt diese Kritik allerdings viele Zeichen der Selbstzensur, die jedoch durch eine überhöhte Rezeptionsfähigkeit der Leser kompensiert wird, die zwischen den Zeilen zu lesen gelernt haben.
3. Nicht selten erscheinen Beiträge mit positiver Thematisierung demokratischer Alternativen, zu Problemen der politischen Kultur des Landes und zu den Hindernissen, die hierdurch der Entwicklung der Demokratie im Iran in den Weg gestellt worden sind. Zeitschriften mit islamreformerischen Zielsetzungen kritisieren dabei das Konzept der „Statthalterschaft der Rechtsgelehrten", zu der sich die herrschenden Islamisten bekennen.

Die der Gegenkultur zuzurechnenden Zeitschriften bilden zahlenmäßig zwar eine kleine Minderheit im Vergleich zu den von staatlichen Stellen oder den Befürwortern des Regimes herausgegebenen Periodika, verzeichnen jedoch die stärkeren Auflagen. Außerdem ist zu erwähnen, daß die Regierung über Mittel verfügt, die Auflagen der oppositionellen Zeitschriften so niedrig wie möglich zu halten. Sie kann nicht nur die Auflagenhöhe festlegen, sondern weigert sich auch, diesen Zeitschriften Druckpapier zu subventionierten Preisen zu liefern. Oder sie beschneidet die Werbeeinnahmen, indem potentielle Auftraggeber unter Androhung repressiver Maßnahmen daran gehindert werden, in diesen Zeitschriften zu annoncieren.[47] Diese Maßnahmen führen zwangsläufig zum Anstieg des Verkaufspreises, was potentielle Leser vom Kauf abhält.

Die Grundhaltung der radikaleren Islamisten gegenüber der oppositionellen Presse kommt in einer Rede Khomeinis vom 12.8.1979 zum Ausdruck, in der er seine bis dahin „moderate Haltung" zur Opposition, ihren Parteien und ihrer Presse bereute. Er versprach, demnächst revolutionär zu handeln, und forderte die Revolutionsgerichte auf, u.a. sämtliche, wie er sagte, „subversiven Magazine" zu verbieten und ihre Redakteure vor Gericht zu stellen.[48] Diese Haltung wurde auch in zwei Pressegesetzen reflektiert, die am 14.8.1979 und am 17.3.1986 verabschiedet wurden.[49] In der Folge ging die Zahl der Zeitschriften und Zeitungen von 444 im Jahre 1979 auf 121 wenige Jahre später zurück.[50] Erst nach dem Tode Khomeinis ließ der Druck etwas nach. Die Zahl der Zeit-

---

47 Auf diesen Druck macht die Zeitschrift Kiyan seit ihrer 18. Nummer immer wieder aufmerksam.
48 Kayhan desselben Tages.
49 Siehe das Gesetzbuch 1358 (1979/80), S. 58 und 96 ff., sowie 1965 (1986/87), S. 665 ff.
50 Iran Research Group 1989/90, Teil 21, S. 4 f.

schriften und Zeitungen stieg im Jahre 1992 wieder auf 369.[51]

Der seit 1991 dennoch wieder gestiegene Druck auf diese Zeitschriften geht nicht nur von der Regierungsseite aus, sondern auch von regimetreuen Journalisten sowie von der Schlägertruppe der Hezbollah. In ihrer Ausgabe vom 27.2.1991 wies z.B. die Zeitung Kayhan auf die „neulich in der Presse festzustellende Gefahr des Liberalismus und der Verwestlichung" hin und hoffte, daß man bald mit einem Skalpell „diesen eiternden Furunkel" entfernen würde. Die Zeitung Resalat vom 23.9.1991 forderte die Bevölkerung auf, im Kampf gegen die von der Presse geschmiedete „kulturelle Verschwörung" nicht auf das Urteil der Gerichte zu warten, sondern die Sache selbst in die Hand zu nehmen. Es ist dieser Art von Hetze zuzuschreiben, daß seither die oppositionelle Presse viele empfindliche und z.T. auch gewaltsame Schläge erleiden mußte.[52]

Von oppositionellen Zeitungen kann hier nicht gesprochen werden, weil es sie nicht gibt. Das Regime duldet keine außerhalb der Grenzen der *welayat-e faqih* agierenden Journalisten. Nichtsdestotrotz enthalten manche der zugelassenen und regimetreuen Zeitungen interessante kritische Beiträge, deren Folgen die betreffenden Autoren ab und zu am eigenen Leib zu spüren bekommen. In ihren kritischen Beiträgen verbreiten diese Zeitungen oft die Werte der Gegenkultur und lassen manchmal sogar deren Repräsentanten zu Worte kommen.

Sittenwidrigkeiten als Gegenkultur

Bislang haben wir uns mit der Gegenkultur in Form von intellektuellen Aktivitäten beschäftigt. Nun wenden wir uns jenen Ausdrucksformen zu, die auch in weiteren Bevölkerungsschichten gepflegt werden. Diese Phänomene, die das Verhältnis der Geschlechter, die Kleidung, die Freizeitgestaltung und die leiblichen Genüssen betreffen, bezeichnen die herrschenden Legalisten selbst als "Sittenwidrigkeiten" (*monkerat*); sie achten streng darauf, daß sie nicht begangen werden. Nach den Sittenvorstellungen der Herrschenden können

---

51 Diese Angabe stammt von dem Pressebeauftragten des Ministeriums für Islamische Kultur und Leitung, Ettela'at 26.2.1991 und Salam 24.11.1992.
52 Siehe hierzu Middle East Watch 1993, S. 33 ff.

Männer und Frauen ohne Verschleierungsvorschriften nicht zusammenkommen, wenn sie nicht Verwandte ersten Grades sind. Männer und Frauen werden, wo immer es möglich ist, voneinander ferngehalten. Jungen und Mädchen besuchen getrennte Schulen.

Die vorherrschende Kleidung der Frau in der Öffentlichkeit ist der schwarze Schleier, der den ganzen Körper von Kopf bis Fuß bedeckt. Männer dürfen keine Krawatten[53] und keine Hemden mit halben Ärmeln tragen. Selbst ohne Bart stehen sie schon außerhalb der von Gott befohlenen Moral. Die Freizeit ist nach Auffassung der Herrschenden am besten mit Beten, Pilgerfahrten, Rezitation des Koran, Besuch der Friedhöfe, Teilnahme an Trauerfeierlichkeiten und ähnlichem zu gestalten. Tanzen ist genauso verboten wie fröhliche Musik.

Große Teile der Bevölkerung lehnen aber diese lebensfeindlichen Vorschriften ab. Dabei variiert die Breite der Ablehnungsfront und die Intensität des Widerstandes. Die aktiveren Gegner der Vorschriften verstoßen gewöhnlich ganz bewußt dagegen und begehen verbotene Handlungen. Sie nutzen zudem jede Gelegenheit, um ihre ablehnende Haltung zu demonstrieren. Männer tragen Krawatten und rasieren ihren Bart. Frauen ziehen ihr Kopftuch in provozierender Form Millimeter um Millimeter zurück, um mit noch mehr öffentlich zur Schau gestellten Haaren ihren Protest zu demonstrieren. Aus dem vorgeschriebenen, bis zu den Knöcheln reichenden Mantel machen sie ein modisches Kleid, das jedem Sittenwächter die Zornesröte ins Gesicht treibt.

Viele verbotene Produkte sind, wenngleich nicht risikolos, unschwer zu beschaffen. Westliche, im Ausland durch Exiliraner produzierte oder aus der vorrevolutionären Zeit stammende Musik und Filme werden auf Ton- und Videokassetten auf dem florierenden Schwarzmarkt gehandelt und weitergereicht. Alkoholische Getränke werden in derartigen Mengen produziert, daß man mit Ironie davon spricht, daß das Land zumindest auf diesem Markt den Stand der heiß ersehnten Selbstversorgung erreicht hat. Neuester Schrei sind die Satellitenantennen, über die die Erzeugnisse der westlichen Kultur in den Häusern des Islam mit Leidenschaft empfangen werden.

Die Heftigkeit und Permanenz, mit der die Regierung auf sittenwidriges Verhalten reagiert, weisen auf deren Verbreitung und Konsequenzen hin. Die heftige Reaktion zeigt sich u.a. in den zahlreichen, immer wieder neu geschaffenen

---

53 Das letzte Gutachten (*fatwa*) gegen Krawatten stammt vom Führer Khameneʼi, das er damit begründete, daß sie neben den Fliegen zu den Symbolen der Kulturinvasion zu zählen seien. Resalat 30.6.1994.

und parallel agierenden Organisationen, die gegen die Zuwiderhandelnden eingesetzt werden.

Diese Organisationen und deren meist sehr schroffe und demütigende Vorgehensweise werden durch zahlreiche Gesetze, Ausführungsbestimmungen und *fatwas* gedeckt. Bereits im März 1979 ordnete Khomeini an, daß Frauen nicht „nackt", d.h. unverschleiert, in den Behörden erscheinen dürften.[54] Ende März 1983 verglich der Oberstaatsanwalt der Revolutionsgerichte die unvollständig verschleierten Frauen mit solchen Menschen, die ein Transparent trügen, auf dem die Parole „Nieder mit der Islamischen Republik" zu lesen sei.[55] Am 3.5.1986 forderte der damalige Parlamentspräsident Rafsanjani die Verschikkung unvollständig verschleierter Frauen in Arbeitslager.[56]

Wie ernst derartige Drohungen gemeint sind, geht aus zahlreichen Berichten über das Vorgehen gegen unvollständig verschleierten Frauen hervor. Am 24.6.1993 meldete, um nur ein Beispiel zu nennen, die Zeitung Salam die Verhaftung von 800 Frauen in Teheran wegen Mißachtung der Kleidungsvorschriften. Der Leiter des „Büros für den Kampf gegen soziale Übeltaten" berichtete zu Beginn des iranischen Jahres 1371 (1992/93), daß in den vorangegangenen Jahren 16.000 Frauen wegen mangelnder Verschleierung in Teheran verhaftet worden und zum Teil noch inhaftiert seien.[57]

Die regelmäßigen Berichte über Bestrafungen wegen Produktion und Genusses von alkoholhaltigen Getränken belegen eindeutig, daß diese Sünden nicht gerade selten begangen werden. Bezogen sich diese Berichte in den ersten Jahren nach der Revolution noch auf private Produktion und Genuß dieser Getränke, kommt es in der letzten Zeit nicht selten vor, daß Zeitungen von der Aufdeckung wahrhaftiger Alkoholfabriken berichten. Über eine solche Fabrik in der Stadt Gorgan berichtete z.B die Zeitung Resalat am 2.7.1994. Dreizehn Tage später stand in derselben Zeitung ein Bericht über die Beschlagnahme von 16 Fässern mit je 220 Litern alkoholischer Getränke nebst einem 500 Liter umfassenden Destilationstopf in einem Teheraner Haus.

Eines der Probleme, die von den Herrschenden sehr ernst genommen werden, sind die Videokassetten; ihr Kampf dagegen endete jedoch mit einer totalen

---

54 Kayhan 6.3.1979.
55 Ettela'at 28.3.1983, entnommen aus: Liga zur Verteidigung der Menschenrechte im Iran 1988, Teil III.
56 Ebd.
57 Kayhan (London) 26.3.1992.

Niederlage. Noch im Dezember 1992 bezeichnete Khamene'i Videokassetten und Videogeräte als Mittel zur Verbreitung von Trivialitäten und moralischem Übel; er forderte den Obersten Kulturrat auf, dieses Problem zu lösen.[58] Viele Jahre konnten Stadtbewohner eine mit großen Buchstaben an viele Hausfassaden gemalte Parole lesen, die lautete: „Video bedeutet die Einladung der westlichen und östlichen Huren in das eigene Haus".[59] Nichtsdestotrotz wuchs die Zahl der Videogeräte stetig an, von denen im Jahre 1993 bereits 3 Mio. in iranischen Haushalten gestanden haben sollen. Die Zeitung Salam schätzte sogar, daß im gleichen Jahr 49% der Teheraner Haushalte ein solches Gerät besäßen; ein Jahr zuvor waren es nur 26,7%.[60] Die Niederlage einsehend, beschloß das Regime 1994 eine neue Strategie zur Bekämpfung der Videos. Diese Strategie besteht darin, moralisch einwandfreie oder gründlich zensierte Videofilme herzustellen, die über eigens hierfür zugelassene Videoklubs verliehen werden sollen. Über 5000 solcher Klubs sind inzwischen eröffnet worden. Aufgrund mangelnder Nachfrage mußten sie aber wieder schließen, weil sie der Konkurrenz mit den Vertreibern der zwar illegalen, aber leicht erhältlichen attraktiven Videofilme nicht gewachsen waren. Einer der von der Zeitung Salam interviewten offiziellen Videoverleiher beschwerte sich darüber, daß er jeden Tag nur 5 bis 12 Kassetten verleihen könne, während die Zahl bei seinen schwarzhandelnden Kollegen bei 400 liege. Er schloß seine Beschwerde mit dem Satz: „Die Gründung der [zugelassenen] Videoklubs ist wie ein Feuer gewesen, das gut aufflammte, aber schnell ausging".[61]

Dessen ungeachtet versuchen die herrschenden Islamisten nunmehr einen ähnlichen Kampf gegen die Satellitenantennen, der vermutlich nicht anders ausgehen wird, als der gegen die Videos. Um der "Vergiftung" des Volkes durch diese Antennen Einhalt zu gebieten, verabschiedete das Islamische Parlament am 3.1.1995 ein Gesetz, demzufolge Import, Vertrieb, Montage und Besitz von Satellitenantennen unter Strafe gestellt werden. Zur Zeit wird die Zahl der Satellitenschüsseln im Iran auf 700.000 geschätzt.[62]

---

58 Salam 12.12.1992.
59 Salam 24.12.1992.
60 Salam 27.4.1994.
61 Salam 30.8.1994.
62 Persisches Programm von Radio Israel, 4.1.1995.

Die Kulturinvasion

Die vielen *fatwas*, Dekrete und Gesetze sowie das scharfe Vorgehen gegen die Gegenkultur haben diese Kultur bislang nicht unterdrücken können; deren Befürworter stehen zu den entsprechenden Werten, propagieren diese vorsätzlich und gestalten ihr Leben danach. Sie haben es außerdem geschafft, immer weitere Gebiete des gesellschaftlichen Lebens zu beeinflussen und diese Gegenkultur zunehmend zu etablieren. Dabei wurden nicht nur die Grenzen der offiziellen Kultur mißachtet, sondern diese sogar beeinflußt.

Die Durchsetzungskraft der Gegenkultur ist in der Tat so groß, daß die herrschenden Islamisten in große Angst versetzt werden. Diese Angst kommt sowohl in den Bezeichnungen zum Ausdruck, die führende Islamisten für die Gegenkultur wählen, als auch in der Art und Weise, wie die aus dieser Gegenkultur erwachsende Gefahr für die Islamische Republik dargestellt wird. Die Angst wird in Warnungen deutlich, die gegen die Protagonisten der Gegenkultur ausgesprochen werden, und zeigt sich auch in den Mitteln, die für die Eindämmung dieser Gefahr verwendet werden.

„Kulturelle Trivialität", „kulturelle Bombardierung", „feindliche kulturelle Verschwörung", „vollkarätiger Kulturkrieg", „teuflisches Kulturwerk des Westens", „Kulturinvasion", „antiislamische Kultur", „nächtlicher kultureller Überraschungsangriff", „kulturelles Gemetzel", und „kulturelle Okkupation" sind Bestandteile des verbalen Kulturkriegsarsenals. Man kann sich nur schwer des Eindrucks erwehren, daß sich die Wortführer des Regimes bei der Erfindung solcher Begriffe in einem Wettstreit befinden. Diese Verbalattacken verraten gleichzeitig ein Gefühl der Resignation, der Starre und der Ausweglosigkeit, das mühevoll unterdrückt wird, um sich der eigenen Schwäche gegenüber dieser „Invasion" nicht bewußt zu werden.

Erscheinungsformen dieser Invasion werden in den meisten einschlägigen Vorträgen, Artikeln, Predigten usw. genannt und beschrieben. Es handelt sich dabei um die gleichen Phänomene, die wir in diesem Beitrag besprochen haben. Von Philosophie und Religion angefangen reichen sie bis zum Rasieren der Bärte, zur Eröffnung von Hamburger-Läden und zum Tragen von beschrifteten T-Shirts. Auch die Invasoren werden in diesen Beiträgen mit Namen genannt. Intellektuelle, Künstler und die Abnehmer ihrer Produkte werden nicht selten im gleichen Atemzug genannt wie Prostituierte, Dealer und Glücksspieler. Unvollständig verschleierte Frauen werden oft mit Prostituierten in eine Reihe gestellt oder gar als solche bezeichnet. Selbst die liberalen Islamreformisten werden nicht verschont. Das Gemeinsame aller Kulturinvasoren ist ihre Hörigkeit gegenüber dem Westen, und nicht selten wird ihnen vorgeworfen, Soldempfänger des Westens zu sein.

Aus der Anwendung militärisch-politischer Begriffe für die Charakterisierung der Gegenkultur und aus der Verbindung, die zwischen ihr und dem feindlichen Westen hergestellt wird, geht außerdem hervor, welche große politische Bedeutung die Wortführer des Regimes diesem Phänomen beimessen. Nicht nur die Vernichtung der islamischen Kultur, sondern auch des islamischen Staates soll das Ziel dieser Invasion sein. Diese Auffassung brachte einer der bedeutenderen Theoretiker des Regimes, Mohammad Jawad Larijani, deutlich zum Ausdruck, als er sagte, daß das Ziel der „kulturellen Frontbildung", die eine „vollkalkulierte Strategie" bilde, „der Sturz des islamischen Staates und der Kampf gegen die islamische Renaissance ist".[63] In diesem Sinne äußerte sich auch der Parlamentspräsident Nateq Nuri, als er die Kulturinvasion als eine Strömung bezeichnete, die „in philosophisch-politischen Dimensionen die Bildung des islamischen Staates" in Frage stelle.[64]

Auf die Mittel und Maßnahmen, die das Regime gegen die Gegenkultur anwendet, sind wir in den obigen Abschnitten eingegangen. Hier sollen nun einige andere kurz erwähnt werden: Bildung eines Zentralen Stabes zur Verrichtung des Gebetes gegen die Kulturinvasion und die Organisation entsprechender Veranstaltungen in den Schulen und auf öffentlichen Plätzen,[65] Abhaltung von Kursen zum Thema Glauben in den allerdings spärlich besuchten Moscheen, Aufsatzwettbewerbe zu religiösen Themen, Ermunterung der Kinder und Jugendlichen zum Auswendiglernen des Koran. Seit einigen Jahren versucht man nun, diese und ähnliche Programme in einem „umfassenden Plan zur Bekämpfung der Kulturinvasion" zu koordinieren. Über diesen Versuch berichten Tageszeitungen hin und wieder. Bis heute ist jedoch nicht bekannt, wieweit der Plan tatsächlich gediehen ist.[66] Bekannt ist hingegen, daß seit einigen Jahren im Haushaltsplan des Staates Finanzmittel zur Bekämpfung der

---

63   Resalat 14.11.1991.
64   Resalat 12.4.1992.
65   Ende August 1994 gab der Verantwortliche für diesen Stab, Hojjat ol-Eslam Sadeqi, bekannt, daß im vergangenen Jahr eine Milliarde Toman (ca 5,3 Mio. Mark) zu diesem Zweck ausgegeben worden sei (Salam 30.8.1994).
66   Vielleicht deswegen, weil, wie M.J. Larijani einmal sagte, der Plan geheim bleiben soll (Resalat 14.11.1991).

Kulturinvasion bewilligt werden. Auch in dem zweiten Entwicklungplan, der für die am 21.3.1995 beginnenden kommenden fünf Jahre vorgesehen ist und der u.a. der Bekämpfung der Kulturinvasion dienen wird, sind derartige Mittel vorgesehen.[67]

Differenzen bei der Bekämpfung der Kulturinvasion

Im Kampf gegen die Gegenkultur sind sich die Wortführer und Staatsfunktionäre des Regimes nicht immer einig. Einige sprechen sich für die Anwendung von differenzierteren, subtileren und überzeugenderen Kampfmitteln aus. Andere treten für die Tolerierung mancher ihrer Erscheinungsformen ein, auch wenn sie betonen, daß sie diese nicht gutheißen können. Wenn die Gegenkultur Ende der achtziger und Anfang der neunziger Jahre nicht vollständig unterdrückt wurde, so ist dies zum Teil auf den Einfluß jener Kreise unter den herrschenden Islamisten zurückzuführen, die diese Linie vertreten. Bis Mitte Juli 1991 war der führende Repräsentant dieses Kreises Ayatollah Mohammad Khatami, der als Minister für Islamische Kultur eine allerdings beschränkte Toleranz im Verhältnis zur Gegenkultur entwickelte. Unter seiner Führung wurde die Zensur gelockert und den Trägern der Gegenkultur manche Möglichkeit geboten, mit ihren Werken und Ideen in die Öffentlichkeit zu treten. Damit ist die Frage teilweise beantwortet, welche Kräfte es bewirkt haben, daß die Unterdrückung der Gegenkultur nicht vollständig betrieben wurde. Ein anderer wichtiger Grund hierfür ist sicher auch die Unmöglichkeit der vollständigen Unterdrückung in einem Lande, dessen Kulturleben zu differenziert ist, um in den engen Rahmen des legalistisch-islamistischen Kulturbildes eingebunden zu werden.

Die radikalen Elemente lehnen die als weich zu bezeichnende Kampfstrategie nicht nur ab, sondern begegnen deren Befürwortern mit schlimmen Verdächtigungen, die im Vorwurf der Zugehörigkeit zur Front des Feindes gipfeln. Sehr oft hört man ihre Warnungen vor diesen „subversiven Elementen". Der inzwischen zum Großayatollah avancierte Fazel Lankarani z.B. bezeichnete die „Ge-

---

67 Resalat 3.8.1994. Resalat berichtete allerdings am 24.3.1994, daß das Ministerium für Islamische Kultur und Leitung die im Budget des Jahres 1371 (1992/93) zu diesem Zweck vorgesehenen Mittel anderweitig ausgegeben habe.

fahr der V-Männer in den Kulturinstitutionen" als „die letzte Verschwörung der Großmächte" gegen die islamische Republik.[68] Der Chefredakteur der Tageszeitung Jomhuri-ye Eslami, Hojjat ol-Eslam Masih Mohajeri, bedauerte das Wirken der Invasoren aus dem Inneren der Kulturorganisationen und Kulturinstitutionen.[69] Ayatollah Mohammadi Eraqi hält es für notwendig, auf „manche Freunde, die sich in der Kulturinvasion in Soldaten des Feindes verwandelt haben", aufmerksam zu machen.[70]

Neben dem Ministerium für Islamische Kultur bildeten aus der Sicht der Radikalen die Rundfunk- und Fernsehanstalten lange Zeit ein anderes Hauptaktionsfeld für die V-Männer der Kulturinvasion. Ein Parlamentsabgeordneter schrieb am 7.9.1993 in der Zeitung Resalat einen Artikel, in dem es u.a. heißt: „Wenn Sie wissen wollen, was die Kulturinvasion ist, finden Sie die Antwort in den Programmen der Rundfunk- und Fernsehanstalten". Aufgrund des von diesen Kreisen ausgeübten Drucks mußte Ayatollah Khatami Mitte Juli 1991 von seinem Posten zurücktreten. Aus dem gleichem Grund löste der Führer Kamene'i am 14.2.1994 die Leitung der Rundfunk- und Fernsehanstalten auf und machte damit den Weg für die Besetzung dieser Organisation durch radikalkonservative Kräfte frei.

In gewissem Sinne muß man den Radikalkonservativen sogar Recht geben, wenn sie die Befürworter der weichen Strategie als Handlanger der Kulturinvasion abstempeln. Diese machen in der Tat durch ihre Toleranz und Integrationsstrategie den Umstand sichtbar, daß die Islamisten nicht umhin können, die Existenz der Gegenkultur anzuerkennen, sich deren Produkte anzueignen und damit unfreiwillig den Beweis für die Stärke der Gegenkultur zu führen.

Gegenkultur und Zivilgesellschaft

An dieser Stelle können wir nun, nachdem wir die verschiedenen Ausdrucksformen der iranischen Gegenkultur vorgestellt haben, zu der Frage nach deren Verhältnis zur Zivilgesellschaft zurückkommen. Die Antwort auf diese Frage hängt

---

68   Kayhan 18.4.1992.
69   Kayhan 25.2.1992.
70   Kayhan 18.12.1991.

davon ab, was wir unter dem Begriff Zivilgesellschaft verstehen. Verstehen wir darunter jegliche soziale Aktivität, die unabhängig vom Staat stattfindet und auf die Selbständigkeit der Gesellschaft ihm gegenüber abzielt, so können wir alle in diesem Beitrag besprochenen Erscheinungsformen der Gegenkultur als Elemente der Zivilgesellschaft bewerten.[71] Dies gilt auch für individuelle Aktivitäten, die bewußt und unbewußt als Reaktionen gegen staatliche Vorschriften betrieben werden.

Machen wir aber zur Bedingung, daß zur Zivilgesellschaft nur jene außerstaatlichen Aktivitäten zu rechnen sind, die in irgendeinem positiven Verhältnis zur Demokratie stehen, dann müssen wir bei der Beurteilung des zivilgesellschaftlichen Gehalts der hier dargestellten gegenkulturellen Aktivitäten Vorsicht walten lassen. Manche dieser Aktivitäten weisen in diesem, auch von uns vertretenen, Sinne kaum ein direktes Verhältnis zur Zivilgesellschaft auf, auch dann nicht, wenn man ihnen die Eigenschaft zuspricht, Ausdruck des bewußten Widerstandes gegen den Staat und dessen repressive Moralvorschriften zu sein. Obwohl sie eine Art Selbständigkeit gegenüber dem Staat demonstrieren, kann kaum erwartet werden, daß sie, in ihrer aktuellen Erscheinungsform, irgendwie zur Entstehung oder Entwicklung von Demokratie beitragen würden. Ihr Beitrag liegt allein in der Ausübung und Pflege einer dem staatlichen Totalitätsanspruch widersprechenden Attitüde, die für die Entwicklung der Zivilgesellschaft notwendig ist, sich aber, unter gegebenen Umständen, auch antizivilgesellschaftlich äußern kann. Genuß von alkoholischen Getränken und das Vergnügen an den durch Videokassetten und Satellitenantennen vermittelten Sexfilmen usw. müssen zu diesem Teil der gegenkulturellen Aktivitäten gerechnet werden. Ähnlich sind die Aktivitäten der mystischen Strömungen und Gruppen zu beurteilen, weil sie, indem sie die Zuflucht in die Innerlichkeit propagieren und praktizieren, sich politisch nur negativ äußern und daher keinen Beitrag zur Entwicklung der Demokratie leisten, es sei denn in der Negation der staatlichen Ideologie. Volksreligiöse Aktivitäten können ebenfalls zu dieser Kategorie der gegenkulturellen Aktivitäten gerechnet werden.

Die auf die Reform des Islam ausgerichteten gegenkulturellen Aktivitäten sind hingegen eher demokratiekonform und zwar dort, wo sie aus der Kritik des legalistischen Islamverständnisses und dessen Vorstellungen vom Staat Schlüs-

---

71 Nur in diesem Sinne kann man die von Bernard Lewis (1991) genannten Institutionen der islamischen Gesellschaften wie religiöse Stiftungen, Sufi-Bruderschaften, Gilden, Nachbarschaftsgruppen usw. als Ausdrucksformen der Zivilgesellschaft beurteilen.

se ziehen, die auf die Trennung von Staat und Religion oder zumindest auf die Liberalisierung des islamischen Staates hinauslaufen. Die Bestrebungen reformislamischer Intellektueller in diese Richtung sind zwar unterschiedlich ausgeprägt; ihr Beitrag zur Entwicklung der Zivilgesellschaft kann jedoch schon jetzt als entscheidend bewertet werden angesichts des Umstandes, daß der Erfolg der Demokratie von der Zustimmung religiöser Kreise abhängt. Die Gegenkultur der säkularistischen Intellektuellen erfüllt die Bedingungen der Zivilgesellschaft am ehesten, wenngleich mit der Einschränkung, daß viele von ihnen immer noch Anhänger der traditionellen nicht demokratischen politischen Kultur sind oder Ideen des *Tiersmondisme* mit sich tragen. Diese Bewertung gilt sowohl für Intellektuelle, die als Wissenschaftler und im universitären Bereich arbeiten, als auch für Künstler und Journalisten. Viele reformistisch eingestellte islamische Intellektuellen lassen ähnliche Tendenzen erkennen.

Damit kann die Bewertung des zivilgesellschaftlichen Gehalts der Gegenkultur in ihren einzelnen Erscheinungsformen abgeschlossen werden. Will man aber die Gesamtheit der gegenkulturellen Aktivitäten beurteilen, ist eine sich gegenüber dem Staat etablierende Alternative zu erkennen, die zwar vorwiegend kulturell in Erscheinung tritt; die dahinter stehenden politischen Kräfte aber sind nicht zu unterschätzen und manifestieren sich zunehmend mit dem nachlassenden politischen Druck auf die Gesellschaft. Bei einem Fortschreiten dieses Prozesses wird sich diese Kraft darin äußern, daß sie die Grundlage für die Entfaltung jener Kriterien der Zivilgesellschaft bildet, die wir aus demokratischen Gesellschaften kennen. Parteien, Verbände und Vereine werden gebildet, die Presse erhält die Möglichkeit, sich frei zu äußern, und die Öffentlichkeit findet nicht mehr nur in informellen Formen des Informations- und Meinungsaustausches statt, sondern in den Massenmedien. Erst in einer solchen Situation werden sich die zivilgesellschaftlichen Potentiale einer Gesellschaft zeigen, die gegenwärtig unter einem autokratischen islamischen Staat leben muß.[72]

Indem die Gegenkultur die Autorität des islamischen Staates untergräbt und die Legitimationsgrundlagen dieses Staates öffentlich in Frage stellt, bereitet sie den Boden für die Entwicklung anderer Ausdrucksformen der Zivilgesellschaft im Iran vor. Die zukünftige Entwicklung der Gegenkultur selbst hängt aber von vielen Faktoren ab, auf die sie nur teilweise Einfluß hat. Dazu zählt z.B. die

---

72 Tiwa (1992) sieht im Fortleben der vom islamischen Regime nicht zu kontrollierenden säkularen, politischen, ökonomischen und kulturellen Phänomene den Beweis für die Zähigkeit der Zivilgesellschaft in der Islamischen Republik.

ökonomische Verarmung des Landes, die, wie wir bei den oppositionellen Zeitschriften gesehen haben, die Aktivitäten der Gegenkultur stark einschränkt.

Literatur

Al-Atas, Hussain 1988: darbar-ye eslam wa olum-e ejtema'i (Über den Islam und die Sozialwissenschaften); in: Name-ye Olum-e ejtema'i, Nr. 1, S. 1-8.

Borqe'i, Muhammad 1992: shenakht-e dini dar barabar-e shenakht-e olum-e tajrobi (Religiöse Erkenntnis versus Erkenntnis der positiven Wissenschaften); in: Kankash, Nr. 8, S. 76-103.

Farhang, Omid 1994: karname-ye panj sale-ye goshayesh-e faza-ye farhangi (Bilanz der fünfjährigen Öffnung der kulturellen Atmosphäre); in: Goftegu, Nr. 4, S. 9-26.

Gesetzbuch 1987/88: Ruzname-ye Rasmi-ye Jomhuri-ye Eslami 1987/88, Majmu' e-ye qawanin 1366.

Golshiri, Hushang 1994: enfjar-e bozorg (Die große Explosion); in: Adine, Nr. 90/91, S. 44-46.

Iran Research Group 1989/90: Yearbook Iran, Bonn.

Liga zur Verteidigung der Menschenrechte im Iran 1988: Dokumentation über Menschenrechtsverletzungen in der Islamischen Republik Iran; Berlin.

Khomeini, Ruhollah 1987: Sokahanan-e mozu'i-ye emam Khomeini (Eloquenz. Inhaltlich geordnete Reden des Imam Khomeinis); Bd. 3.

Khomeini, Ruhollah 1987-90: tahrir ol-wasile (Niederschrift der Lösungen); 4 Bände.

Lewis, Bernard 1991: Europa, Islam und die Civil Society; in: Krzysztof Michalski (Hrsg.): Europa und die Civil Society, Klett-Cotta, S. 157-173.

Mahdi, Ali Akbar 1992: Jame'e shenasi-ye eslami ja nousazi-ye tafakkor-e ejtem'i dar eslam (Islamische Soziologie oder die Erneuerung des gesellschaftsbezogenen Denkens im Islam); in: Kankash, Heft 8, S. 45-75.

Middle East Watch 1993: Guardians of Thought. Limits on Freedom of Expression in Iran; New York.

Naficy, Hamid 1992: Islamizing Film Culture in Iran; in: Samih K. Farsoun und Mehrdad Mashayekhi (Hrsg.), Iran. Political Culture in the Islamic Republic, London/New York, S. 178-213.

Saqafi, Morad 1994: daneshju, doulat wa enqelab (Student, Regierung und Revolution); in: Goftegu, Nr. 5, S. 9-26.

Sorush, Abdolkarim 1993: hokumat-e demokratik-e dini (Der demokratisch-religiöse Staat); in: Kiyan, Nr. 11, S. 12-15. In deutscher Sprache erschienen unter dem Titel: Eine religiöse demokratische Regierung; in: Spektrum Iran, Heft 4 (1992), S. 79-85.

Tiwa, M. 1992: cheshmandaz-e jame'e-ye madani wa tafakkor-e orfi (Perspektive der Zivilgesellschaft und des säkularen Denkens); in: Kankash, Nr. 8, S. 13-44.

Amal Jamal

Zivilgesellschaft ohne Staat? Das Beispiel Palästina

Der palästinensische Widerstand gegen die israelische Besatzung nahm erst in den siebziger Jahren eine zivile Dimension an.[1] Nach dem gescheiterten Versuch der palästinensischen Befreiungsbewegung (*Fatah*), einen Volkskrieg gegen die israelische Militärmacht zu entfachen, wurden der Aufbau und die Stärkung ziviler Organisationen ernster genommen.[2] Die israelische Repressionspolitik, die jegliche nationalorientierte politische Aktivität verhindern wollte, zwang den palästinensischen Widerstand weitgehend in die Illegalität. Neben öffentlichen politischen Komitees wurde eine zivile Untergrundinfrastruktur aufgebaut, in die die Israelis nicht eindringen konnten und die zur Mobilisierung dienen sollte, um den Widerstand gegen die Besatzung zu forcieren sowie die administrative Macht der israelischen Militärregierung zu unterminieren. Das Hauptziel war indes die Aufrechterhaltung der einheimischen Normen und Werte, um ein Minimum an Solidarität und Würde zu erhalten und auf dieser Basis der israelischen Unterwerfungspolitik Widerstand leisten zu können.[3] Dieser Weg wurde als der beste für die Konsolidierung der nationalen Identität gegenüber der israelischen Annektierungspolitik gesehen.[4]

Im Laufe der Zeit hat dieses zivile Netzwerk seine Lebensfähigkeit nachgewiesen;[5] während der Intifada wurde es als Bereich der Freiheit, Unabhängigkeit und des Protestes verstanden und stärkte den Widerstandswillen der Bevöl-

---

1 Frisch 1989.
2 Lesch 1980, S. 32.
3 Dakkak 1985, S. 74-87.
4 Aronson 1987, S. 50; Hiltermann 1991, S. 43-53.
5 Tamari 1990, S. 4-8.

kerung entscheidend.⁶ Der zivile Charakter der palästinensischen Infrastruktur, ihr Widerstand gegen die Repression und ihr Streben nach nationaler Freiheit werfen die Frage auf, ob es sich in diesem Fall um eine Zivilgesellschaft ohne Staat handelt. Dieser Artikel wird sich mit diesem Thema befassen und dabei die palästinensische Institutionsbildung in den von Israel besetzten Gebieten untersuchen. Insbesondere sollen der besondere Charakter der palästinensischen Situation herausgearbeitet und die Faktoren erörtert werden, die dieses zivile Netzwerk zusammenhalten.

In diesem Zusammenhang werden hauptsächlich folgende Fragen behandelt:
1. Wie manifestieren sich die zivilen Institutionen in den besetzten Gebieten?
2. Ist es möglich, die zivilen Institutionen in der Westbank und im Gaza-Streifen als zivilgesellschaftliche Strukturen zu betrachten?
3. Wie kann man zivile Organisationen ohne Staat definieren?
4. Bildet eine Zivilgesellschaft ohne Staat einen Widerspruch in sich? Oder anders gefragt: Ist der Staat ein unentbehrlicher Agent für die Existenz einer Zivilgesellschaft? Wäre es möglich, eine Gemeinschaft, die eine zivile Infrastruktur außerhalb eines Staates etabliert hat, als Zivilgesellschaft zu betrachten?

Hinsichtlich des Verhältnisses zwischen Familie/Clan und Zivilgesellschaft interessiert insbesondere der Aspekt der individuellen Autonomie eines jeden Mitglieds der Gesellschaft, das grundsätzlich als unabhängiger Akteur zu sehen ist und die Basis einer pluralistischen Kollektivität bildet. Die kollektiven Lebensformen in den arabischen Gesellschaften, in denen der Stamm, der Clan, die Sekte und die Familie immer noch eine große Rolle spielen, lassen die Verwendung des Begriffs Zivilgesellschaft zweifelhaft erscheinen: Soll der Clan als sozialer Akteur, als Teil der Familie oder als Teil der Zivilgesellschaft gesehen werden?⁷ Von besonderer Bedeutung ist hierbei das Element der Freiwilligkeit, das die Zivilgesellschaft von diesen primordialen Loyalitätsformen unterscheidet. Dieser Aspekt ist deshalb wichtig, weil die auf traditionellen sozialen Organisationsformen beruhende Loyalität im Gegensatz steht zu der freiwillig gewählten Loyalität im Rahmen einer zivilen Organisationsform. Die Frage, in

---

6 Ibidem.
7 Bishara 1993, S. 90.

wieweit sich die zivilen Institutionen von diesen Lebensformen getrennt haben, soll daher in diesem Artikel an zentraler Stelle stehen.

Die historischen Wurzeln

Als Folge des sozialen, ökonomischen und politischen Wandels wurde die Bildung einer kohärenten palästinensischen Gesellschaft immer wieder unterbrochen. Während der Mandatszeit mußten die Palästinenser gleich gegen zwei Feinde, die Briten und die Zionisten, um ihre Unabhängigkeit kämpfen. Trotz oder vielleicht sogar wegen dieses Kampfes sind viele Vereine, Klubs und andere zivile Organisationen entstanden,[8] die sowohl moderne als auch traditionelle Elemente aufwiesen.[9] Obgleich diese Organisationen oft familialer Natur waren, wurde doch versucht, lokale Grenzen zu überschreiten und andere Familien, Dörfer und Gemeinden einzubinden; ein Beispiel sind die christlich-moslemischen Komitees, die Angehörige beider Religionen zusammenbrachten, um gemeinsame Ziele zu erreichen. In mehreren Fällen wurden diese Organisationsformen für die Ausweitung familialer Netzwerke und zur Steigerung ihres Einflusses benutzt, um auf diese Weise politische Macht zu erringen sowie hohe soziale und politische Positionen zu bekleiden.[10] Dieser Prozeß, der in den dreißiger Jahren eine erhebliche Beschleunigung erfuhr, kam jedoch Ende der vierziger Jahre mit der Gründung Israels zum Stillstand.

Nach 1948 wurden die Palästinenser mit einer neuen Situation konfrontiert, da sie nun den arabischen Regimen ausgeliefert waren, die keinerlei Interesse an einer Selbstorganisation der Palästinenser hatten.[11] Dies führte dazu, daß diese zwei unterschiedliche Organisationsformen adaptierten. Zum einen versuchten sie, tradierte Lebensweisen zu rekonstruieren, wobei die Familienzugehörigkeit erneut eine große Rolle spielte. In den Lagern sammelten sich auseinandergerissene Familien, um ihr soziales Netzwerk wiederaufzubauen.[12]

---

8   Porath 1976, S. 59-64; Lesch 1973, S. 7-42.
9   Abu-Gazaleh 1972, S. 37-63.
10 Al-Hut 1984, S. 134; El-Peleg 1989, S. 7-20.
11 Brand 1988.
12 Sayigh 1980, S. 177-225.

Zum anderen wurden studentische und professionelle Vereine und Verbände gegründet, die die spezifischen Interessen ihrer Mitglieder vertraten. In den meisten Fällen wurden diese Organisationen außerhalb der Lager insbesondere von Angehörigen der palästinensischen Mittelschicht, die vor 1948 aktive Mitglieder der Nationalbewegung gewesen waren, aufgebaut oder von Intellektuellen, die die Bedeutung des Institutionalisierungsprozesses für die politische Mobilisierung erkannt hatten.[13] Diese Verbände wurden später von politischen Organisationen kooptiert und dienten als organisatorische Infrastruktur der palästinensischen Befreiungsbewegung. Ab den sechziger Jahren dominierte dann die PLO diese zivilen Institutionen, die nunmehr dem nationalen Befreiungskampf eine größere Priorität einräumten als der Interessenvertretung ihrer Mitglieder. Die zivile Infrastruktur der PLO spielte beim Wiederaufbau der palästinensischen Identität und bei der Wiederherstellung der Kohärenz der palästinensischen Gesellschaft eine große Rolle.

Institutionenbildung und Zivilgesellschaft

Das „normale" Leben der Palästinenser erfuhr durch den Krieg im Juni 1967 einen weiteren tiefen Einschnitt. Die Isolation der Palästinenser in den besetzten Gebieten von der restlichen arabischen Welt und die israelische Militärpolitik beeinflußten sämtliche Lebensbereiche. Die Einwohner der Westbank und des Gaza-Streifens verloren ihr administratives Zentrum, und die kurz zuvor gegründete PLO verlor den unmittelbaren Kontakt zur palästinensischen Bevölkerung, die zudem in ein pro-jordanisches und ein pro-PLO Lager gespalten war. Daher brach ein neuer Konflikt aus, bei dem es um die Loyalität der Palästinenser ging. Jordanien konnte durch seine Einigung mit Israel bezüglich der besetzten Gebiete den Kontakt zur dortigen Bevölkerung und damit auch den politischen Einfluß aufrechterhalten; das Haschemitische Königreich zahlte weiterhin die Löhne für die Bediensteten des öffentlichen Dienstes und finanzierte die religiösen Organisationen.[14] Die PLO hingegen wandte ihre „autoritative und

---

13 Baumgarten 1991, S.65-80.
14 Sassur 1978, S. 53-65; Sahliyeh 1988, S. 24.

allokative" Macht an, um die Bevölkerung für ihre Ziele zu mobilisieren.[15] Ihr Hauptanliegen war die Anerkennung als legitime Vertretung des palästinensischen Volkes und die Mobilisierung der Bevölkerung für den Widerstand gegen die israelische Besetzung, um einen palästinensischen Staat unter der Führung der PLO gründen zu können.

Angesichts des von der PLO, von Jordanien und von Israel ausgeübten dreifachen Drucks auf die Palästinenser wurde ein Politisierungsprozeß in Gang gesetzt, in dessen Folge sich nationalistische, islamistische sowie traditionalistische Strömungen herauskristallisierten.[16] Dies führte letztlich dazu, daß während der vergangenen zwei Jahrzehnte in den von Israel besetzten Gebieten traditionelle Herrschaftsformen kontinuierlich verfallen sind. An ihre Stelle sind neue Organisationen getreten, die mehr als nur bestimmte soziale, lokale oder familiäre Interessen vertreten und eher in der Lage sind, sich veränderten politischen Rahmenbedingungen anzupassen.[17] Sie haben insbesondere auch das von dem palästinensischen Soziologen Salim Tamari „intrusion into civil society" genannte Phänomen ermöglicht.

Interessengruppen

Nach dem Krieg von 1967 war die palästinensische Reaktion auf die israelische Politik eher spontan als geplant. Bald aber setzten sich vor allem diejenigen politischen Palästinensergruppen an die Spitze des Widerstandes,[18] die gemeinsam mit der kommunistischen Partei operierten. Die Kommunisten waren die einzige Partei mit einer funktionierenden Untergrundstruktur; auf der politischen Ebene hingegen dominierte die pro-jordanische Elite.[19] In dieser Situation, in der einerseits die traditionelle Elite ihre Macht durchzusetzen und andererseits die KP ihre Interessen weiter zu konsolidieren versuchte, bemühte sich die PLO, verschiedene Gruppen der Bevölkerung zu mobilisieren.

Aufgrund der Auseinandersetzungen zwischen den verschiedenen Gruppen und der israelischen „De-Institutionalisierungspolitik" entstand ein Bedarf nach

---

15 Giddens 1985, S.7-16.
16 Tamari 1991, S.57-70.
17 Ibidem, S. 63-66.
18 Interview mit Arabi Awad in: Shu'un Filistinia, Nr. 32 (April 1974), S. 51.
19 Sahliyeh 1988, S. 21-41; Lesch 1980, S. 33.

neuen Organisationen, die die Interessen neuer sozialer und politischer Kräfte vertreten sollten und die sich auf der Basis segmentärer Zugehörigkeit etablierten. Es handelt sich hierbei um eine Vielzahl unterschiedlicher Organisationen, die sich in verschiedene Untergruppierungen aufteilen lassen. Die erste Gruppe besteht aus den Gewerkschaften, die sich aus der berufsbezogenen Bevölkerung gebildet haben. Sie entstanden in der Zeit der jordanischen Herrschaft und wurden nach der Besetzung der Westbanks aktiv, wobei sie sich der allgemeinen nationalistischen Tendenz anpassen mußten. Anfang der achtziger Jahre gelang es dann den nationalistischen Gruppierungen, die Gewerkschaften zu kontrollieren und sie als Fassade für politische Aktivitäten zu benutzen.[20] Dies führte dazu, daß die Gewerkschaften von dem in den siebziger Jahren verfolgten Konzept des Klassenkampfes immer mehr Abstand nahmen und zunehmend einen nationalistischen Kurs verfolgten.[21] Damit wurde ihr Anspruch, die sozialen und ökonomischen Interessen ihrer Mitglieder zu vertreten, zugunsten des kollektiven Strebens nach nationaler Selbstbestimmung zurückgestellt: Nicht mehr der Klassenfeind, sondern die israelische Militärverwaltung wurde nun als Ausbeuter der Arbeiter gesehen, und die Stärkung des lokalen Unternehmertums wurde zu einem nationalen Ziel erklärt.

Die zweite Gruppe bildet die Frauenbewegung, die ihre Wurzeln in der 1964 als Ableger der PLO gegründeten „General Union of Palestinian Women" (GUPW) hat. Die GUPW arbeitete in den sechziger Jahren als soziale Organisation, ohne daß sie den Versuch unternahm, sich von der PLO organisatorisch zu trennen.[22] Die GUPW kämpfte bereits in den sechziger Jahren für eine aktive soziale Rolle der Frau in der Gesellschaft, wurde aber in den siebziger Jahren durch eine jüngere und selbstbewußtere Frauengeneration radikalisiert. Obwohl die Frauenbewegung sich weiterhin als einen Teil der Nationalbewegung betrachtete, wurden neue Frauenorganisationen gegründet, die allerdings keine antagonistische Positionen zur GUPW einnahmen. Während sich die bestehenden Frauenorganisationen für wohltätige Zwecke engagierten, hatten die neuen Organisationen einen darüber hinausgehenden Anspruch. Sie waren wesentlich radikaler in dem Sinne, daß sie für eine soziale und politische Rolle der Frau im

---

20 Tamari 1992, S. 19.
21 Hiltermann 1991, S. 63.
22 Giacaman Rita: Palestinian Women and Development in the Occupied West Bank. Zitiert nach Hiltermann 1991, S. 131.

öffentlichen Leben eintraten.[23] "Unlike the charitable associations", schreibt Rosemary Sayigh, "whose structure reproduces class boundaries ... Women's Action Committee members include professional, clerical and factory workers"; die neu begründeten Frauenkomitees hätten, so weiter, versucht „to outgrow its local origins (and) to avoid the paraphernalia of institutionalism ..."[24]

Die dritte Gruppe schließlich ist die Studentenbewegung. Mit dem wirtschaftlichen Aufschwung in den besetzten Gebieten und dem damit steigenden Lebensstandard wurde ein Hochschulstudium für viele soziale Gruppen zugänglich. Die steigende Zahl von Studenten in den siebziger Jahren führte dazu, daß der Campus zur zentralen Arena des politischen Engagements der jungen Generation wurde. Das universitäre Umfeld bot einen Rahmen zur Institutionalisierung der politischen Aktivitäten, so daß sich die Studentenbewegung Mitte der siebziger Jahre zu einer selbstbewußten und starken Kraft in den besetzten Gebieten entwickelte. Da sie sich nicht nur als Teil der Intelligenzia, sondern auch als Teil der Nationalbewegung betrachteten, engagierten sie sich auch bald auf sozialem und ökonomischem Gebiet und halfen der Bevölkerung bei der Bewältigung alltäglicher Probleme.

Sozio-kulturelle und wohltätige Organisationen

Die Folgen des Juni-Krieges von 1967 beschrieb ein palästinensischer Intellektueller mit den Worten: „With the June War, all previous modes of life were shattered. The whole social structure was challenged. All previous values and convictions were put to the test ... . Something basic was wrong. The organisation of the society, the values, the ideals were all upset."[25] Die Niederlage von 1967 führte dazu, daß die grundlegenden Werten der Gesellschaft grundsätzlich in Frage gestellt wurden,[26] was auch in der Literatur, im Theater und in anderen kulturellen Bereichen seinen Niederschlag fand. Mit der sich verstärkenden palästinensischen Identität entstanden Organisationen, in denen sich neue kulturelle Aktivitätsformen herausbildeten. Neben zahlreichen Zeitungen, Kulturzeitschriften, literarischen und journalistischen Vereinen wurden auch viele

---

23 Sayigh 1981, S. 3-26.
24 Ibidem, S. 18.
25 Aziz 1971, S. 22.
26 Heller 1980, S. 185-211.

Jugendclubs gegründet, die zahlreiche Aktivitäten anboten und derer es Mitte der achtziger Jahre in der Westbank 25 gab.[27] Unter diesen kulturellen Aktivitäten gibt es zwei unterschiedliche Tendenzen, die sich aber nicht gegenseitig ausschließen: Die nationalistische Tendenz bemüht sich um die Bewahrung und Verstärkung des palästinensischen Volkserbes, während die andere statt parochialer und nationalistischer Werte marxistische betont. Daneben sind die islamischen Organisationen zu erwähnen, die ein islamisches Weltbild vertreten und die Islamisierung der Gesellschaft anstreben und auf die weiter unten eingegangen wird.

Eine Organisation, die nationalistische, kulturelle und wohltätige Akivitäten zu verbinden versucht, ist die „Gesellschaft für die Regeneration der Familie". Diese Organisation wurde schon im Jahr 1965 gegründet, wurde aber in den siebziger Jahren reformiert, um sich den neuen Bedürfnissen der Gesellschaft anzupassen.[28] Sie entwickelte Ausbildungsprogramme für Frauen, um ihnen die Chance zu geben, erwerbstätig zu werden. Der Sinn des Programms, so Samiha Khalil, Leiterin der Gesellschaft, bestehe darin, Frauen die Möglichkeit eines eigenen Einkommens zu eröffnen und damit ihren Einfluß in der Familie zu steigern.[29] Die Aktivitäten der Gesellschaft sind breit gefächert; sie gründete eine Zeitschrift und eröffnete ein Museum für palästinensische Folklore.

Eine andere Art von Organisationen sind diejenigen, die sich sozialen Problemen und der Gesundheitsfürsorge widmen. Da Israel diese Bereiche vollkommen vernachlässigte, blieb den Palästinensern nichts anderes übrig, als ein eigenes medizinisches Netzwerk zu gründen. Zunächst versuchten die Palästinenser ihre diesbezüglichen Aktivitäten im Rahmen der Besatzungsgesetze zu verfolgen und die vorhandene medizinische Infrastruktur - bereits bestehende Krankenhäuser und den „Roten Halbmond" - zu nutzen. Ende der siebziger Jahre wurde jedoch eine neue Form der medizinischen Versorgung entwickelt, die nicht nur auf die Behandlung, sondern vor allem auch auf die Verhütung von Krankheiten Wert legt und präventive sowie didaktische Verfahren anwendet.[30] Ein gutes Beispiel dafür sind die medizinischen Unterstützungskomitees, die sich 1979 zusammenschlossen.[31] Diese Komitees sind freiwillige Organisa-

---

27 Benvenisti 1986, S. 197.
28 Hilterman 1991, S. 130-131.
29 Sayigh 1980, S. 12.
30 Rigby 1991, S. 88.
31 Statement of Purpose, Jerusalem: Union of Palestinian Medical Relief Committees, 1984, S. 1.

tionen, deren Mitglieder eine neue Generation von Medizinern sind, die die strukturellen und konzeptionellen Probleme bei der gesundheitlichen Versorgung in den besetzten Gebieten zu überwinden versuchen.[32]

Religiös orientierte Organisationen

Unter den verschiedenen Organisationen, die in den besetzten Gebieten entstanden sind, befinden sich zahlreiche religiöse Organisationen, die islamische Werte betonen und den Islam zu ihrer „Mobilisierungsideologie" gemacht haben.

In Palästina gab es immer solche Organisationen, die ihre Aktivität auf zahlreiche Bereiche des täglichen Lebens ausdehnten. Aufgrund des primordialen Charakters der palästinensischen Gesellschaft spielen Moscheen und Kirchen eine zentrale Rolle bei der palästinensischen Bevölkerung. Bezeichnend ist die in der Gesellschaft zu beobachtende religiöse Toleranz; seit Anfang des Jahrhunderts finden immer wieder gemeinsame christlich-muslimische Aktivitäten statt. Unter den religiös orientierten Organisationen finden wir Schulen, Jugendklubs und Forschungsinstitute. Teilweise nehmen an den Aktivitäten dieser Organisationen Mitglieder beider Religionen teil; zum Beispiel sind christliche Schulen für muslimische Schüler und umgekehrt zugänglich. Beit Sahour, ein Dorf in der Westbank, ist ein Beispiel für den gelungenen Versuch, gemeinsam Widerstand gegen die israelische Politik zu leisten.

Sowohl die Hamas-Bewegung als auch al-Jihad al-Islami (Der Islamische Heilige Krieg) politisierten den Islam und stellen in den besetzten Gebieten ein Gegengewicht zu den linken politischen Strömungen dar; um die Entfremdung traditioneller Segmente der Gesellschaft zu verhindern, präsentieren sie den Islam als Zentrum des Lebens.[33] Besonders die Muslimbruderschaft und der Islamische Heilige Krieg bemühen sich, ein ziviles Netzwerk aufzubauen, das als Rückgrat der Bewegung dienen soll. Neben Institutionen zur religiösen Erziehung gründeten sie islamische Hochschulen, Klubs, Frauen- und Studentenorganisationen sowie Klinikzentren, um damit ihren Einfluß bei der Bevölkerung steigern zu können. Der Erfolg der Bemühungen zeigte sich dann während der Intifada, als die islamischen Organisationen ihre Fähigkeit, die Bevölkerung gegen die Besatzungsmacht zu mobilisieren, unter Beweis stellten.

---

32 Barghouti/Giacaman 1990, S. 73-87.
33 Tamari 1992.

Seit dem Friedensabkommen zwischen Israel und der PLO aktiviert die Hamas-Bewegung zunehmend ihre organisatorischen Reserven, um die Palästinenser gegen das Abkommen zu mobilisieren. Sie nutzt aber nicht nur die schlechte wirtschaftliche Situation aus, um die Legitimität der PLO zu unterminieren, sondern versucht auch, von der tiefgehenden Spaltung zwischen den nationalistischen PLO-Faktionen zu profitieren.[34]

Der nationale Aufstand und die zivilen Organisationen

Der Institutionenbildungsprozeß in den besetzten palästinensischen Gebieten verfolgte zwei Ziele: Erstens sollte die soziale Sicherheit der Bevölkerung gewährleistet werden, indem der Bevölkerung unterschiedliche wirtschaftliche, medizinische und soziale Dienstleistungen angeboten wurden, um damit die von der israelischen Militärregierung offen gelassenen Lücken zu schließen. Zweitens sollte die Gründung zahlreicher Organisationen die Voraussetzung für die nationale Befreiung und für die anschließende Gründung eines nationalen palästinensischen Staates schaffen.

Die Palästinenser benutzten die zivilen Institutionen quasi als Schutzschild, um ihren Kampf für Freiheit und nationale Unabhängigkeit weiterzuführen. Dadurch wurden die sozialen Interessen des Individuums mit den nationalen Interessen verknüpft. Zivile Organisationen wie die Gewerkschaften wurden organisatorische Fassaden für politische Kräfte, die dem anti-israelischen Widerstand Vorrang einräumten gegenüber den Interessen der von den Organisationen vertretenen sozialen Gruppen. Zu Beginn der achtziger Jahre versuchten die verschiedenen politischen Gruppierungen, ihren Einfluß dadurch auszudehnen, daß sie die Kontrolle über zivile Organisationen zu erlangen versuchten. "Die palästinensischen politischen Gruppen", konstatierte ein palästinensischer Beobachter, "nutzten diese Institutionen als Mittel für politische Aktivitäten gegen die Repressionspolitik der Besatzungsmacht."[35]

---

34 Roy 1993, S. 29.
35 Abdel-Hadi 1994, S. 25-26.

Bei der Intifada spielten die zivilen Organisationen eine bedeutende Rolle. Sie bildeten die Hauptstruktur des kollektiven Handelns, um eine zivile Rebellion zu führen.[36] Unter diesen Organisationen waren die Volks- und die Nationalkomitees die aktivsten, die während des Aufstandes als Kommunikationsmittler fungierten. Sie koordinierten die einzelnen lokalen Aktivitäten und versuchten dadurch, den Aufstand regional auszudehnen. Die Volkskomitees existierten auf der Ebene des Wohnviertels, des Dorfes, der Stadt und der Region und waren in allen sozialen Bereichen aktiv. Sie versuchten, die Kommunikationsnetzwerke der israelischen Armee, die in den vorangegangenen zwei Jahrzehnten aufgebaut worden war, zu sabotieren und stattdessen eigene Kommunikationsnetzwerke zu etablieren, um dadurch die Strukturen des angestrebten palästinensischen Staates zu begründen.

Dagegen führte die israelische Militärregierung eine De-Institutionalisierungspolitik durch, mit der sie den Spielraum der zivilen Organisationen begrenzte und diese in vielen Fällen sogar auflöste. Das Personal wurde entlassen, eingesperrt oder, in Extremfällen, deportiert. Die Politik der israelischen Regierung verfolgte das Ziel, den Aufbau einer Infrastruktur für einen zukünftigen palästinensischen Staat zu verhindern und die Unterlegenheit der palästinensischen Gesellschaft gegenüber Israel zu zementieren.

Diese Politik erfuhr durch die Gründung der Zivilverwaltung für die besetzten Gebiete schon im März 1981 ihre deutlichste Ausprägung. Seitdem versucht Israel nicht nur, die Sicherheitlage zu kontrollieren, sondern auch „to deal with civilian matters pertaining to the local residents, with the attention to law and order".[37]

Die Intifada löste eine Diskussion über die Frage aus, ob die PLO einen Friedensplan vorlegen sollte, um aus dem Aufstand politisches Kapital schlagen zu können. Die Zerrissenheit der PLO hatte zur Folge, daß jede Gruppe den Aufstand für sich zu nutzen versuchte, so daß letztlich der Zusammenhalt, den der Widerstand gegen die Besetzung erzeugt hatte, den politischen Partikularinteressen der einzelnen Gruppierungen geopfert wurde. Als diese Auseinandersetzungen schließlich mit Gewalt ausgetragen wurden, verminderte sich der zivile Charakter des Aufstandes.

Der palästinensische Dissens über das Friedensabkommen mit Israel führte dazu, daß die zivilen Organisationen ihren Einfluß auf das öffentliche Leben

---

36 Al-Madhun 1989, S. 31.
37 Benvenisti 1986, S. 23.

teilweise verloren und damit auch deren Fähigkeit vermindert wurde, die palästinensische Gesellschaft zu einen. Offensichtlich wurde der politische Differenzierungsprozeß, der sich bereits während der Intifada abzeichnete, weiter forciert und die Gesellschaft gespalten. Viele Palästinenser sehen in Israel weiterhin den unbedingt zu bekämpfenden Feind, während andere ihre politischen Zielsetzungen modifiziert und eine moderate Haltung eingenommen haben.

Die Gründung der Palestinian Authority (PA) im Gaza-Streifen und in Jericho hat den zivilen Organisationen in den besetzten Gebieten nicht sehr geholfen. Der PA ist es bislang nicht gelungen, ihre Autorität zu festigen und sich als einzige politische Machtinstitution in ihrem Gebiet zu etablieren.[38] Die oppositionellen Gruppen in der PLO wie auch Hamas sind noch immer in der Lage, die PA herauszufordern. Sie kontrollieren zahlreiche zivile Organisationen und üben darüber einen beträchtlichen Einfluß auf die Bevölkerung aus, die gegen die PA mobilisiert wird.[39] Die Konsequenz ist, daß die zivilen Organisationen gleichsam zwischen den Fronten zerrieben werden und sich teilweise auflösen, so daß die Zivilgesellschaft geschwächt wird.[40] Diese Entwicklung wird auch dadurch beschleunigt, daß die PA eine klientelistische Rekrutierungspolitik verfolgt, um die radikalen Kräfte unter Kontrolle zu bringen. Die Art und Weise, wie in Gaza der Bürgermeister ernannt worden ist und verschiedene hochrangige Positionen besetzt worden sind, und die Schließung der Zeitungen „Al-Nahar" und später „Al-Razid" sind beispielhaft für die Versuche der PA, die zivilen Kräfte zu neutralisieren.[41]

Im Rahmen des "Friedensprozesses" ist Israel bestrebt, die PLO zu stärken, wodurch die Fragmentierung der palästinensischen Gesellschaft verstärkt wird. Die israelische Politik wird auch weiterhin entscheidend sein für die zukünftige Entwicklung ziviler Strukturen innerhalb der palästinensischen Gesellschaft. Israel versucht nicht nur in den von ihnen kontrollierten Gebieten zivile Organisationsformen einzuschränken, sondern auch dort, wo die PA bereits eingerichtet worden ist, was selbst der militärische Koordinator der israelischen Regierung, Danny Rothschild, bestätigte: „We will remain the only real authori-

---

38 MEED, Dezember 1994.
39 Roy 1993, S. 20-31.
40 Ibidem, S.20-31.
41 Interview mit Ghazi Abu Giab, in: Middle East Report, vol. 24, no. 6 (November-Dezember 1994), S. 24-25.

ty on the ground. The role of the Palestinian Authority is limited only to providing the services that the people need in the fields of education, social affairs, taxation, health and tourism".[42]

Schlußbemerkungen

In der Westbank und im Gaza-Streifen besteht ein umfassendes, nicht ausschließlich auf klientelistischen Strukturen basierendes ziviles Netzwerk, dessen zentrale Elemente zahlreiche Organisationen sind. Der Zusammenhalt der verschiedenen Organisationen beruht nur zum Teil auf einer regionalen, familialen oder ähnlichen Solidarität, sondern im wesentlichen auf dem gemeinsamen Interesse, sich der israelischen Besatzung zu widersetzen und die nationale Unabhängigkeit zu erlangen. Diese Entwicklung manifestierte sich in der Zusammenarbeit zahlreicher gesellschaftlicher Organisationen, die während der Intifada gegründet worden sind.

Dennoch war jede Organisation bestrebt, ihre Autonomie und Unabhängigkeit zu bewahren. Die Abwesenheit einer zentralen Autorität verminderte zudem die Effizienz bei der Zusammenarbeit erheblich und führte letztlich dazu, daß die Organisation ihre Partikularinteressen über das gemeinsame Ziel gestellt haben. Dies zeigt einerseits zwar deren Selbständigkeit, wirft andererseits aber auch die Frage auf, ob eine Zivilgesellschaft ohne zentrale Autorität Bestand haben kann.

Pluralität ist ein herausragendes Merkmal der palästinensischen Gesellschaft. In allen Bereichen des öffentlichen Lebens gibt es mehrere Organisationen, die in einem kontinuierlichen Wettbewerb miteinander stehen. Diese Pluralität bedeutet, daß jede Organisation nur unter Schwierigkeiten ihren Einfluß vergrößern kann. Das Fehlen einer zentralen Autorität, die die Regeln dieses Wettbewerbs festlegt und deren Einhaltung überwacht, führte dazu, daß die einzelnen Organisationen ihre Partikularinteressen über das übergeordnete nationale Interesse stellten und der Zusammenhalt der Gesellschaft zunehmend gefährdet ist. Der Institutionalisierungsprozeß in den besetzten Gebieten kann nur mit einer

---

42 The Middle East, Nr. 241 (Januar 1995), S. 8.

zentralen Autorität als „Agent" fortschreiten. Das Beispiel Palästina zeigt, daß eine Zivilgesellschaft ohne Staat zwar entstehen, sich aber nicht fortentwickeln kann.

Literatur

Abdel-Hadi, Izat 1994: Die nationalen Institutionen, die Wahlen und die Autorität (arabisch); Ramallah.
Abu-Gazaleh, Adnan 1972: Arab Cultural Nationalism in Palestine During the British Mandate; in: Journal of Palestine Studies, Vol.1, No. 3.
Aronson, Jeoffrey 1987: Creating Facts. Israel, Palestinians and the West Bank; Washington (Institute For Palestine Studies).
Aziz, Shehadeh 1971: Palestinian Demand is for Peace, Justice and an End to Bitterness; in: The New Middle East, No. 35.
Barghouti, Mustafa/Giacaman, Rita 1990: The Emergence of an Infrastructure of Resistance. The Case of Health; in: Jamal R. Nassar/Roger Heacock (Hrsg.), Initifada. Palestine at the Crossroads, New York.
Baumgarten, Helga 1991: Palästina: Befreiung in den Staat; Frankfurt (Suhrkamp).
Benvenisti, Meron 1986: The West Bank Handbook; Boulder/Col. (Westview Press).
Bishara, Azmi 1993: Einführung über die Demokratie und die Religiösität (arabisch); in: Über die demokratische Alternative, Ramallah.
Brand, Laurie A. 1988: Palestinians in the Arab World. Institution Building and the Search for State; New York (Columbia University Press).
Dakkak, Ibrahim 1985: Development and Control in the West Bank; in: Arab Studies Quarterly, Vol. 7, No. 2-3.
Frisch, Hilel 1989: Palästinensisches Institution-Building in den besetzten Gebieten 1967-1985 (hebräisch); Jerusalem (unveröffentliche Dissertation, Hebrew University).
Giddens, Anthony 1985: The Nation State and Violence; Cambridge (Polity Press).
Heller, Mark 1980: Politics and Social Change in the West Bank Since 1967; in: Joal M. Migdal (Hrsg.), Palestinian Society and Politics, New Jersey (Princeton University Press).
Hiltermann, Joost R. 1991: Behind the Intifada. Labor and Women's Movements in the Occupied Territories; New Jersey (Princton University Press).
Al-Hut, Brian N. 1984: Die Palästinensische Führung und Institutionen in Palästina 1917-1948 (arabisch); Acre (Dar Al-Aswar).
Lesch, Ann M. 1973: The Palestine Arab Nationalist Movement Under the Mandate; in: William Quandt (Hrsg.), The Politics of Palestinian Nationalism, Berkeley (University of California Press).

Lesch, Ann Mosely 1980: Political Perceptions of the Palestinians on the West Bank and the Gaza Strip; Washington (Middle East Institute).
al-Madhun, Ruba'i 1989: Die palästinensische Intifada (arabisch); Acre (Dar al-Aswar).
El-Peleg, Zvi 1989: Der Große Mufti (hebräisch); State of Israel, Ministry of Defence.
Porath, J. 1976: Die Entstehung der Palästinensisch-Arabischen Nationalbewegung 1918-1929 (hebräisch); Tel-Aviv.
Rigby, Andrew 1991: Coping with the 'Epidemic of Violence'. The Struggle over Health Care in the Intifada; in: Journal of Palestine Studies, Vol. 20, No. 4.
Roy, Sara 1993: Gaza. New Dynamics of Civic Disintegration; in: Journal of Palestine Studies, Vol. 22, No. 4.
Sahliyeh, Emile 1988: In Search of Leadership. West Bank Politics Since 1967; Washington (The Brookings Institute).
Sassur, Asher 1978: Jordanian Influence in the West Bank; in: The Jerusalem Quarterly, No. 8.
Sayigh, Rosemary 1981: Encounters with Palestinian Women under Occupation; in: Journal of Palestine Studies, Vol 10, No. 4.
Sayigh, Rosemary 1980: Die Palästinenser: Von Bauern zu Revolutionären (arabisch); Beirut (Institute for Arab Research).
Tamari, Salim 1992: Left in Limbo: Leninist Heritage and Islamist Challenge, in: Middle East Report, Vol. 22, No. 6.
Tamari, Salim 1991: The Palestinian Movement in Transition. Historical Reversals and the Uprising; in: Journal of Palestine Studies, Vol. 20, No. 2.
Tamari, Salim 1990: The Uprising's Dilemma; in: Middle East Report, Nos. 164-165.

Verzeichnis der Autorinnen und Autoren

Gülistan Gürbey: Habilitandin und Lehrbeauftragte am Fachbereich Politische Wissenschaft der FU Berlin; Forschungsschwerpunkte: Internationale Politik, Außenpolitik und außenpolitische Entscheidungsprozesse, Konfliktforschung

Cilja Harders: Wissenschaftliche Mitarbeiterin am Institut für Politische Wissenschaft der Universität Hamburg; Forschungsschwerpunkte: Demokratie und Partizipation in Afrika, Internationale Politik, feministische Politikwissenschaft

Ferhad Ibrahim: Privatdozent am Fachbereich Politische Wissenschaft der FU Berlin; Forschungsschwerpunkte: Internationale Politik, Konfliktforschung, Politik und Religion

Amal Jamal: Doktorand am Fachbereich Politische Wissenschaft der FU Berlin; Forschungsschwerpunkt: Palästinensische Nationalbewegung

Carsten Jürgensen: Islamwissenschaftler, Mitarbeiter im Türkeiteam des internationalen Sekretariats von amnesty international in London; Forschungsschwerpunkt: Menschenrechtssituation und -diskussion in der arabischen Welt

Hans Günter Lobmeyer: Wissenschaftlicher Mitarbeiter am Fachbereich Politische Wissenschaft der FU Berlin; Forschungsschwerpunkte: Innenpolitik Syriens, Konfliktforschung

Asghar Schirazi: Wissenschaftlicher Mitarbeiter am Fachbereich Politische Wissenschaft der FU Berlin; Forschungsschwerpunkte: Politische Soziologie des Iran, Politik und Recht, Politik und Religion

Tanja Tabbara: Studentin der Islam- und Rechtswissenschaft, Studienaufenthalt zur politischen Rolle der Berufsverbände in Ägypten; Studienschwerpunkte: Islamisches Recht und Recht der modernen arabischen Staaten

Heidi Wedel: Wissenschaftliche Mitarbeiterin am Fachbereich Politische Wissenschaft der FU Berlin; Forschungsschwerpunkte: Politische Soziologie der Türkei, Probleme der Demokratisierung, Politik und Religion

MIX
Papier aus verantwortungsvollen Quellen
Paper from responsible sources
FSC® C105338

If you have any concerns about our products,
you can contact us on
ProductSafety@springernature.com

In case Publisher is established outside the EU,
the EU authorized representative is:
**Springer Nature Customer Service Center GmbH
Europaplatz 3, 69115 Heidelberg, Germany**

Printed by Libri Plureos GmbH
in Hamburg, Germany